Erläuterungen und Dokumente

Franz Kafka
Der Proceß

Von
Michael Müller

Philipp Reclam jun. Stuttgart

Franz Kafkas Roman *Der Proceß* liegt unter Nr. 9676 in Reclams Universal-Bibliothek vor (Stuttgart 1995); der Text folgt der 1990 von Malcolm Pasley im S. Fischer Verlag, Frankfurt a. M., herausgegebenen Kritischen Ausgabe des Romans. Die Seiten- und Zeilenangaben des Kommentars beziehen sich auf die Reclam-Ausgabe.

Universal-Bibliothek Nr. 8197

Durchgesehene Ausgabe 1996
Gesamtherstellung: Reclam, Ditzingen. Printed in Germany 1996

ISBN 3-15-008197-1

Inhalt

I. Kommentar, Wort- und Sacherklärungen

1990 erschien im Rahmen der Kritischen Kafka-Ausgabe *Der Proceß* (hrsg. von Malcolm Pasley, Frankfurt a. M.: S. Fischer Verlag, Textband und Apparatband; zit. als: KKAP). Der Apparatband enthält keinen Kommentarteil. Auch bei den Ausgaben der anderen »Schriften«, d. h. der dichterischen Arbeiten, Kafkas verzichteten die Herausgeber auf die sonst üblichen Wort- und Sacherläuterungen, weil ihnen die literarischen Texte des Autors als in dieser Hinsicht nicht kommentierungsbedürftig erschienen und der Versuch eines Kommentars mehr denn sonst die Gefahr mit sich gebracht hätte, daß ›Interpretationen‹ einzelner Textstellen die ›Erläuterungen‹ verdrängt hätten. In der Tat stößt der Leser des Romans nur auf sehr wenige Wörter oder Textpassagen, bei denen er das Bedürfnis nach ›sachlicher‹ Aufklärung verspürt, weil er meint, daß diese zum Verständnis des Textes beitragen bzw. die Basis zu einer angemesseneren Interpretation liefern könnte. Es gibt einige wenige Ausdrücke, die nur regional gebräuchlich oder veraltet sind, die man daher vielleicht nicht auf Anhieb versteht, obwohl der Wortsinn meist aus dem Kontext deutlich wird. Weiterhin glaubt der Leser manchmal eine Anspielung des Autors auf Werke anderer Schriftsteller oder auf außerliterarische Fakten, auf sein eigenes Leben oder auf zeitgeschichtliche Ereignisse zu verspüren.

Im folgenden ist dem – auf dieser Ebene wenig hermetischen – Charakter des Romantextes entsprechend der Anteil an ausgesprochenen Wort- und Sacherläuterungen sehr gering. Es wurde statt dessen versucht, seine Interpretation zum einen durch Anführen wesentlicher Entstehungsvarianten zu befördern. Diese Varianten sind in Max Brods Ausgabe (s. S. 86 des vorliegenden Bandes) in stark begrenzter Auswahl mitgeteilt (die längeren gestrichenen Passagen), im Apparatband der Kritischen Ausgabe werden sie hingegen vollständig wiedergegeben. Hier werden sie nur dann aufgeführt,

wenn die Kenntnis einer Textstelle in ihrem ursprünglichen Zustand möglicherweise zur Deutung des Endtextes beitragen kann. Bei den längeren gestrichenen Passagen wurde dabei darauf verzichtet, Einzelwortvarianten oder Veränderungen an Satzzeichen innerhalb dieser Passagen zu verzeichnen; d. h. der gestrichene Text wird in einer Art ›Endstufe‹ wiedergegeben.
Außerdem schien es sinnvoll, auf innerhalb des Romantextes häufig wiederkehrende Bilder und Motive zu verweisen. Solche Wiederholungen sind nicht zufällig, sondern haben strukturbildende und einheitsstiftende Funktion.
Der vorliegende Kommentar bezieht sich mit Seiten- und Zeilenangaben auf den bei Reclam 1995 auf der Grundlage der Kritischen Ausgabe von Malcolm Pasley veröffentlichten Text (Universal-Bibliothek, Nr. 9676); auf Divergenzen gegenüber der von Max Brod besorgten Ausgabe (zit. als: P) wird gegebenenfalls hingewiesen.

5 [Titel] *Der Proceß:* In seinem Nachwort zur ersten Ausgabe des Romans von 1925 führt Max Brod aus: »Das Manuskript trägt keinen Titel. Doch hat Kafka dem Roman im Gespräch stets den Titel ›Der Prozeß‹ gegeben« (P 228). Diese Aussage Brods wird durch Tagebucheintragungen Kafkas gestützt, in denen das Werk »Process« (so die Original-Schreibweise) genannt wird. Es ist jedoch nicht auszuschließen, daß es sich um einen Arbeitstitel handelt, den Kafka bei einem Abschluß des Romans noch geändert hätte. Die endgültige Titelgebung erfolgte bei ihm in der Regel erst nach Beendigung einer Arbeit; zahlreiche seiner aus dem Nachlaß herausgegebenen Texte sind von Brod mit Titeln versehen worden, wobei die Titelwahl oft anfechtbar erscheint. So hatte Kafka z. B. für den von Brod »Amerika« genannten Roman, wie aus Briefen hervorgeht, den Titel »Der Verschollene« vorgesehen.

Verhaftung (KKAP)
Erstes Kapitel Verhaftung – Gespräch mit Frau Grubach – Dann Fräulein Bürstner (P)

Brod faßte die in einem Konvolut überlieferte Textpartie von »Jemand mußte Josef K.« (7) bis »Fräulein Bürstner ernstliche Sorgen« (34) als ein Kapitel auf; der Manuskriptbefund läßt jedoch erkennen, daß Kafka die »Verhaftungs«-Episode als eigenes Kapitel – eben das erste – betrachtete (s. S. 62 des vorliegenden Bandes). Die sehr ähnliche Handschrift im Einleitungs- und Schlußkapitel zeigt überdies, daß diese beiden Teile des Romans in großer zeitlicher Nähe zueinander entstanden sind, wobei nicht völlig auszuschließen ist, daß das Schlußkapitel vor dem ersten niedergeschrieben wurde. In seiner Untersuchung *Franz Kafka. Ein Schriftstellerleben* führt Joachim Unseld, der mit unveröffentlichten Materialien aus dem Max-Brod-Archiv arbeiten konnte, an, daß Kafka zunächst statt eines Romans eine »kürzere Erzählung« ›Verhaftung und Verurteilung des Josef K.‹ geplant habe, belegt dies jedoch nicht (Unseld, S. 115). Auf dem Deckblatt des Konvoluts von losen Blättern, die den Text des ersten und zweiten Kapitels überliefern, notierte sich Kafka zu seiner eigenen Orientierung stichwortartig den Inhalt – wie schon die Formulierung »Dann Fräulein Bürstner« zeigt. Brod hielt diese kurze Skizzierung des Handlungsverlaufs – hier wie bei den meisten anderen Kapiteln – fälschlicherweise für eine Kapitelüberschrift.

7,2 *Josef K.:* Auch der Protagonist des 1922 entstandenen Romanfragments *Das Schloß* hat als Namen die Initiale »K«. Es ist wahrscheinlich, daß Kafka damit auf seinen eigenen Nachnamen anspielt. Im Falle des »Proceß«-Romans wurde für zeitgenössische Leser die Anspielung durch den Vornamen »Josef« möglicherweise noch verstärkt. Der österreichische Kaiser Franz Joseph I. war – nicht zuletzt aufgrund seiner langen Regierungszeit – eine wenn auch nicht unbedingt beliebte, so doch allgemein bekannte, beinahe schon legendäre Figur, so daß Zeitgenossen angeblich bei Nennung des Vornamens Josef den Vornamen Franz assoziierten: »Im Zeitalter Franz Josefs, in dem der ›Prozeß‹ noch geschrieben wurde, war Josef der natürliche Austauschname für Franz« (Sokel, S. 166). Aufschlußreich ist in diesem Zusammenhang auch eine Tagebucheintragung Kafkas vom 27. Januar 1922. In einem Hotel in Spindlermühle, in dem er sich zur Kur aufhielt, hatte man ihn unter einem falschen Namen registriert: »Trotzdem ich dem Hotel deutlich meinen Namen geschrieben habe, trotzdem auch sie mir zweimal schon richtig geschrieben haben, steht doch unten auf der Tafel Josef K. Soll ich sie aufklären oder soll ich mich von ihnen aufklären lassen?« (KKAT 893.)

7,3 *wurde er ... verhaftet:* Die Verhaftungsszene scheint – wie andere Episoden des Romans – durch die *Memoiren* Giacomo Casanovas beeinflußt, die Kafka nachweislich gelesen hat. Der venezianische Abenteurer berichtet: »Am Morgen des 25. Juli 1755 weckte mich der gefürchtete Messer grande, welcher unvermuthet in mein Zimmer drang, und mir befahl, aufzustehen, mich anzukleiden, ihm unverzüglich meine Papiere auszuliefern und – ihm zu folgen« (zit. nach: Michael Müller, »Kafka und Casanova«, in: *Freibeuter* 16, 1983, S. 68). Weitere Analogien bestehen darin, daß Casanova wie Josef K. zur Zeit seiner Gefangennahme im 30. Lebensjahr stand, und daß er an einem besonderen Tag in seinem Leben, seinem Namenstag, verhaftet wurde.

7,5 f. *das Frühstück brachte, kam diesmal nicht:* »diesmal« im Ms. nachträglich eingefügt; das Außergewöhnliche, eben ›Einmalige‹ der Situation wird damit hervorgehoben.

Dieser an sich banale Vorfall gewinnt dadurch, daß im weiteren Verlauf der Handlung immer wieder auf ihn hingewiesen wird, eine besondere – auf den ersten Blick unangemessen erscheinende – Bedeutung; das ›abgefangene‹ Frühstück wird zum ersten Streitpunkt zwischen K. und den Wächtern. In vielen Texten Kafkas wird das Motiv des Nicht-essen-Könnens oder -Dürfens eingesetzt, um zu signalisieren, daß das Verhältnis einer Person zu seinen Mitmenschen oder generell zum Leben gestört ist. So z. B. in *Das Urteil*: Beim Eintritt ins Zimmer seines Vaters registriert Georg Bendemann sofort »die Reste« von dessen Frühstück, »von dem nicht viel verzehrt zu sein schien« (KKAT 449); der Insekt gewordene Gregor Samsa in der *Verwandlung* wird von der für Menschen bestimmten Nahrung abgestoßen, als er stirbt, ist sein »Körper völlig flach und trocken« (E 97); in der Erzählung *Ein Hungerkünstler* wird die Unmöglichkeit der Nahrungsaufnahme zum Thema. Der sterbende Hungerkünstler bekennt, daß er eigentlich nie eine Kunst ausgeübt, sondern einfach nie die Speise gefunden habe, die ihm geschmeckt hätte: »Hätte ich sie gefunden, glaube mir, ich hätte kein Aufsehen gemacht und mich vollgegessen wie du und alle« (E 171).

Sich unbekümmert ›vollessen‹ zu können war für Kafka ein Zeichen für ungebrochene Vitalität. Diese Vorstellung findet ihre Wurzel in seiner Biographie; schon als Kind geriet er über das Essen mit seinem Vater, dem ›starken Esser und kräftigen Mann‹ in Konflikt: »Weil Du entsprechend Deinem kräftigen Hunger und Deiner besonderen Vorliebe alles schnell, heiß und in großen Bissen gegessen hast, mußte sich das Kind beeilen, düstere Stille war bei Tisch, unterbrochen von Ermahnungen: ›zuerst iß, dann sprich‹ oder ›schneller, schneller, schneller‹ oder ›siehst Du, ich habe schon längst aufgegessen‹« (H 126).

7,20 *Sie haben geläutet?:* Im Ms. reagiert der Wächter zunächst mit einem barschen »Was wollen Sie«. Dies wird gestrichen und durch die konventionelle Ergebenheitsfloskel der Dienstboten ersetzt.

7,25 / 8,12 f. *offenbar / auf den ersten Blick:* Im Ms. wurde beides nachträglich eingefügt; diese Korrekturen zeigen, daß Kafka darum bemüht war, als Erzähler hinter seinen Protagonisten zurückzutreten: er weiß nicht mehr als dieser, entdeckt gleichsam mit ihm zusammen seine veränderte Umgebung (vgl. dazu Friedrich Beißners Ausführungen über die ›Einsinnigkeit‹ der Erzählhaltung; S. 152 des vorliegenden Bandes).

8,28 f. *als reiße er sich ... los:* Diese Stelle erinnert an ein im Tagebuch überliefertes Fragment aus dem Juli 1914, das von einigen Interpreten als eine Art ›Vorklang‹ auf den Roman gedeutet wird: »Es war um Mitternacht. Fünf Männer hielten mich, über sie hinweg hob ein sechster seine Hand um mich zu fassen. ›Los‹ rief ich und drehte mich im Kreis, daß alle abfielen« (KKAT 657).

8,32 *sagte K.:* im Ms. danach, gestrichen: »lächelnd, er fühlte sich, ohne eigentlich besorgt gewesen zu sein, doch erleichtert, da jetzt das Unmögliche ausgesprochen war und seine Unmöglichkeit desto einleuchtender wurde.«

9,15 *Depot:* Lager; hier ist der Ort gemeint, an dem die persönlichen Gegenstände von Strafgefangenen für die Dauer ihrer Haft aufbewahrt werden.

9,16 *Unterschleife:* österr. (veraltet) für ›Unterschlagungen‹; hier auch im Sinne von ›Diebstähle‹.

9,37–10,1 *überall herrschte Friede:* Möglicherweise eine ironische Anspielung auf die zeitgeschichtliche Situation; Kafka begann den Roman um den 11. August 1914 herum, wenige Wochen zuvor (am 28. Juli) hatte Österreich-Ungarn Serbien den Krieg erklärt; dieser zunächst regionale Konflikt wuchs sich schließlich zum Weltkrieg aus.

10,8 *dreißigster Geburtstag:* Die Handlung setzt an Josef K.s 30. Geburtstag ein und endet am »Vorabend seines einunddreißigsten Geburtstages« (206); sie umfaßt also ziemlich genau ein Jahr. Hartmut Binder (1976, S. 198) sieht in diesen Zeitangaben eine Verbindung zur Biographie Kafkas: »[sie] passen so genau wie nur möglich zur entscheidenden Phase in Kafkas Beziehung zu Felice Bauer. Am 3. Juli 1913, also an Kafkas 30. Geburtstag, traf in Prag ein Brief Felicens ein, in dem letzte entscheidende Bedenken Kafkas gegen die geplante Heirat zerstreut wurden. So konnte er als Antwort auf die Geburtstagswünsche seiner

Mutter erklären, daß er eine Braut habe. Zwar wurde die Verlobung mit Felice, die dann offiziell erst Pfingsten 1914 zustande kam, am 12. Juli [1914] wieder aufgelöst, also einige Tage nach Kafkas 31. Geburtstag, aber den entscheidenden Entschluß, nach Berlin zu fahren und eine Aussprache herbeizuführen, faßte Kafka schon am 2. dieses Monats (vgl. F 769), also am Vorabend seines 31. Geburtstags, den er wenig später mit den Folgen dieses Bruchs in Verbindung bringt: ›Ich bin zerrüttet statt erholt. Ein leeres Gefäß, noch ganz und schon unter Scherben oder schon Scherbe und noch unter den Ganzen. [. . .] Einunddreißig Jahre alt.‹« (KKAT 545.)

10,8 f. *Kollegen in der Bank:* Im Verlauf der gesamten Romanhandlung gibt es Anspielungen Kafkas auf seine Anstellung bei der Prager Arbeiter-Unfall-Versicherungs-Anstalt. Er arbeitete dort als Jurist; zum einen werden seine Berufserfahrungen in die Gestaltung des Bank-Milieus eingegangen sein, zum anderen wird er auch bei der Darstellung der Gerichts-Sphäre auf sie zurückgegriffen haben.

10,12 *Dienstmänner:* meist ältere Männer ohne feste Beschäftigung, die gegen Bezahlung Besorgungen der verschiedensten Art erledigten.

10,14 f. *nicht den geringsten:* im Ms. aus »keinen«. Zahlreiche Korrekturen in der Anfangspassage des Romans haben eine vergleichbare emphatisierende Funktion.

10,16 *aus der Hand zu geben:* im Ms. danach, gestrichen: »aus bloßer Furcht später wegen seines etwa ganz überflüssigen Ernstes ausgelacht zu werden«.

10,26 *gieng eilig:* »eilig« im Ms. nachträglich eingefügt; s. Anm. zu 15,13.

10,30 f. / 32 *Legitimationspapiere / Radfahrlegitimation:* Hier sind Ausweispapiere – etwa in der Art eines Personalausweises – gemeint; eine Bescheinigung, die die Benutzung eines Fahrrads erlaubt (wie sie zeitweise wirklich erforderlich war), ist natürlich ein Ausweis von äußerst geringem Wert.

Auch in dem Roman *Der Verschollene* versucht der Held, Karl Roßmann, durch Vorlage seines Passes bei der ›Obrigkeit‹ (in diesem Fall Schiffsoffizieren und Vertretern der Hafenbehörde) Eindruck zu machen: »Karl kramte aus seiner Geheimtasche, die er den Blicken dieser Leute zu zeigen keine Bedenken hatte, seinen Reisepaß hervor, den er statt weiterer Vorstellung geöffnet auf den Tisch legte. Der Oberkassier schien diesen Paß für nebensächlich zu halten, denn er schnippte ihn mit zwei Fingern beiseite, worauf Karl, als sei diese Formalität zur Zufriedenheit erledigt, den Paß wieder einsteckte« (KKAT 479).

11,32 *Wir sind niedrige Angestellte:* Hieraus ergibt sich im folgenden eines der wichtigsten Handlungsmotive: K. versucht ebenso beharrlich wie vergeblich, über die unteren Ränge der Gerichtsangestellten hinaus zu dem Gericht selbst, zu den »höchsten Richtern« vorzudringen. Im letzten Kapitel heißt es: »Wo war der Richter den er nie gesehen hatte?« (210).

Ein ganz ähnliches Movens wird in dem Roman *Das Schloß* wirksam, in dem sich einige vergleichbare Handlungselemente finden. Auch der Landvermesser K. wird im ersten Kapitel nach seiner Ankunft in dem zu Füßen des Schloßbergs liegenden Dorf von einem jungen Mann namens »Schwarzer« (vgl. das »schwarze Kleid« des Wächters im *Proceß*) aus dem Schlaf geweckt, einem Verhör unterzogen und nach seiner »Erlaubnis« befragt, sich dort aufzuhalten. Schwarzer gibt sich als Vertreter der »gräflichen Behörde« aus, später erfährt K. aber, daß er nur der Sohn eines niederen Schloßbeamten ist: »sein Vater ist nur ein Unterkastellan und sogar einer der letzten« (KKAS 12).

12,6/7 *wie es im Gesetz heißt / Das ist Gesetz:* Im Ms. nachträglich eingefügt; auf diese Weise wird das ›Gesetz‹ als eine numinose, offenbar nur den Wächtern bekannte Instanz eingeführt.

12,14 f. *er gibt zu, er kenne das Gesetz nicht:* im Ms. »gibt zu« aus »sagt«. Das Gespräch geht allmählich immer mehr in ein Verhör bzw. eine erste Gerichtsverhandlung über: K.s Aussagen werden gegen ihn verwendet, und die Wächter beginnen mit einer Schuldzuweisung.

13,37 *die zwei:* im Ms. aus »zwei sonderbare Existenzen«. Der zunächst verwendete Ausdruck wurde von Kafka vielleicht als zu stark abwertend – aus K.s Sicht – empfunden. K. beginnt wider seinen Willen, die Wächter und seine Lage im allgemeinen ernst zu nehmen, er trifft ›Vorsichtsmaßnahmen‹ (14).

15,4 *wählte sein bestes schwarzes Kleid:* Dies findet seine Entsprechung im Schluß-Kapitel: »saß K. gleichfalls schwarz angezogen« (206). (Siehe auch Anm. zu 141, 33 f.)

Casanova berichtet, daß er nach seiner Verhaftung »ein elegantes Kleid von Sammet und Seide« anzog, »als ginge es zur Hochzeit« (zit. nach: Müller – s. Anm. zu 7,3 –, S. 69).

15,13 *zu schicken:* im Ms. danach, gestrichen: »›Es wird noch sehr lange dauern‹ rief ihm K. aus bloßem Mutwillen nach, beeilte sich aber in Wirklichkeit, so sehr er nur konnte.«

15,25–35 *In einer Ecke ... K. nickte:* Diese Passage wurde besonders stark überarbeitet. In der Grundschicht fehlt die detaillierte Beschreibung des Zimmers und die Beschreibung der äußeren Erscheinung des Aufsehers (von »In einer Ecke« bis »drehte«), statt dessen schließt sich an »›Josef K.?‹ [...] K. nickte« folgender Text an:

»Der Aufseher sah ihn daraufhin schweigend und forschend an. ›Das Verhör scheint sich auf Blicke zu beschränken‹ dachte K. ›ein Weilchen lang soll es ihm erlaubt sein. Wenn ich nur wüßte, was für eine Behörde es sein kann, die meinetwegen, also in einer für die Behörde gänzlich aussichtslosen Sache, so große Veranstaltungen treffen kann. Denn dieses Ganze muß man schon eine große Veranstaltung nennen. Drei Personen sind schon für mich aufgewendet, zwei fremde Zimmer in Unordnung gebracht, dort in der Ecke stehen noch 3 junge Leute und sehen die Photographien des Fräulein Bürstner an.«

16,18 *nicht zu schwer:* im Ms. danach zunächst: »Jemand sagte mir, ich kann mich nicht mehr erinnern, wer es gewesen ist, daß es doch sonderbar sei, daß man, wenn man früh aufwacht, wenigstens im allgemeinen alles unverrückt an der gleichen Stelle findet, wie es am Abend gewesen ist. Man ist doch im Schlaf und im Traum wenigstens scheinbar in einem vom Wachen wesentlich verschiedenen Zustand gewesen und es gehört wie jener Mann ganz richtig sagte eine unendliche Geistesgegenwart oder besser Schlagfertigkeit dazu, um mit dem Augenöffnen alles, was da ist, gewissermaßen an der gleichen Stelle zu fassen, an der man es am Abend losgelassen hat. Darum sei auch der Augenblick des Erwachens der riskanteste Augenblick im Tag, sei er einmal überstanden, ohne daß man irgendwohin von seinem Platze fortgezogen wurde, so könne man den ganzen Tag über getrost sein. Zu welchen Folgerungen der Mann – ich habe mich übrigens schon erinnert wer es gewesen ist, aber der Name ist ja gleichgültig –«

Diese – dann gestrichene – Passage scheint zum einen auf den Beginn von Kafkas eigener Erzählung *Die Verwandlung* von 1912/13 zurückzuverweisen (»Als Gregor Samsa eines Morgens aus unruhigen Träumen erwachte, fand er sich in seinem Bett zu einem ungeheuren Ungeziefer verwandelt«; E 57), zum anderen könnte sie aber auch eine Anspielung auf die *Memoiren* Casanovas beinhalten, der aus dem Schlaf gerissen und tatsächlich ›von seinem Platz fortgezogen‹, nämlich in den Kerker geführt wird.

18,5 *die hohe Schule reiten:* höchste und schwierigste Form der Pferdedressur.

20,18 *hingenommen:* in Anspruch genommen, gefesselt.

20,35 *in der Bank:* im Ms. aus: »im Amt«. Vielleicht ist dieses Versehen – zuvor wurde ja schon mehrfach gesagt, daß K. in einer Bank tätig ist – als eindeutiges Indiz dafür zu werten, daß Kafka seine eigenen Berufserfahrungen für die

Gestaltung entsprechender Partien des Romans heranzog (s. Anm. zu 10,8 f.).

21,29 f. *und lehnte sich ... Wagenecke:* im Ms. zunächst: »lehnte sich zurück, sagte ›Mein Gott!‹ und zog die Augenbrauen lächelnd in die Höhe«.

Gespräch mit Frau Grubach / Dann Fräulein Bürstner
(KKAP)
(In P zum ersten Kapitel gerechnet)

22,13 f. *einem Mädchen namens Elsa:* im Ms. aus: »seiner Freundin Betta«. Die ursprüngliche Formulierung hätte der bisherigen Charakterisierung des Protagonisten widersprochen; K. ist gerade dadurch gekennzeichnet, daß er keine wirklichen gefühlsmäßigen, d. h. auch keine freundschaftlichen, Beziehungen zu anderen Menschen kennt (s. auch Anm. zu 33,16).

25,26 *vergaß ... an den Handschlag:* »Vergessen an« ist ein bei Kafka häufig vorkommender Austriazismus.

25,33 *paar Worte:* Auch diese Verkürzung (statt »ein paar Worte«) ist eine österreichische Spracheigentümlichkeit.

26,10 f. *Pölster:* (österr.) Plural zu *Polster* ›Kissen‹.

27,19 *verächtlicher gewesen:* im Ms. danach, gestrichen: »›Vor dem Verächtlichen fürchte ich mich allerdings nicht‹ [Absatz:] Vor dem Haus gieng ein Soldat mit dem regelmäßigen und starken Schritt eines Wachtpostens auf und ab. K. mußte sich weit vorbeugen um den Soldaten zu sehn, denn er gieng nahe an der Häusermauer. ›Halloh‹ rief er ihm zu, aber nicht so laut, daß es dieser hätte hören können. Es zeigte sich übrigens bald, daß der Soldat nur auf ein Dienstmädchen wartete, die in das gegenüberliegende Gasthaus um Bier gegangen war und jetzt in der lichterfüllte[n] Türe erschien. K. legte sich die Frage vor, ob er auch nur flüchtig geglaubt habe, daß der Wachtposten für ihn bestimmt sei, er konnte die Frage nicht beantworten.«

27,20 *auf die leere Straße:* im Ms. nachträglich eingefügt; die

Korrektur steht im Zusammenhang mit der Streichung der vorhergehenden Passage (s. Anm. zu 26,10 f.). Im weiteren Verlauf der Handlung wird dieses Motiv mehrfach aufgenommen; K. schaut immer wieder aus einem Fenster, um sich von den Gedanken an seinen Prozeß zu befreien; sein Blick trifft dabei nie auf andere Menschen.

27,37 *mit Fräulein Bürstner tun:* im Ms. danach, gestrichen: »[Absatz:] Es war ½ 12 vorüber, als jemand im Treppenhaus zu hören war, K., der wieder im Vorzimmer war und ganz seinen Gedanken hingegeben in alter Gewohnheit nach jedem Zug die Zigarre von den gewaltsam vorgestülpten Lippen gewaltsam losriß, mußte sich erst ein Weilchen besinnen, ehe er sich in sein Zimmer flüchtete. Durch das Schlüsselloch sah er, daß noch nicht das Fr. B. gekommen war sondern nur der alte Hauptmann, der älteste [...].« In der Endfassung wird der Hauptmann an dieser Stelle noch nicht eingeführt, sondern er macht seine Anwesenheit ganz unvermittelt, K. erschreckend, bemerkbar (32).

28,22 f. *»Nun ja ... von Ihnen«:* im Ms. danach, gestrichen: »Wenn Sie etwas – ich kann mir gar nicht denken, was es sein könnte – mit mir besprechen wollten, hätten Sie schon öfters dazu passendere Gelegenheit gehabt.«

28,34 *Ottomane:* niedriges Liegesofa.

31,8 *wieder:* im Ms. danach, gestrichen: »›Sie sind ein unerträglicher Mensch, man weiß nicht, ob Sie es ernst meinen oder nicht‹ ›Das ist nicht ganz unrichtig‹ sagte K. in der Freude, mit einem hübschen Mädchen zu plaudern ›das ist nicht ganz unrichtig, ich habe keinen Ernst und muß daher mit dem Spaß sowohl für den Ernst als für den Spaß auszukommen suchen. Aber verhaftet wurde ich im Ernst‹«.

33,16 *Haar:* im Ms. danach, gestrichen: »Das Glück in ihrem Zimmer, in ihrer Nähe zu sein, konnte jeden Augenblick zuende gehn.« Eine Aussage, die nicht mit der durchgängigen Charakterisierung K.s konform gewesen wäre. K. sucht die Nähe anderer – vor allem von Frauen – aus sexuellen und utilitaristischen Beweggründen (Elsa, Leni), er empfindet aber in ihrer Gegenwart kein ›Glück‹.

34,6 *unterhält sich über uns:* amüsiert sich über uns.

Erste Untersuchung (KKAP)
(›Zweites Kapitel‹ in P)

35,24 *in einer entlegenen Vorstadtstraße:* Die Tatsache, daß die Untersuchung nicht in einem der damals üblichen palastartigen Gerichtsgebäude in der Innenstadt stattfindet, signalisiert bereits, daß es sich nicht um ein gewöhnliches Gericht handelt. Im folgenden wird die Beschreibung des verkommenen, von dubiosen, halb-verbrecherisch wirkenden Menschen bevölkerten Vorstadtviertels eingesetzt, um etwas vom inneren Wesen dieses anderen Gerichts widerzuspiegeln.

37,3 *an Werketagen alle Gerichte zu arbeiten anfangen:* Diese Annahme K.s zeigt, daß er noch nicht begriffen hat, daß er nicht von einer staatlichen Instanz verhaftet und angeklagt wurde.

37,19 *fremden Hilfe:* In den frühen Stadien seines Prozesses tritt K. noch als selbstbewußter Außenseiter auf, der davon überzeugt ist, sich aus eigener Kraft von der als ungerecht empfundenen Verfolgung befreien zu können. Ihm selbst zunächst unbewußt beginnt er sich jedoch bald nach »fremder Hilfe« umzusehen; die Annäherung an Fräulein Bürstner stellt eigentlich schon den ersten Schritt in diese Richtung dar. Unterstützung sucht er schließlich auch bei der Frau des Gerichtsdieners und bei Leni. Im »Dom«-Kapitel wird ihm dies von dem Geistlichen vorgeworfen: »Du suchst zuviel fremde Hilfe, und [. . .] besonders bei Frauen« (195).

38,26 f. *schwaches junges Mädchen in einer Nachtjoppe:* Dieses Mädchen reiht sich in die große Gruppe der anderen »schwachen« oder kränklichen Menschen ein, denen Josef K. im Laufe seines Prozesses begegnet. Die Tatsache, daß dieses Mädchen am Vormittag noch ein Kleidungsstück trägt, das eigentlich für das Bett bestimmt ist (Joppe: süddt., österr. für ›Jacke‹), unterstreicht den Eindruck des Heruntergekommenen, Verworfenen, den die Beschreibung des Vorstadtviertels und seiner Bewohner vermittelt. Wahrscheinlich ist hier und im folgenden (39,31 f. »Halbwüchsige scheinbar nur mit Schürzen bekleidete Mädchen«) auch eine Anspielung auf Sexuelles intendiert – ähnlich wie in dem Kapitel »Advokat / Fabrikant / Maler«, in dem Titorelli als »nur mit einem Nachthemd bekleideter Mann« (130) auftritt, der von einer Schar sehr junger, spärlich bekleideter Mädchen bedrängt wird (s. Anm. zu 129,3).

39,22 *Lanz:* Daß K., indem er nach einer von ihm erfundenen Person fragt, der er scheinbar zufällig den Namen des Hauptmanns gibt, tatsächlich den Weg zu dem Untersuchungszimmer gewiesen bekommt, bestätigt, daß Gericht und Angeklagter auf eine geheimnisvolle Weise voneinander angezogen werden. Die Atmosphäre der Bedrohung verdichtet sich dadurch; rückblickend scheint auch der Neffe der Frau Grubach irgendwie zum Gericht zu gehören.

39,31 *nur mit Schürzen bekleidete:* s. Anm. zu 38,26

40,11 f. *Aftermiete:* (österr.) Untermiete.

40,32 f. *nur gebückt stehen konnten:* Ein Motiv, das im folgenden immer wieder aufgenommen wird. Nahezu alle, die in irgendeiner – scheinbar auch nur oberflächlichen – Beziehung zu dem Gericht stehen, sind durch eine ähnliche Körperhaltung charakterisiert (besonders deutlich wird dies bei dem Geistlichen im »Dom«-Kapitel; die Kanzel ist so klein, »daß ein mittelgroßer Mann dort nicht aufrecht stehn konnte, sondern sich dauernd über die Brüstung vorbeugen mußte« (191).
In späteren Stadien seines Prozesses wird auch K. selbst einige Male als in solcher Haltung stehend oder sitzend beschrieben (s. Anm. zu 118,25 f.).

41,20 *politische:* im Ms. aus: »sozialistische«.

44,3 *lüderliches:* veraltete Nebenform zu »liederlich«.

45,6 *weißbärtig:* Ein Bart ist ein Merkmal, das ebenso wie die gebückte Körperhaltung viele Angehörige des Gerichts oder Personen, die schon lange mit ihm in Verbindung stehen (Kaufmann Block), auszeichnet.

46,5 *demoralisiertes Gesindel:* »demoralisiert« hier nicht im heute üblichen Sinn von ›entmutigt‹, sondern in der Bedeutung von ›entsittlicht‹, ›ohne Moral und Anstand‹.

49,12 *daß ein Mann . . . drückte:* im Ms. durch Streichungen, Ersetzungen und Einfügungen aus: »dass ihre aufgeknöpfte Bluse in der Taille rings um sie hinunterhieng und dass ein Mann ihren nur mit dem Hemd bekleideten Oberkörper an sich drückte«.

49,18 *unterbrochen wurde:* im Ms. danach, gestrichen: »K. wollte sofort hingehn, um die Ordnung herzustellen und der Schamlosigkeit ein Ende zu machen, der U. R. war vollständig unfähig hiezu, er sah nicht einmal hin, sondern auf K. in Erwartung dessen, was dieser machen würde. Nun konnte aber K. nicht vom Podium hinunter, das Gedränge war zu gross, auch hielt man ihn geradezu ab.«

Im leeren Sitzungssaal / Der Student / Die Kanzleien (KKAP) (›Drittes Kapitel‹ in P)

53,22 f. *unanständiges Bild:* Daß auf dem Tisch des Untersuchungsrichters statt der Gesetzesschriften pornographische Bücher liegen, steht mit der Charakterisierung der meisten Personen, die in Beziehung zu dem Gericht stehen, in Einklang: der Advokat hält sich eine Geliebte, der Gerichtsmaler hat offensichtlich ein Verhältnis zu halbwüchsigen Mädchen, der Jurastudent stellt der Frau des Gerichtsdieners nach. Hartmut Binder bemerkt hierzu: »[. . .] das Gesetz des Gerichtes [spiegelt] Kafkas Psyche selber, deren letzter Bodensatz nach eigener Auffassung schmutzige Geschlechtlichkeit war« (1976, S. 213). Es muß jedoch darauf hingewiesen werden, daß auch Personen, die man nicht mit der Sphäre des Gesetzes oder des

Gerichtes in Verbindung bringen kann, wie Hasterer und auch Josef K. selbst, als Menschen dargestellt werden, die in auffälliger Weise ihrem Geschlechtstrieb unterworfen sind. Die Sexualität ist als starke, offenbar oft auch als gefährlich und negativ empfundene Kraft im Hintergrund der gesamten Romanhandlung spürbar.

57,17 f. *der erste Student der unbekannten Rechtswissenschaft:* vielleicht eine selbstironische Anspielung Kafkas auf sein eigenes – nur mit mäßigem Erfolg beendetes – Jurastudium.

59,11–15 *»es war ... manchmal unbegreiflich«:* im Ms. danach, gestrichen: »K. hatte schon nach der Hand der Frau greifen wollten, die sie ihm sichtlich wenn auch furchtsam zu nähern suchte, als ihn die Reden des Studenten aufmerksam machten. Es war ein geschwätziger sich überhebender Mensch vielleicht konnte man von ihm genauere Auskünfte über die Anklage bekommen, die gegen K. erhoben war. Hatte aber K diese Auskünfte, dann konnte zweifellos mit einemmale, mit einem Wehen der Hand dem ganzen Verfahren zum Schrecken aller sofort ein Ende machen.«

60,11 f. *dieser krumme Bartträger:* In dieser besonders unsympathisch gezeichneten Figur verbinden sich in auffallender Weise die äußeren Merkmale derer, die zur Gerichtssphäre gehören (s. Anm. zu 40,32 f. und 45,6).

61,3–5 *auf dem Dachboden dieses Mietshauses waren also die Gerichtskanzleien:* Bei der Beschreibung der Dachboden-Kanzleien scheint Kafka durch die *Memoiren* Casanovas beeinflußt worden zu sein; sie stimmt bis in Einzelheiten (Enge, Schmutz, Luftmangel, Hitze) mit der Beschreibung überein, die Casanova von seiner Gefängniszelle unter dem Bleidach des venezianischen Dogenpalasts gibt (vgl. Müller – s. Anm. zu 7,3 –, S. 70 ff.).

64,27 f. *Sie standen niemals vollständig aufrecht:* s. Anm. zu 40,32 f.

68,26 *Die Sonne brennt hier auf das Dachgerüst:* Casanova berichtet über sein Gefängnis: »[...] die Sonnenstrahlen erhitzen die Bleiplatten des Daches in so furchtbarer Weise, daß ich – unmittelbar unter ihnen – mich in einem Schwitzbade glaubte. Obwohl ich ganz entkleidet auf meinem Lehnstuhl saß, träufelte der Schweiß von mir herab und bildete große feuchte Flecke auf der Erde.« Ähnlich wie Josef K. wird er durch die Hitze körperlich geschwächt, von »einem heftigen Fieber ergriffen« (zit. nach: Müller – s. Anm. zu 7,3 –, S. 70).

73,36 f. *Wollte etwa sein Körper revolutionieren:* Diese Vorahnung K.s bestätigt sich im folgenden; seine physische Widerstandskraft wird im Verlauf des ›alten‹ Prozesses immer schwächer. Ähnliches konstatierte Kafka für sich selbst im Verlauf der Arbeit an dem Roman. In Tagebuchaufzeichnungen aus der Zeit ist mehrfach von Angst vor Kopfschmerzen die Rede; in einem Jahresrückblick vom 31. Dezember 1914 vermutet er, daß seine Arbeitsfähigkeit vermutlich nicht mehr lange anhalten werde, da »Schlaflosigkeit, Kopfschmerzen, Herzschwäche« (KKAT 714) ihn erschöpften.

Der Prügler

In der Forschung ist lange darüber diskutiert worden, an welcher Stelle dieser Abschnitt in den Roman einzuordnen sei. Brod hatte in seinem Nachwort zur dritten Ausgabe von *Der Prozeß* (1947) eingeräumt, es sei »nicht unmöglich, daß Kafka die jetzt als ›Fünftes Kapitel‹ bezeichnete Episode als zweites Kapitel intendiert hat« (P 230). Dies würde bedeuten, daß »Der Prügler« hinter die von Brod als ›Erstes Kapitel‹ aufgefaßten Abschnitte »Verhaftung / Gespräch mit Frau Grubach / Dann Fräulein Bürstner«, aber vor »Erste Untersuchung« plaziert werden könnte. Pasley führt hingegen aus: »Das ‚Prügler-Kapitel', in dem Josef K.'s Wächter bestraft werden, muß nach dem Kapitel ›Erste Untersuchung‹ eingeordnet werden, weil er sie in diesem erst anklagt. Es muß auch in relativer Nähe zu diesem Kapitel stehen, damit die ursächliche Verknüpfung deutlich hervortreten kann. Von

dieser Überlegung ausgehend scheint sowohl eine Einordnung unmittelbar nach ›Erste Untersuchung‹ (‚Einordnung A‘) als auch unmittelbar nach dem Kapitel ›Im leeren Sitzungssaal / Der Student / Die Kanzleien‹ (‚Einordnung B‘) möglich zu sein. Gegen ‚Einordnung A‘ spricht jedoch folgendes: es müßten sich dann die einleitenden Worte des ‚Prügler‘-Kapitels (›Als K. an einem der nächsten Abende . . .‹) auf den ›Sonntag‹ beziehen, an dem K.'s ›erste Untersuchung‹ stattfindet, und die einleitenden Worte des Kapitels ›Im leeren Sitzungssaal . . .‹ (›K. wartete während der nächsten Woche . . .‹ [51]) würden bedeuten, daß die in diesem Kapitel enthaltenen Begebenheiten sich mehr als eine Woche nach der ‚Prügler‘-Episode abspielen. Dieses steht aber im Widerspruch zu dem weiteren Text, aus dem hervorgeht, daß Josef K.'s zwei Besuche im Sitzungssaal durch eine einzige Woche getrennt sind. Somit scheint ‚Einordnung B‘ eher den Intentionen des Autors zu entsprechen.« (KKAP, Apparatband, S. 126.)
Auf dem Deckblatt des entsprechenden Konvoluts notierte Kafka zunächst nur »Prügler«, der bestimmte Artikel wurde später nachgetragen, wodurch sich in diesem Fall der Eindruck einer als solcher intendierten Kapitelüberschrift ergibt.

75,4 *Expedition:* Versandabteilung eines größeren Geschäftsunternehmens.

75,15 *Drucksorten:* (österr.) Vordrucke, Formulare.

76,3 *Familie zu ernähren . . . wollte heiraten:* möglicherweise eine selbstironische Anspielung Kafkas auf seine eigenen – zur Zeit der Niederschrift des Romans wieder aufgegebenen – Heiratspläne (siehe S. 59). Die beiden Wächter werden damit in gewisser Weise Kontrastfiguren zu dem Außenseiter Josef K.

77,14 *das Frühstück aufzuessen:* Wiederaufnahme des Motivs aus dem »Verhaftungs«-Kapitel (s. Anm. zu 7,5 f.).

79,6 *es schreit nur ein Hund auf dem Hof:* Diese Szene ist antithetisch auf die Szene der Hinrichtung im Schlußkapitel bezogen. K. tritt hier ans Fenster und schaut hinaus, um die Aufmerksamkeit von den Vorgängen in der Kammer abzulenken; er empfindet kein Mitleid mit den Wächtern, sondern versucht, sich selbst zu schützen (vgl. »Diese Aufopferung konnte wirklich niemand von K. verlangen«, S. 80). Im letzten Kapitel ist er selbst das Opfer einer Strafaktion und wird »wie ein Hund« abgestochen. Er hofft, daß die unbekannte Person, die aus dem Fenster herausschaut, Mitleid mit ihm verspürt: »Wer war es? [...] Einer der teilnahm?« (S. 210.)

Der Onkel / Leni

82,11 *ein wenig gebückt:* Im Ms. sind diese Wörter nachträglich eingefügt; sie sollen vielleicht schon an dieser Stelle signalisieren, daß auch der Onkel Kontakt zu der Sphäre des Gerichts hat; er ist, wie sich später zeigt, darüber informiert, daß sein Neffe ›einen Prozeß hat‹, und mit einem Advokaten befreundet.
Panamahut: aus den Blättern der Panamapalme geflochtener leichter Sommerhut.

82,23 *»Das Gespenst vom Lande«:* Möglicherweise dachte Kafka bei der Konzeption dieser Figur an seinen eigenen Onkel, Siegfried Löwy, einen Bruder der Mutter, der als Landarzt in dem böhmischen Dorf Triesch lebte. Löwy galt bei den meisten der in Prag ansässigen Familienmitglieder als verschrobener Sonderling. Kafka interessierte sich vor allem wegen dessen Junggesellentums sehr für die Lebensweise des Onkels. Es ist anzunehmen, daß er auch bei der Erzählung *Ein Landarzt* (1915) Siegfried Löwy vor Augen hatte.

82,25 *Fauteuil:* Das französische Wort ist im österreichischen Deutsch für ›Sessel‹ gebräuchlich, während »Sessel« einen einfachen Stuhl meint.

83,5 f. *sah durch das Fenster auf die gegenüberliegende Straßenseite:* Das Hinausschauen aus dem Fenster (schon im Kapitel »Gespräch mit Frau Grubach / Dann Fräulein Bürstner«; vgl. Anm. zu 27,20) wird im folgenden leitmotivisch. K. versucht, sich auf diese Weise von dem immer stärker werdenden Druck, den sein Prozeß auf ihn ausübt, zu befreien. Auffallend ist jedoch, daß auch sein Blick nicht ›frei‹ ist, sondern immer wieder, wie hier durch Mauern, begrenzt wird. Auch muß er sich seiner Einsamkeit bewußt werden, denn er sieht nie andere Menschen; hinter »zu sehen war« stand im Ms. zunächst: »– die Auslage eines Buchladens, vor der ein blaugekleidetes Mädchen stand.« Diese Passage wurde sofort wieder gestrichen und durch »ein Stück leerer Häusermauern zwischen zwei Geschäftsauslagen« ersetzt.

83,19 *Erna hat es mir geschrieben:* Im Ms. lautete der Name zunächst »Laura«. »Erna« war der Vorname der Schwester Felice Bauers, mit der Kafka sich nach der Lösung der Verlobung in Berlin getroffen hatte und mit der er einen unregelmäßigen Briefverkehr unterhielt (vgl. KKAT 682 f. und vor allem 704–706: »Ein Brief von Erna über die Lage ihrer Familie«). Bei Kafka lösten die Mitteilungen Erna Bauers Schuldbewußtsein aus; er faßte sich aufgrund eines solchen Briefes einmal als »Verderber der Familie [Bauer]« auf (KKAT 704).

86,24 f. *nicht um einen Proceß vor dem gewöhnlichen Gericht:* im Ms. hinter »gewöhnlichen« gestrichen »staatlichen«.

88,34 *Advokaten Huld:* im Ms. zunächst: »Advokaten Massal«. »Massal« könnte auf das jiddische *massel* ›Glück‹ zurückgehen. »Huld« ist wohl als ›sprechender Name‹ intendiert, allerdings wird die Bedeutung des Wortes (›Gunst‹, ›Wohlwollen‹) im weiteren Verlauf der Handlung ins Ironische verkehrt.

90,27 *mit langem Bart:* ein Attribut, das auch die Mitglieder der Versammlung im Kapitel »Erste Untersuchung« und langjährige Angeklagte – wie den Kaufmann Block – auszeichnet.

91,13 *Und Leni pflegt mich gut, sie ist brav*: im Ms. danach, gestrichen: »Auch dieses Lob liess das Mädchen unbewegt, ja es schien sogar keinen wesentlichen Eindruck auf sie zu machen, als jetzt der Onkel sagte: ›Mag sein. Ich werde Dir aber trotzdem womöglich heute noch eine Krankenschwester herschicken. Bewährt sie sich nicht, so kannst Du sie entlassen, tu mir aber den Gefallen und versuch es mit ihr. In dieser Umgebung und Stille, in der Du hier lebst, verkommt man ja.‹ ›Es ist nicht immer so still, wie jetzt‹ sagte der Advokat ›Deine K Schw. nehme ich nur an, wenn ich es muss.‹ ›Du musst‹ sagte der Onkel«.

91,32 *Leintuch:* (österr.) Bettlaken, Bettuch.

93,20 f. / 94,22 / 23 f. *mit der Kerze in der Hand auf dem Nachttischchen / eine dunkle Zimmerecke / das Licht der kleinen Kerze:* Dunkelheit und Zwielicht sind ein Charakteristikum vieler Räume, in denen K. auf Vertreter des Gerichtes trifft. Die ungenügende Erhellung dieser Dunkelheit durch eine Kerze wird auch im Kapitel »Kaufmann Block / Kündigung des Advokaten« dargestellt: »Es war ein kleiner dürrer Mann mit Vollbart, er hielt eine Kerze in der Hand« (153) – und im Kapitel »Im Dom«, wo es heißt, die Kerze »vermehrte [. . .] die Finsternis (189).

97,1 *mußte sich hier verloren vorkommen:* im Ms. danach, gestrichen: »der Schreibtisch, der fast die ganze Länge des Zimmers einnahm, stand in der Nähe der Fenster, es war so eingerichtet, dass der Advokat den Rücken der Tür zukehrte und der Besucher als ein wahrer Eindringling die ganze Breite des Zimmers durchmessen musste, ehe er das Gesicht des Advokaten zu sehen bekam, wenn dieser nicht etwa die Freundlichkeit hatte sich nach dem Besucher umzuwenden«.

97,26 *fiel ihm ein großes Bild auf:* antizipiert das Kapitel »Advokat / Fabrikant / Maler«; Titorelli ist dort mit der Herstellung eines solchen Bildes beschäftigt. Von dem abgebildeten Richter, »der mit einer heftigen und vielleicht empörten Wendung aufspringen« zu wollen scheint, geht ebenso etwas Bedrohliches aus wie von dem, der im folgenden Kapitel auf dem noch im Entstehen begriffenen Gemälde dargestellt ist. Im Ms. stand vor »etwas Entscheidendes« zunächst noch »zum Schrecken des Angeklagten«.

97,36 f.–98,1 f. *Der Angeklagte war wohl ... auf dem Bilde zu sehen waren:* im Ms. nachträglich eingefügt.

99,20 f. *Momentphotographie ... nach einem Wirbeltanz:* Kafka hatte im Mai 1909 eine Vorstellung des Petersburger kaiserlich-russischen Balletts in Prag gesehen. Von einer »ganz wilden Tänzerin«, Jewgenja Eduardowa, war er so beeindruckt und wohl auch erotisch fasziniert worden, daß er – wie er Felice Bauer schrieb – »noch Monate« von ihr träumte (F 254, vgl. auch KKAT 7 – 9). Die Eduardowa hatte bei ihrem Auftritt auch einen solchen ›Wirbeltanz‹, einen Zigeunertanz, geboten. Es gab Bildpostkarten, die sie bei einer Vorführung zeigten. Als »Momentphotographie« bezeichnete man damals eine Aufnahme, die nicht, wie noch meist üblich, im Studio bei langer Belichtungszeit zustande kam und das Modell in sorgfältig einstudierter Pose festhielt.

100,11 *körperlichen Fehler:* Auffallend viele der Personen, mit denen K. im Laufe der Romanhandlung konfrontiert wird, sind körperlich deformiert oder krank. Kaminer hat eine »Muskelzerrung« im Gesicht, Fräulein Montag wird als ein »schwaches blasses, ein wenig hinkendes Mädchen« beschrieben, auch der Kirchendiener im »Dom«-Kapitel hinkt. Im Kapitel »Erste Untersuchung« erblickt K. vor dem Haus, in dem die Untersuchung stattfindet, ein »schwaches junges Mädchen«. Die Krankheit des Advokaten und des Direktors wird mehrfach in den Vordergrund gestellt, ebenso die gebückte Körperhaltung all derer, die mit dem Gericht zu tun haben. K. bewegt sich in einer Welt von Kranken und Verkrüppelten, anfänglich als Gesunder, der aber im Verlauf seines Prozesses zunehmend auch von »Unwohlsein« – wie es im Abschnitt »Die Kanzleien« heißt – ergriffen wird. Dort wird er erstmals ebenfalls als »schwacher Mann« (71) bezeichnet. Im weiteren Verlauf der Handlung wird er von »Kopfschmerzen« und von einer »Verkühlung« geplagt. Es wird also suggeriert, daß der Umgang mit dem Gericht eine fortschreitende physische Hinfälligkeit auslöst, wobei diese zunehmende äußerliche Deformation wohl als Sinnbild für einen psychischen Schwächungsprozeß zu verstehen ist.

100,15 f. *Verbindungshäutchen fast bis zum obersten Gelenk der kurzen Finger:* vielleicht eine Anspielung auf die von Homer in der *Odyssee* beschriebenen Sirenen, Wassergöttinnen, die mit ihrem Gesang vorüberfahrende Seeleute anlockten, um sie dann zu töten. In der bildenden Kunst wurden die Sirenen oft als Mischwesen dargestellt, als Menschen, die tierische Attribute (wie z. B. einen Fischschwanz) besaßen. Die »Verbindungshäutchen« zwischen Lenis Fingern lassen an Schwimmhäute denken. Die Animalisierung dieser Gestalt wird im folgenden eindeutig vorgenommen, wenn K. ihre Hand als »Kralle« bezeichnet. Leni ist eine ambivalente Gestalt; sie bietet sich zwar als ›Helferin‹ an, aber ihre primitive Sinnlichkeit, die in K. eine Vielzahl von Sinnesreizen auslöst (vgl. »ein bitterer aufreizender Geruch wie von Pfeffer«, 100), bedeutet eine Gefährdung des Angeklagten.

100,28 f. *und biß und küßte seinen Hals, biß selbst in seine Haare:* Die Formulierung weist zurück auf eine Stelle im Abschnitt »Dann Fräulein Bürstner«. Während dort K. »wie ein durstiges Tier« von Fräulein Bürstner Besitz ergreift, geschieht ihm hier in Umkehrung der Rollen das gleiche von seiten Lenis. Durch die zweimalige Verwendung des Wortes »biß« wird das Tierische ihres Verhaltens herausgestellt.

100,33 *Jetzt gehörst Du mir:* Dieser Satz war ursprünglich als Kapitelende intendiert. Im Ms. steht an dieser Stelle »Ende«. Kafka entschloß sich später, das Kapitel fortzuführen, wohl um deutlicher zu machen, daß K.s Prozeß durch sein Fehlverhalten eine Wendung zum Negativen erfahren hat. Auch bei der Fortführung wird die Darstellung des Geschlechtsverkehrs zwischen K. und Leni ausgespart (Zwischen: »›Jetzt gehörst Du mir‹, sagte sie« und »›Hier hast Du den Hausschlüssel . . .‹« scheint ein gewisser Bruch zu bestehen), daß es aber dazu gekommen ist, geht aus den Vorwürfen des Onkels hervor (vgl. auch: »die Stelle, wo K. mit Leni gelegen war«, 103).

101,36 f. *Und mich Deinen Onkel läßt Du hier im Regen ... stundenlang warten:* Es ist nicht vollkommen gesichert, ob dies der endgültige Kapitelschluß sein sollte. Pasley führt aus: »In einer Tagebucheintragung vom 29. August heißt es: ›Schluß eines Kapitels mißlungen, ein anderes schön begonnenes Kapitel werde ich kaum oder vielmehr ganz bestimmt nicht so schön weiterführen können‹ (KKAT 675). Mit ›Schluß eines Kapitels mißlungen‹ bezieht Kafka sich aller Wahrscheinlichkeit nach auf das Kapitel ›Der Onkel / Leni‹: der ursprüngliche, durch das Wort ›Ende‹ gekennzeichnete Abschluß dieses Kapitels (nach ›gehörst Du mir‹ [100]) hat ihn offenbar nicht zufriedengestellt, denn er hat dieses Wort gestrichen und das Kapitel um anderthalb Seiten (bis ›stundenlang warten‹ [101]) weitergeführt. Auch ist ein weiterer (verworfener) Versuch, das Kapitel abzuschließen, überliefert« (KKAP, Apparatband, S. 112).

Brod veröffentlichte die verworfene Passage im Anhang zum Romantext als »Fragment« (P 215). In der Fassung der Handschrift lautet der Text:

»Als sie aus dem Teater traten, fiel ein leichter Regen. K. war schon durch das Stück und die schlechte Aufführung ermüdet, der Gedanke aber, dass er den Onkel bei sich beherbergen sollte machte ihn ganz niedergeschlagen. gerade heute lag ihm viel daran, mit F. B. zu sprechen, vielleicht hätte sich noch eine Gelegenheit gefunden, mit ihr zusammenzukommen; die Gesellschaft des Onkels verhinderte es aber völlig. Es fuhr allerdings noch ein Nachtzug, den der Onkel benützen konnte, aber dass er heute, da ihn K's Process so sehr beschäftigte, zur Abreise bewogen werden könne, schien gänzlich aussichtslos. Trotzdem machte K. ohne viel Hoffnung einen Versuch: ›Ich fürchte Onkel‹, sagte er ›dass ich Deine Hilfe in nächster Zeit wirklich brauchen werde. Ich sehe noch nicht genau, in welcher Richtung, aber jedenfalls werde ich sie brauchen.‹

›Du kannst auf mich zählen‹ sagte der Onkel ›ich denke ja die ganze Zeit nur darüber nach, wie man Dir helfen könnte‹ ›Du bist immer der Alte‹ sagte K. ›nur fürchte ich dass mir die Tante böse sein wird, wenn ich Dich nächstens werde bitten müssen, wieder in die Stadt zu kommen‹ ›Deine Sache ist wichtiger als derartige Unannehmlichkeiten. ›Dem kann ich nicht zustimmen‹ sagte K. ›aber wie immer das sein mag, unnötiger Weise will ich Dich der Tante nicht entziehn, in den allernächsten Tagen brauche ich Dich voraussichtlich möchtest Du also nicht vorläufig nachhausefahren?‹ ›Morgen?‹ ›Ja morgen sagte K. oder vielleicht jetzt mit dem Nachtzug, es wäre das bequemste.‹«

Advokat / Fabrikant / Maler

102,12 f. *blieb mit gesenktem Kopf unbeweglich sitzen:* Das erinnert an die gebückte Haltung, die z. B. die Angeklagten in den Kanzleien auf dem Dachboden einnehmen. Offenbar korreliert dieses Gebücktsein mit der Tatsache, daß der »Gedanke an den Proceß« K. nun nicht mehr verläßt. In Kafkas Nachlaß hat sich ein Blatt mit sechs Figurinen erhalten, die vielleicht Josef K. in verschiedenen Stadien seines Prozesses zeigen; eine dieser Skizzen stellt einen sitzenden Mann dar, der sich verzweifelt oder müde tief über eine Tischplatte beugt (s. Abb. S. 31).

102,15 f. *eine Verteidigungsschrift auszuarbeiten:* Im ersten Teil dieses Kapitels bringt Kafka des öfteren die aktuelle Lage, in der er sich als Verfasser des Romans befindet, mit der Situation des Protagonisten in Verbindung. Mit der »Verteidigungsschrift«, die Josef K. anfertigen will, spielt er auf den Roman an, an dem er selbst arbeitet. (Siehe auch S. 62.)

103,7 *leere Ermahnungen, wie man sie Kindern gibt:* Im Ms. zunächst: »einige Ermahnungen, wie z. B. er möge jetzt immer bald schlafen gehn, nicht mehr so teuere Kleider tragen, seinen letzten Willen ausarbeiten zuhause statt des elektrischen Lichtes nur noch Kerzen benützen und ähnliches«.

103,29 *Petent:* (veraltet) Bittsteller.

104,22 *nur Winkeladvokaten:* Das Wort ist abschätzig gemeint; man assoziiert zweierlei: Advokaten, die gleichsam das Tageslicht scheuen, in einem Winkel arbeiten; oder solche, die nicht ›geradlinig‹ vorgehen, sondern sich verwinkelter Züge bedienen.

104,34–37 *Im Fußboden dieser Kammer ... ein Loch:* Die Beschreibung der Kammer scheint durch Casanovas Darstellung seiner Gefängniszelle beeinflußt worden zu sein. Der venezianische Abenteurer bricht mit improvisierten Werkzeugen ein Loch in den Zellenboden, durch das er in den darunterliegenden Ratssaal herabsteigen will. Sein Plan mißlingt aber, weil er überraschend in eine andere Zelle verlegt wird (vgl. Müller – s. Anm. zu 7,3 –, S. 71).

107,25–27 *An diesem Fenster hätte man manche Herren ... antreffen können:* In diesen »trostlos auf die Gasse« schauenden Herren wird Josef K. gespiegelt (s. Anm. zu 83,5 f.).

107,35 f. *Die Rangordnung und Steigerung des Gerichtes sei unendlich:* Dieses sich ins Unendliche Fortsetzende der Macht, durch das die höchste Instanz letztlich »unabsehbar« (auch im Sinne von ›unsichtbar‹) und damit für den einzelnen unerreichbar wird, wird in der Legende »Vor dem Gesetz« in das Bild der aufeinanderfolgenden »Türhüter« gefaßt, von denen jeder immer mächtiger ist als der vorhergehende. Eine ähnliche bildhafte Darstellung findet sich in der 1917 entstandenen Erzählung *Eine kaiserliche Botschaft*. Allerdings versucht dort nicht der »einzelne« zu dem Höchsten vorzudringen, sondern er wartet vergeblich darauf, daß der Bote, den der sterbende Kaiser zu ihm ausgesandt hat, ihn erreicht: »Der Bote hat sich gleich auf den Weg gemacht; ein kräftiger, ein unermüdlicher Mann [...]; er kommt auch leicht vorwärts, wie kein anderer. Aber die Menge ist so groß; ihre Wohnstätten nehmen kein Ende. Öffnete sich freies Feld, wie würde er fliegen und bald

Figurinenzeichnung von Franz Kafka

wohl hörtest du das herrliche Schlagen seiner Fäuste an deiner Tür. Aber statt dessen, wie nutzlos müht er sich ab; immer noch zwängt er sich durch die Gemächer des innersten Palastes; niemals wird er sie überwinden; und gelänge ihm dies, nichts wäre gewonnen; die Höfe wären zu durchmessen; und nach den Höfen der zweite umschließende Palast; und wieder Treppen und Höfe; und wieder ein Palast; und so weiter durch Jahrtausende; und stürzte er endlich aus dem äußersten Tor – aber niemals, niemals kann es geschehen –, liegt erst die Residenzstadt vor ihm, die Mitte der Welt, hochgeschüttet voll ihres Bodensatzes. Niemand dringt hier durch und gar mit der Botschaft eines Toten. – Du aber sitzt an deinem Fenster und erträumst sie dir, wenn der Abend kommt.« (E 128 f.)

108,30 f.–109,2 *Die Advokaten sammelten sich ... ermüden wollten.:* In dieser Passage gibt es einige motivliche Anklänge an »Vor dem Gesetz«: Der Mann vom Lande »macht viele Versuche eingelassen zu werden und ermüdet den Türhüter durch seine Bitten« (197).

114,22 f. *Er hatte es verstanden, sich in der Bank ... zu seiner hohen Stellung emporzuarbeiten:* Kafka war in der Arbeiter-Unfall-Versicherungs-Anstalt innerhalb weniger Jahre zum Vize-Sekretär, einem relativ hohen Rang, avanciert und wurde von seinen Kollegen und Vorgesetzten allgemein geschätzt, obwohl er selbst seine beruflichen Leistungen immer sehr kritisch beurteilte.

116,4 f. *Heute wußte K. nichts mehr von Scham, die Eingabe mußte gemacht werden:* Kafka spielt hier eindeutig auf den Fortgang der Arbeit an *Der Proceß* (der »Eingabe«) an; diese Anspielung erlaubt es, diese Textpassage entstehungsgeschichtlich einzuordnen: sie dürfte »ungefähr auf die Zeit zu datieren sein, als Kafka – gegen Ende September – selbst bei der Versicherungsanstalt um Urlaub gebeten hat, ›um den Roman vorwärtszutreiben‹ (Tagebucheintragung vom 7. Oktober [KKAT 678]) – oder, um im Romankontext zu bleiben, die Eingabe zu machen« (KKAP, Apparatband, S. 111 f.).

118,14 *Gazeschleier:* Gaze: ein weitmaschig gewebter, halb durchsichtiger Stoff.

118,25 f. *der sich ... wieder über die Papiere beugte:* K. nimmt hier die typische Haltung der Angeklagten ein; er ist mittlerweile so sehr von den Gedanken an seinen Prozeß vereinnahmt, daß er die Realität nicht mehr objektiv wahrzunehmen vermag. Das Geschäftsgespräch zwischen dem Direktor-Stellvertreter und dem Fabrikanten, »zwei Männern, deren Größe er sich übertrieben vorstellte« (118), kommt ihm wie eine Verhandlung über seine eigene Person vor.

119,25 *Kommis:* (frz.) Handlungsgehilfe.

120,1 *Er gieng zum Fenster:* s. Anm. zu 83,5 f.

121,30 *Was hatte also K. zu erhoffen?:* im Ms. zunächst: »Nein, vom allgemeinen Bekanntwerden des Processes hatte K. für sich nicht das geringste zu erhoffen. Wer sich nicht als Richter erheben und ihn blind und vorzeitig verurteilen würde, würde ihn, da es nun so leicht war, doch wenigstens zu demütigen suchen.«

123,4 f. *sagte K. mit gesenktem Kopf:* »mit gesenktem Kopf« im Ms. nachträglich eingefügt; s. Anm. zu 118,25 f.

123,16 f. *Titorelli ist nur sein Künstlername:* Der Maler, später als »Bettelmaler« bezeichnet, hat sich offenbar einen italienisch klingenden Namen – man wird an den italienischen Maler Tintoretto (eigtl. Jacopo Robusti; 1518–94) erinnert – zugelegt, um bei seiner Kundschaft Eindruck zu machen.

128,30 f. *Auch war die Luft sehr drückend:* Die Vorstadt, in der der Maler wohnt, wird zwar als »jener in welcher sich die Gerichtskanzleien befinden vollständig entgegengesetzt« (128) bezeichnet, Kafka setzt aber mit der Beschreibung des schmutzigen Viertels und insbesondere der Erwähnung der drückenden Luft, die in dem Haus herrscht, das Signal, daß K., ohne es zu wissen, sich wieder der Sphäre des Gerichts nähert; die Passage von »Auch war die Luft« bis »kleine Fenster angebracht waren« ist im Ms. nachträglich eingefügt.

129,3 *etwas buckliges Mädchen:* In der Verbindung von einem Körperfehler und sexueller ›Verdorbenheit‹ erinnert dieses Mädchen an Leni. Im folgenden gibt es immer wieder Anspielungen darauf, daß zwischen dem Maler und den halbwüchsigen Mädchen sexuelle Kontakte bestehen (vgl. etwa S. 131: »ich komme spät abends nachhause und will ins Bett steigen, da zwickt mich etwas ins Bein«). Dadurch wird der ›Gerichtsmaler‹ in eine Reihe gestellt mit Figuren wie dem Untersuchungsrichter und dem Advokaten Huld (s. Anm. zu 53,22 f.).

132,30 f. *Bild im Arbeitszimmer des Advokaten:* s. Anm. zu 97,26.

133,3–5 *Eine große Figur die in der Mitte über der Rückenlehne des Tronsessels stand:* im Ms. zunächst: »Zwei Figuren die auf der Rückenlehne des Tronsessels in den zwei Ecken standen«.

Die allegorische Figur verwandelt sich vor den Augen K.s langsam von der Göttin der Gerechtigkeit zu der des Sieges und schließlich zu der der Jagd. Die Göttin der Gerechtigkeit (röm.: Iustitia) wurde oft mit einer Waage in der Hand und einer Binde um die Augen (als Zeichen der Unparteilichkeit) dargestellt, die Göttin des Sieges (griech.: Nike, röm.: Victoria) wird meist geflügelt und schwebend abgebildet. Die griechische Artemis (röm.: Diana) war eigentlich die Herrin der freien Natur, Schützerin der wilden Tiere und des menschlichen Nachwuchses, daher auch Geburtsgöttin. In der klassischen Kunst wird sie jedoch zumeist durch die Beigabe verschiedenster Attribute (z. B. Pfeil und Bogen) zur Jägerin umstilisiert.

Die Metamorphose der Figur wird objektiv dadurch erklärt, daß der Maler Änderungen an seinem Werk vornimmt, wobei auch zu berücksichtigen ist, daß Pastellfarben ein vergleichsweise diffuseres Bild ergeben als Ölfarben. Eine Veränderung tritt aber auch im Bewußtsein K.s ein: er empfindet zunehmend, daß er nicht Angeklagter in einem normalen legalen Verfahren ist und den geltenden

Gesetzesvorschriften entsprechend beurteilt wird, sondern kommt sich wie das Opfer einer auf ihn veranstalteten Jagd vor. Der Strahlenkranz, mit dem der Maler »unter den zitternden Spitzen der Stifte« (im Ms. nachträglich eingefügt) den Kopf des Richters umgibt, ist in der bildenden Kunst Attribut göttlicher oder göttergleicher Wesen; die Unerreichbarkeit dieser Person wird so betont.

135,35 f. *drängte ihn tief in die Betten und Pölster hinein:* K. wird damit wieder in einen Zustand von Hilflosigkeit versetzt, der jenem ähnelt, worin er sich bei seiner Verhaftung befand. Diese symbolische Entmachtung eines Kontrahenten begegnet häufig in den Werken Kafkas, so z. B. in der Erzählung *Das Urteil* (1912), in der Georg Bendemann seinen scheinbar wieder zu einem schwachen Kind gewordenen Vater ins Bett legt und zudeckt. Im ersten Kapitel des Romans *Der Verschollene* (»Der Heizer«, 1912) wird der jugendliche Protagonist Karl Roßmann von dem Heizer, einer Vaterfigur, in dessen enger Kajüte ins Bett geschickt: »›Legen Sie sich doch aufs Bett, da haben Sie mehr Platz‹, sagte der Mann« (KKAT 466). Der Heizer beginnt dann, wie hier der Maler, mit einer Art von Verhör: »Und der Mann setzte sich auf den Sessel, als habe Karls Sache jetzt einiges Interesse für ihn gewonnen« (KKAV 467).

138,29 f. *Schon mein Vater war Gerichtsmaler:* Die Aura des Geheimnisvollen, die das Gericht umgibt, wird hier dadurch verstärkt, daß das Gericht eine historische Dimension erhält; seine Anfänge verlieren sich gleichsam in einem mythischen Dunkel.

139,3–5 *Es will doch jeder Richter ... kann nur ich:* im Ms. nachträglich eingefügt.

141,12 f. *haben sich über alte Gerichtsfälle nur Legenden erhalten:* Als »Legende« bezeichnete Kafka selbst den unter dem Titel »Vor dem Gesetz« veröffentlichten Abschnitt des Romans. Hier scheint er den Gattungsbegriff eher im Sinne von ›erfundene Geschichten‹ zu verstehen; der Maler ist kein zuverlässiger Auskunftgeber.

141,32 *Verschleppung:* Zum Begriff der ›Verschleppung‹ führt Hartmut Binder aus: »Der Vorgang besteht in einer dauernden Beeinflussung der Gegenseite, die mögliche Entscheidungen in der Schwebe hält. Man muß ihn mit der ersten Phase der Beziehung zwischen Kafka und Felice (Winterhalbjahr 1912/13) in Verbindung bringen, wo er täglich, zuweilen bis zu dreimal, an die Geliebte schrieb, um so in dauernder innerer Verbindung zu ihr zu sein. Dadurch zog er, wie er selber beanstandet, Felice über Gebühr auf seine Seite. So vermied er eine Selbstverurteilung, weil in dieser Phase die Hoffnung auf eine bleibende Verbindung mit der Geliebten immerwährend erhalten bleiben mußte: Zu einer vorläufigen Entscheidung kam es bekanntlich erst nach vielen Monaten.« (1976, S. 231.)

141,33 f. *Wollen Sie aber nicht . . . den Rock ausziehn:* Im »Verhaftungs«-Kapitel wird ausdrücklich darauf verwiesen, daß K. sich sein »bestes schwarzes Kleid« anzieht, bevor er sich zum Verhör begibt. Das Anziehen des Rokkes bekommt die Bedeutung eines Sich-Wappnens, entsprechend hier das Sich-Entkleiden die Bedeutung eines Sich-Preisgebens. K. scheut zunächst davor zurück, den Rock abzulegen; als er es schließlich tut – was von den ihn beobachtenden Mädchen in auffallender Weise kommentiert wird –, fühlt er sich wehrloser als zuvor; er achtet sorgfältig darauf, daß er den Rock in der Nähe behält, »um ihn falls die Besprechung zuende wäre, sofort wieder anziehn zu können« (143; siehe auch Anm. zu 15,4).

145,10 *Mit dem Akten:* der Akt (österr.): die Akte, der Vorgang.

145,22 f. *es gibt bei Gericht kein Vergessen:* Siehe hierzu die Interpretation von Willy Haas, S. 102 f. des vorliegenden Bandes.

150,6 f. *Es sind lauter Heidelandschaften:* In dieser Kette von einander völlig identischen Bildern, die der Maler produziert, spiegelt sich etwas vom Wesen des Gerichts, dem dieser ja ebenfalls angehört. Alles scheint auf Wiederholung angelegt zu sein; eine erkennbare Entwicklung, die es vielleicht erlauben würde, das Gericht und den von ihm initiierten Prozeß zu verstehen, findet nicht statt (vgl. etwa »man kann in diesem Verfahren nur selten Fortschritte sehn«).

Kaufmann Block / Kündigung des Advokaten

153,17 *kleiner dürrer Mann mit Vollbart:* Der Kaufmann Block ist eine »Parallelfigur« zu Josef K. (Binder, 1976, S. 235). Er hat aber im Verlauf seines langjährigen Prozesses schon die Merkmale angenommen, die die Angehörigen des Gerichts charakterisieren.

153,21 / 27 f. *Ohne Rock / Schon durch den Besitz eines starken Überrocks:* s. Anm. zu 141,33 f.

156,6 f. *zieh fürs erste Deinen Mantel aus:* im Ms. zunächst wieder »Rock«, dann »Überrock«, dann »Mantel«.

156,33 f. *Bis er die Suppe gegessen hat:* ein besonders auffälliger Pragismus, von Brod verändert zu: »Wenn er die Suppe gegessen hat« (P 147). Kafka erwähnt diese regionale Spracheigentümlichkeit in einer Tagebucheintragung vom 24. Januar 1915, worin er über das erste Zusammentreffen mit Felice Bauer nach der Lösung des Verlöbnisses berichtet: »[Felice] hat Recht, wenn sie mich zurechtweist als ich dem Kellner sage: Bringen Sie die Zeitung, *bis* sie ausgelesen ist« (KKAT 722).

156,36 f. *drehte sich ... mit der Tasse nochmals ganz um:* ein Austriazismus, von Brod nicht verändert. »Tasse« hat im österreichischen Deutsch die Bedeutung von ›Tablett, Geschirrbrett‹.

157,30–32 *Diese Verbindung ... ungemein beruhigend:* im Ms. nachträglich eingefügt. In K. wird noch einmal die trügerische Hoffnung wach, daß es sich um einen ›gewöhnlichen Proceß‹ handele.

163,6 f. *unter meinen Verwandten fingen Gerüchte von meinem Proceß sich zu verbreiten an:* An dieser Stelle wird deutlich, daß der Kaufmann tatsächlich als eine Art Parallelfigur zu Josef K. konzipiert wurde. Die Darstellung seines eigenen Prozesses stimmt in vielen Punkten mit den Erfahrungen K.s überein (so haben z. B. seine Cousine und sein Onkel gerüchteweise von seinem Prozeß erfahren). Auf der anderen Seite ist jedoch der Prozeß des Kaufmanns im Vergleich zu dem Josef K.s ein sehr ›alter‹. Es handelt sich also auch um eine Projektion in die Zukunft. An der Figur Blocks wird deutlich, welche Entwicklung K.s Leben nähme, wenn sein Prozeß noch Jahre andauerte.

164,33 f. *den Rücken gekrümmt hielt:* s. Anm. zu 40,32 f.

169,35 f. *blendete mit der Hand ein wenig die Kerze ab:* s. Anm. zu 93,20 f.

173,25 *er sagte deshalb:* im Ms. danach, gestrichen: »Sie sprechen nicht offen mit mir und haben niemals offen mit mir gesprochen. Deshalb dürfen Sie sich nicht beklagen, wenn Sie, wenigstens Ihrer Meinung nach, verkannt werden. Ich bin offen und fürchte deshalb nicht verkannt zu werden. Sie haben meinen Process an sich gerissen, als wäre ich ganz frei, mir aber scheint es jetzt fast, als hätten Sie ihn nicht nur schlecht verwaltet, sondern als hätten sie ihn, ohne etwas Ernstliches zu unternehmen, nur vor mir verstecken wollen, damit ich verhindert werde einzugreifen und damit eines Tages irgendwo in meiner Abwesenheit das Urteil gesprochen wird.«

174,14 *Glockenzeichen:* Durch ein »Glockenzeichen«, das K. selbst gibt, wird der Prozeß überhaupt erst in Gang gesetzt (»dann [. . .] läutete er«; S. 7); danach wird mehrfach durch ein solches Zeichen ein weiteres Stadium des Prozesses eingeleitet. (Vgl. etwa: »gerade bei seinem Eintritt hatte es elf geschlagen«; 188.) Hartmut Binder vermutet bei diesem mehrfach vorkommenden Motiv eine Anspielung auf die jüdische Tradition: »Nach talmudischer Tradition wird zu Beginn eines neuen jüdischen Jahres Trompete geblasen, auch um zur Buße zu rufen« (1976, S. 236). Es scheint sich kaum um eine Analogie zu handeln.

175,36 *Wer ist denn Dein Advokat?:* Der Advokat stilisiert sich hier zu einem göttergleichen Wesen, das völlige

Unterwerfung fordert; die Antworten, die er dem Kaufmann abzwingt, lassen an das »Erste Gebot« denken: »Ich bin der Herr dein Gott, du sollst keine anderen Götter haben neben mir«. (Vgl. auch die Unterwerfungsgeste: »Ich knie schon, mein Advokat«; 177.)

179,20 f. *Hat er ununterbrochen studiert?:* Vielleicht eine Anspielung auf die Auffassung orthodoxer Juden, nach der ein wahrer Gläubiger zeit seines Lebens die Thora zu studieren und zu diskutieren hat.

180,17 / 181,6 f. *Glockenzeichen:* s. Anm. zu 174,14.

Im Dom

182,2 f. *italienischen Geschäftsfreund der Bank:* Kafka hatte 1906 seine erste Anstellung bei der Versicherungsgesellschaft ›Assicurazioni Generali‹ gefunden, die ihren Hauptsitz in Triest (das bis 1918 österreichisch war) hatte. Damals hatte er auch begonnen, Italienisch zu lernen (vgl.: »K.s Kenntnis des Italienischen war zwar nicht sehr groß, aber immerhin genügend«; 183).

183,24 f. *daß K. aus früherer Zeit einige kunsthistorische Kenntnisse besaß:* Kafka hatte 1902, bevor er sich endgültig zum Jurastudium entschloß, einige Vorlesungen in Germanistik und Kunstgeschichte besucht.

184,2 f. *das Fenster an dem er in der letzten Zeit viel zu oft zu sitzen pflegte:* s. Anm. zu 83,5 f.

185,18 *irgendetwas darzustellen versuchte:* im Ms. danach, gestrichen: »was man wenigstens auf den ersten Blick und ohne zu wissen wovon er sprach für das Fallen des Wassers in einem Springbrunnen gehalten hätte«.

186,10 f. *in zwei Stunden etwa um zehn Uhr:* Später heißt es, daß es »elf« schlägt, als K. den Dom betritt (188). Brod hat die Zeitangaben vereinheitlicht (vgl. P 174: »hatte es zehn geschlagen«). Es besteht jedoch die Möglichkeit, daß Kafka die divergierenden Uhrzeiten bewußt einsetzte, um anzudeuten, daß K. nicht mehr ›in der Zeit ist‹, seine innere Uhr und die äußere nicht mehr übereinstimmen.

187,25 *Sie hetzen Dich:* Durch das Wort »hetzen« wird das im Kapitel »Advokat / Fabrikant / Maler« entworfene Bild von der ›Jagd‹ auf Josef K. wieder aufgenommen. An dieser Stelle wird bereits antizipiert, daß es auch im Dom zu einer Konfrontation K.s mit dem ›Gesetz‹ kommen wird.

188,12 f. *einen hinkenden Diener:* s. Anm. zu 38,26. Dem Volksglauben nach ist das Hinken ein Attribut des Teufels, der statt des einen Fußes einen Huf haben soll. Es dient hier in jedem Fall dazu, das Unheilbringende der Figur des Kirchendieners, der K. ja zu dem Gefängniskaplan lockt, zu verstärken (vgl. auch eine Tagebucheintragung vom 7. Oktober 1915: »Als Hinkender die Gerti [eine Nichte] geschreckt, das Schreckliche des Pferdefußes«; KKAT 768).

189,2–4 *zur Beleuchtung ... war das gänzlich unzureichend:* Bereits in den vorausgehenden Kapiteln waren viele Räume, in denen sich Angehörige des Gerichts aufhielten, durch Dunkelheit oder Zwielicht gekennzeichnet. In diesem Kapitel wird es ganz deutlich, daß Kafka zum einen auf diese Weise eine Atmosphäre des Bedrohlichen schaffen will, daß es sich auf der anderen Seite aber auch um ein metaphorisches ›Dunkel‹ handelt, in dem K. die Orientierung verliert; am Ende des Gespräches mit dem Geistlichen heißt es: »›Ich kann mich aber im Dunkel allein nicht zurechtfinden‹, sagte K.« (204).
Es überzeugt nicht, wenn Hartmut Binder hier eine Erinnerung Kafkas an den Mailänder Dom vermutet, »den [er] auf einer Urlaubsreise im September 1911 besuchte. Im Gegensatz zum Prager Veitsdom, der ebenfalls in einigen Momenten in die Darstellung eingegangen ist, ist für das Mailänder Pendant eine außerordentliche Dunkelheit, selbst bei Sonnenschein, kennzeichnend« (1976, S. 239 f.).

189,25 f. *Grablegung Christi in gewöhnlicher Auffassung:* Hierzu Binder: »In der Wenzels-Kapelle des Prager Veitsdoms – es ist die größte und bedeutendste Kapelle des

Bauwerks, die vom rechten Seitenschiff aus zugänglich ist – befinden sich Wandmalereien, auf denen der Leidensweg Christi dargestellt ist« (1976, S. 240).

191,6 f. *daß ein mittelgroßer Mann dort nicht aufrecht stehn konnte:* s. Anm. zu 40,32 f.

193,8 *er rief: »Josef K.!«:* Dies erinnert an die Stelle im »Verhaftungs«-Kapitel, wo der Aufseher den Protagonisten ebenfalls mit vollem Namen anspricht (15), und die Passage im Abschnitt »Dann Fräulein Bürstner« (32), wo K. die Szene nachspielt. Ansonsten kommt der Name in dieser Form nur – notwendigerweise – bei der Einführung der Figur vor, im ersten Satz des Romans, und bei der Vorstellung des Angeklagten durch den Onkel im Kapitel »Der Onkel / Leni« (92), also durch den Kontext begründet.

194,16 *Weißt Du, daß Dein Proceß schlecht steht?:* Diese Passage entstand kurz vor oder während Kafkas Urlaub im Oktober 1914, also zu einer Zeit, in der es im übertragenen Sinn ›um den Proceß schlecht stand‹: die Arbeit am *Proceß*-Roman stagnierte. Unzweifelhaft spielt Kafka an dieser Stelle wieder auf seine Schreibsituation an.

195,6 *Du suchst zuviel fremde Hilfe:* s. Anm. zu 37,19.

197,1 f.–198,22 *Vor dem Gesetz steht ein Türhüter ... Ich gehe jetzt und schließe ihn:* Kafka hat diese Textpassage aus dem Roman separiert und unter dem Titel *Vor dem Gesetz* 1915 in der jüdischen Wochenschrift *Selbstwehr* veröffentlicht; später nahm er sie in leicht veränderter Form in den Sammelband *Ein Landarzt* (Kurt Wolff Verlag, Leipzig 1919) auf. Daß der Text für ihn eine gewisse Eigenständigkeit hatte, geht auch daraus hervor, daß er ihn im Januar 1915 Felice Bauer vorlas: »Bei der Türhütergeschichte größere Aufmerksamkeit und gute Beobachtung. Mir gieng die Bedeutung der Geschichte erst auf, auch sie erfaßte sie richtig, dann allerdings fuhren wir mit groben Bemerkungen in sie hinein, ich machte den Anfang.« (KKAT 723.)

In der Forschung gilt dieser Text allgemein als Kernstück von *Der Proceß*, es ist darauf hingewiesen worden, daß er vollständig nur im Kontext des Romans verstanden werden kann (vgl. z. B. Ingeborg Henel, 1963, bes. S. 50 f.). Kafka bezeichnete den Text als »Legende«, wobei nicht ganz gesichert ist, was er unter diesem Terminus verstand. Im Kapitel »Advokat / Fabrikant / Maler« wird er recht abwertend im Sinne von ›erfundene Geschichte‹ gebraucht. Binder meint: »In Anlehnung an den literarhistorischen Gebrauch war der Ausdruck von Kafka wohl vor allem inhaltlich bestimmt, er umschreibt Begebenheit oder Lebensgeschichte eines frommen Mannes in alter Zeit« (1976, S. 242). Binder schließt auch eine Beeinflussung durch Franz Werfels Dramenfragment »Esther, Kaiserin von Persien« nicht aus, in dem ein längerer epischer Einschub, eine Erzählung vom Tod des Mose, als »Legende« bezeichnet wird (ebd., S. 242). Werfel hatte das Fragment am 2. Dezember 1914 Otto Pick, Max Brod und Kafka vorgelesen.

Oft hat man eine deutliche Beziehung zur jüdischen Tradition, zu Talmud, Kabbala und alten Legenden der jüdischen Mystik vermutet. In diesen Legenden wird der Gesetzeskundige, d. h. Gläubige, häufig mit einem gesetzesunkundigen »Mann vom Lande« (hebr.: Am-ha'arez, jidd.: Amhorez) konfrontiert. Daß Kafka diese Tradition bekannt war, geht aus einer Tagebucheintragung vom November 1911 hervor: »Aus dem Talmud: Geht ein Gelehrter auf Brautschau, so soll er sich einen amhorez mitnehmen, da er zu sehr in seine Gelehrsamkeit versenkt das Notwendige nicht merken würde« (KKAT 276).

Hans Dieter Zimmermann (S. 121) zitiert eine Erzählung aus der »Merkaba«-Mystik, die seiner Meinung nach »der von dem Manne in ›Vor dem Gesetz‹ außerordentlich ähnlich« ist. Da man in der Forschungsliteratur immer wieder auf Versuche stößt, derartige ›Quellen‹ nachzuweisen, sei dieser Text hier wiedergegeben:

»Wer aber nicht würdig war, den König in seiner Schönheit zu sehen, dem verwirren die Engel an den Toren den Sinn. Und sobald sie zu ihm sagten: ›Tritt ein‹, so trat er

wirklich ein. Sofort preßten sie ihn und warfen ihn in den feurigen Lavastrom. Und am Tor des sechsten Palastes schien es, als ob Hunderttausende und Millionen Wasserfluten gegen ihn anstürmten, während doch nicht ein einziger Tropfen Wassers da war, sondern nur strahlender Äther und klare Steine aus lauterem Marmor, mit denen der Palast ausgelegt war. Die Engel aber stehen vor ihm. Wenn er nun sagte: ›Was bedeuten diese Wasser?‹, so begannen sie ihn zu steinigen und riefen: ›Du Unwürdiger, siehst du es denn nicht mit deinen eigenen Augen? Bist du etwa einer der Kinder derer, die das Goldene Kalb geküßt, und nicht würdig, den König in seiner Schönheit zu sehen?! ... Und er geht nicht von dannen, bis sie sein Haupt mit eisernen Stangen verletzen. Und das soll ein Zeichen für alle Zeiten sein, daß niemand am Tor des sechsten Palastes irren und den Ätherglanz der Steine sehen, nach ihnen fragen und sie für Wasser halten soll, auf daß er sich nicht in Gefahr bringe.‹«
Ritchie Robertson (S. 125) hat zur Zurückhaltung bei dieser Art von ›Quellenforschung‹ aufgefordert; er sieht hier und in vergleichbaren Fällen keine Übernahme jüdischer mystischer Texte, sondern allenfalls Anspielungen (›allusions‹) auf sie.

197,2 f. *Mann vom Lande:* Heinz Politzer (1965, S. 261 f.) sieht in der Figur des Mannes vom Lande Josef K. – und damit auch Kafka selbst – gespiegelt: »K. ist ein Am-ha'arez in seiner Konzentration auf die konkreten Tätigkeiten des Alltagslebens und in seiner Scheu davor, sich mit den unfaßbaren Abstraktionen des Gesetzes abzugeben. Durch die Verhaftung aus seiner Routine aufgestöbert, will er seinen Prozeß gewinnen, um sein früheres Leben weiterführen zu können. Seine Auseinandersetzung mit dem Geistlichen ist also nichts anderes als ein Dialog zwischen tätigem und priesterlichem Leben. Für Kafka selbst übersetzte sich dieser Dialog in den Widerstreit zwischen Beruf und Literatur; in einen Konflikt also, den er selbst nie auszutragen vermochte. Außerdem war es ein Erbkonflikt, denn seiner Abstammung nach war er von Vaters Seite her der Sohn eines ›Mannes vom Lande‹, über dessen Ungeschlachtheit, Unbildung und Unglaube sein ›Brief an den Vater‹ bewegende Klage führt. Andererseits konnte seine Mutter, eine geborene Löwy, ihre Herkunft der Überlieferung nach aus dem priesterlichen Geschlecht der Leviten ableiten.« Eine Gegenposition zu Politzers auf der Gleichung »Mann vom Lande = Josef K. = Franz Kafka« basierender Interpretation nimmt Hans Dieter Zimmermann ein (s. S. 42 f. des vorliegenden Bandes); auch Ingeborg Henel weist darauf hin, daß man die Perspektive der Romanfigur(en) und die des Autors keineswegs naiv identifizieren dürfe: »Man hat den Türhüter als Vertreter der Welt gedeutet und behauptet, daß die Welt dem Menschen den Eintritt in das Gesetz verstellt. Damit stellt man sich aber auf den Standpunkt Josef K.s und nicht auf den Kafkas. Zwar ist die Welt sowenig wie der Türhüter dazu angetan, den Menschen in das Gesetz einzuführen, aber sie ist auch nicht fähig, ihm das Tor zum Gesetz zu verschließen. Darin, sagt der Geistliche, sind sich die Deuter der Schrift einig, daß der Türhüter das Tor nicht schließen kann. Das bedeutet, wenn der Türhüter den Eintritt auch verbietet, so kann er ihn doch nicht endgültig verhindern. Der Zutritt zum Gesetz ist also weder positiv noch negativ von Welt und Türhüter abhängig.« (1963, S. 61.)

197,9 f. *Als der Türhüter das merkt:* im Ms. danach, gestrichen: »drängt er ihn mit seinem Stab fort und sagt: Du darfst auch nicht hineinschauen.«

197,19 *tartarischen Bart:* eigentlich »tatarisch« (die falsche Schreibweise – Kafka hat das *r* nachträglich eingefügt – hat sich als Nebenform eingebürgert). Die Grundbedeutung ist ›in der Art (des Volksstammes) der Tataren‹; in einem übertragenen, nicht genau definierten Sinne bedeutet »tatarisch« ›furchterregend‹, ›schreckeinflößend‹ (z. B. »Tatarenbotschaft«: Schreckensmeldung).

198,11 *Türhüter:* im Ms. aus: »Wächter«.

198,23 *Der Türhüter hat also den Mann getäuscht:* Die hier beginnende Textpassage wurde von Kafka als »Exegese« (also: Auslegung) der Legende bezeichnet, wobei der Ausdruck nahezu einen ironischen Beiklang bekommt, denn diese Auslegung fordert ihre eigene Auslegung.
Ingeborg Henel (1963, S. 57) deutet die Passage folgendermaßen: »Josef K. versteht die Analogie zwischen sich und dem Mann vom Lande einerseits und dem Gericht und dem Türhüter andrerseits sofort und reagiert auf die Erzählung, indem er sich völlig mit dem Mann vom Lande identifiziert und ihn leidenschaftlich verteidigt. Den Vorwurf gegen den Mann vom Lande und sich selbst wehrt er ab, indem er den Türhüter der Täuschung bezichtigt und den Mann vom Lande als Opfer dieser Täuschung hinstellt. Die nun folgende Diskussion zwischen dem Geistlichen und Josef K. über den Türhüter und darüber, ob er ein Täuschender oder selbst ein Getäuschter sei, und ob er als Angestellter des Gesetzes auch dem Mann vom Lande oder nur dem Gesetz verantwortlich sei, geht im Grunde um die Frage, bei wem die Verantwortung für das verschwendete Leben des Mannes und den verfehlten Prozeß Josef K.'s liege. Josef K. will alle Schuld vom Manne auf den Türhüter (und damit von sich auf die Gerichtsbeamten) abwälzen. Dagegen führt der Geistliche ins Feld, daß der Türhüter als Beamter unfrei und nur dem Gesetz, nicht dem Mann vom Lande verantwortlich sei, während der Mann als freier Mensch die volle Verantwortung für sein Handeln trage. [. . .] Der Türhüter, insofern er Beamter ist, ist unfrei, unpersönlich und einer Notwendigkeit unterworfen, die weder er selbst noch die anderen verstehen. Er ist – wie ein Ding – durch keinen menschlichen Appell zu erreichen und zu beeinflussen. [. . .] Das Amt gibt den Beamten einerseits Würde, Halt und Sicherheit, nimmt ihnen mit der Freiheit auch die Last der Verantwortung und Schuld ab [. . .].«

198,23 f. *sagte K. sofort, von der Geschichte sehr stark angezogen:* im Ms. zunächst: »sagte K. sofort. Er war dem

Geistl. für die Erzählung dankbar, sie hatte seine gute Meinung über ihn bestärkt. Er rühmte sich nicht wie die andern seiner Kenntnis der Gerichte trotzdem er sie gewiss besass«.

201,1 f. *Die Schrift ist unveränderlich und die Meinungen ... ein Ausdruck der Verzweiflung:* vielleicht eine Anspielung auf den Talmud (neuhebräisch ›das Lernen‹), der unterteilt ist in die »Mischna«, die Aufzeichnung der Religionsgesetze, und die »Gemora«, die Niederschrift der Diskussionen über diese Gesetze. Die Gemora enthält also wechselnde Auslegungen der Mischna.

Ende

206,8–10 *Ohne daß ihm der Besuch ... gleichfalls schwarz angezogen:* Das Schlußkapitel enthält zahlreiche Verweise auf das Anfangskapitel, das ja in großer zeitlicher Nähe zu ihm entstanden ist. Diese Verweise machen u. a. deutlich, welche Entwicklung in Josef K. vorgegangen ist. Während er von der ›Verhaftung‹ völlig unvorbereitet getroffen wurde, er von den Wächtern gleichsam ›unbekleidet‹ im Bett überrascht wurde (siehe die ›Bekleidungsszene‹, 14 f.), hat er offenbar das Kommen der Henker geahnt und entsprechende Vorbereitungen getroffen.

206,23 *Alte untergeordnete Schauspieler:* Wiederaufnahme eines Motivs aus dem ersten Kapitel: »war es eine Komödie, so wollte er mitspielen« (S. 10). Binder merkt hierzu an: »Das Motiv sollte wohl Teil eines romanimmanenten Verweisungszusammenhangs sein, der in der vorliegenden fragmentarischen Textgestalt nur erahnbar ist« (1976, S. 251).

207,19 f. *am Kinn ausgekratzt hatte:* im Ms. danach, gestrichen: »Ihre Augenbrauen waren wie eingesetzt und wippten unabhängig von der Bewegung des Gehns auf und ab.«

209,11 *nicht ganz unverdächtige Gruppe:* im Ms. danach, gestrichen: »›Der Staat bietet mir seine Hilfe an sagte K, flüsternd am Ohr des einen Herrn. Wie wenn ich den Process auf das Gebiet der Staatsgesetz hinüberspielte‹ Es könnte noch dazu kommen, dass ich die Herren gegen den Staat verteidigen müsste.«

209,31 f. *zog ihm den Rock, die Weste und schließlich das Hemd aus:* Diese Entkleidungsszene ist antithetisch auf das symbolische ›Sich-Wappnen‹ K.s durch das Anlegen seines besten schwarzen Kleides im ersten Kapitel bezogen.

211,7 f. *»Wie ein Hund« ... als sollte die Scham ihn überleben:* Der Schlußsatz des Romans wird von Kafka 1919 in seinem »Brief an den Vater« zitiert: »Ich hatte vor Dir das Selbstvertrauen verloren, dafür ein grenzenloses Schuldbewußtsein eingetauscht (In Erinnerung an diese Grenzenlosigkeit schrieb ich von jemandem einmal richtig: ›Er fürchtet, die Scham werde ihn noch überleben.‹)« (H 196.)

Im Roman-Manuskript entwickeln sich die Schlußworte aus zwei rekonstruierbaren Fassungen:

(a) sein letztes Lebensgefühl war Scham.

(b) bis ins letzte Sterben blieb ihm die Scham nicht erspart.

Fragmente

B.'s Freundin
(›Viertes Kapitel‹ in P)

215,14 f. *schrieb er ihr einen Brief ... in die Wohnung:* Es handelt sich hier wohl um eine Anspielung Kafkas auf seinen intensiven Briefwechsel mit Felice Bauer, der er im Verlauf von fünf Jahren etwa 700 Briefe schickte. Ein Teil von ihnen war an die Privatadresse Felicens gerichtet, ein anderer aber auch an das Berliner Büro, in dem sie arbeitete. Oft klagte er darüber, daß er nur mit großer Verspätung Antwort erhielt, oder daß diese ganz ausblieb; auch dieser Umstand findet seinen Niederschlag im Romantext:

»Die Briefe kamen nicht zurück, aber es erfolgte auch keine Antwort« (215).

215,32–216,1 *ein schwaches blasses, ein wenig hinkendes Mädchen:* siehe Anm. zu 38,26.

216,7 *das Frühstück brachte:* s. Anm. zu 7,5 f.

219,29 *im Auftrag meiner Freundin:* wohl ein Verweis auf Grete Bloch, eine enge Freundin von Felice Bauer, die in der Beziehung eine bis heute nicht völlig geklärte Rolle spielte. Am 29. Oktober 1913, als Kafka mit dem Gedanken spielte, seine Verlobung zu lösen, war Grete Bloch als eine Art ›Gesandte‹ von Felice in Prag erschienen, um zwischen den beiden zu vermitteln. Kafka fühlte sich in den Monaten danach wohl manchmal stärker zu Grete Bloch hingezogen als zu seiner ›offiziellen‹ Verlobten; möglicherweise wurde dies bei der berühmten ›Gerichtsverhandlung‹ 1914 in Berlin (s. S. 59 des vorliegenden Bandes) auch zur Sprache gebracht und gegen ihn verwendet. Elias Canetti schreibt in seiner biographischen Deutung des Romans: »Als [. . .] Botin ist Grete Bloch zuerst in Prag erschienen. Von Anfang an kann er [Kafka] alles, was ihm in dieser Sache geschieht, offen mit ihr besprechen. [. . .] Seine Dankbarkeit dafür steigert seine Neigung zu Grete Bloch, er macht es aber sehr klar, daß sein Interesse an Grete nicht nur mit ihrer beider Beziehung zu Felice zusammenhängt. Seine Briefe werden immer wärmer, soweit es um Grete geht, Felice aber schildert er darin mit Ironie und Abstand.« (Canetti, S. 51; s. auch S. 182 f. des vorliegenden Bandes.)

Staatsanwalt

223,8 *Richtern, Staatsanwälten und Advokaten:* Die Gesellschaft, der anzugehören K. als Ehre empfindet, setzt sich aus Vertretern der staatlichen Gerichtsbarkeit zusammen, die mit jener unbekannten ›anderen‹ Gerichtsbarkeit nichts gemein hat. Die Tatsache, daß K. mit solchen ›Amtspersonen‹ bekannt ist, ist ihm für seinen geheimnisvollen Prozeß nicht von Nutzen; die Kluft, die zwischen jenen beiden unterschiedlichen Sphären der Gerichtsbarkeit besteht, wird also um so deutlicher.

224,25 *Radmantel:* langer Mantel in der Art eines Umhangs.

226,27 f. *ein Frauenzimmer namens Helene:* s. Anm. zu 53,22 f.

228,29–31 *Mutter ... vor etwa zwei Jahren besucht:* Die selbstgewählte Isolation, in der K. vor und zu Beginn seines Prozesses lebt, wird auf diese Weise betont: sie ist nicht auf die Gesellschaft im weitesten Sinne begrenzt, sondern betrifft auch seine engsten Familienangehörigen.
Das Kapitel »Fahrt zur Mutter«, in dem K. offensichtlich den Kontakt wieder aufnehmen sollte, blieb Fragment. Dort heißt es: »Nun war schon das Frühjahr fast zu Ende und damit das dritte Jahr seitdem er sie nicht gesehen hatte« (240); in dem Kapitelfragment wird also eindeutig ein sehr viel späteres Stadium der Handlung dargestellt. Während das »Staatsanwalt«-Kapitel bei einem Abschluß wahrscheinlich in den Anfangsteil des Romans plaziert worden wäre, hätte ein fertiges Kapitel »Fahrt zur Mutter« seinen Ort wohl nicht weit vor dem Schlußkapitel gehabt. Dafür spricht auch die Erwähnung von K.s Geburtstag, der »schon in vierzehn Tagen war« (240); die Handlung des mit »Ende« überschriebenen Kapitels spielt am »Vorabend seines einunddreißigsten Geburtstages« (206).

Zu Elsa

230,21 *vergaß K. allmählich an das Gericht:* Diese Tatsache spricht dafür, daß das Kapitel bei einem Abschluß in den ersten Teil des Romans plaziert worden wäre; K. wird von einem gewissen Zeitpunkt an völlig von den Gedanken an seinen Prozeß vereinnahmt: »Der Gedanke an den Proceß verließ ihn nicht mehr«, heißt es im Kapitel »Advokat /

Fabrikant / Maler« (102). Elsa sollte wohl ähnlich wie Leni eine störende Macht darstellen, die den Protagonisten vom Wesentlichen ablenkt und ihm dadurch schadet.

Kampf mit dem Direktor-Stellvertreter

231,3 *An das Gericht dachte er kaum:* s. Anm. zu 230,21.

Das Haus

236,6 *Wolfhart:* Offenbar wurde der Abschnitt des Romans, in dem diese Person eingeführt wird, nicht ausgeführt. Brod las den Namen fälschlicherweise als »Wolfahrt« (P 207).

239,5 *das Gesicht ins Leder drückte:* Im Ms. sind noch mehrere Versuche zu erkennen, dieses Kapitel weiterzuführen; der letzte Ansatz erreicht eine beträchtliche Länge, die gesamte Passage wurde jedoch wieder gestrichen. Sie lautet in der Fassung der Handschrift:

»[Absatz:] So lag er lange und ruhte sich nun wirklich aus. Er überlegte zwar auch jetzt, aber im Dunkel und ungestört. Am liebsten dachte er an Tit.. Tit sass auf einem Sessel und K. kniete vor ihm, strich über seine Arme und umschmeichelte ihn auf jede Weise. Ti. wusste, wonach K. strebte, aber er tat als wisse er es nicht und quälte ihn dadurch ein wenig. Aber K. wusste seinerseits dass er schliesslich alles durchsetzen würde, denn Tit. war ein leichtsinniger, leicht zu gewinnender Mensch ohne strenges Pflichtgefühl und es war unbegreiflich, dass sich das gericht mit einem solchen Menschen eingelassen hatte. K. erkannte: hier wenn irgendwo war der Durchbruch möglich. Er liess sich nicht durch Tit. schamloses Lächeln beirren, dass dieser mit erhobenem Kopf ins Leere richtete, er bestand auf seiner Bitte und verstieg sich mit den Händen bis zum Streicheln von Tit. Wangen. Er bemühte sich nicht allzusehr, er war fast lässig, er zog die Sache aus Genusssucht in die Länge, er war des Erfolges sicher. Wie einfach war die Überlistung des Gerichtes! Als gehorche er einem Naturgesetz neigte sich endlich Tit zu ihm hinab, ein freundliches langsames Schliessen der Augen zeigte, dass er zur Erfüllung der Bitte bereit sei, er reichte K. mit festem Druck die Hand. K. erhob sich, ihm war natürlich ein wenig feierlich zu Mute, aber Tit. duldete nun keine Feierlichkeit mehr, er umfasste K. und zog ihn im Laufe mit sich fort. Gleich waren sie im Gerichtsgebäude und eilten über die Treppen, aber nicht nur aufwärts, sondern auf und ab ohne jede Mühe leicht wie ein leichtes Boot im Wasser. Und gerade als K. seine Füsse beobachtete und zu dem Schlusse kam, dass diese schöne Art der Bewegung seinem bisherigen niedrigen Leben nicht mehr angehören könne, gerade jetzt über seinem gesenkten Kopf erfolgte die Verwandlung. Das Licht, das bisher von rückwärts eingefallen war wechselte und strömte blendend von vorn. K. sah auf, Tit nickte ihm zu und drehte ihn um. Wieder war K. auf dem Korridor des Gerichtsgebäudes, aber alles war ruhiger und einfacher, es gab keine auffallende Einzelheiten. K. umfasste alles mit einem Blick, machte sich von T. los und gieng seines Weges. K. heute [hatte] ein neues langes dunkles Kleid, es war wohltuend warm und schwer. Er wusste, was mit ihm geschehen war, aber er war so glücklich darüber, dass er es sich noch nicht eingestehen wollte. In einem Winkel eines Korridors, an dessen einer Wande grosse Fenster geöffnet waren, fand er auf einem Haufen seine frühern Kleider, das schwarze Jakett, die scharf gestreiften Hosen und darüber das Hemd mit zittrigen Ärmeln ausgestreckt.«

Das ausgeprägt Rätselhafte dieses Fragments – sowohl des gestrichenen als auch des ungestrichenen Teils – hat die Interpreten in besonderer Weise herausgefordert und sie auch zu Versuchen veranlaßt, »Das Haus« ins ›Roman-Ganze‹ (ein Ausdruck, der an sich schon äußerst fragwürdig ist) einzuordnen. Die Ergebnisse sind – wie immer – äußerst widersprüchlich und können letztlich nicht befriedigen. Hartmut Binder (1976, S. 175) stellt das Fragment vor das »Dom«-Kapitel: »Es ist auch klar, daß das ›Haus‹ ebenfalls vor dem ›Dom‹-Kapitel einzuordnen ist: Zum Geistlichen sagt K., er wolle noch Hilfe suchen, was gewiß nicht so dringlich wäre, wenn zu diesem Zeitpunkt noch aussichtsreiche Beziehungen zu Titorelli bestünden. (P 253) Zweitens aber ist seine Aussage: ›alle ... die an dem Verfahren beteiligt sind, haben ein Vorurteil gegen mich‹ nur möglich, wenn er sich inzwischen davon überzeugt hat, also mit dem Maler beispielsweise versucht hat, den Prozeß zu verschleppen, denn nur in diesem Fall konnte er, der vorher schroff jeden Verkehr mit den Gerichtsinstanzen abgelehnt hatte, mit diesen wieder in nähere Berührung kommen: Tatsächlich setzt er im ›Haus‹ bei seinen Halbträumen eine Gruppe von Leuten voraus, ›welche mit dem Gericht zusammenhingen‹. (P 292) Schließlich sind die Täuschungen, denen K. nach Meinung des Geistlichen dem Gericht gegenüber unterliegt, in den unrealistischen Hoffnungen antizipiert, die er sich im Halbschlaf von seinen Möglichkeiten gegenüber diesem Organismus macht. Es ist schwer vorstellbar, daß K. nach der Ernüchterung und Betroffenheit, die ihn im Dom ergreift, noch zu solchen Gedankenspielereien Lust gehabt haben sollte.«

Friedrich Beißners Interpretation des Romans, die vor allem von diesem Fragment und der Streichung ihren Ausgang nimmt, weist Binder (ebd., S. 237 f.) entschieden zurück: »Fr. Beißner vertritt aufgrund der von Kafka im ›Prozeß‹ verwendeten Perspektivgestaltung die Auffassung, alle Personen und alle Vorgänge, die mit dem Prozeß zu tun haben, seien nur in K.s Träumen und Halbträumen vorhanden, und nimmt deswegen besondere Nahtstellen an, wo der Übergang von der empirischen Alltagswelt in die traumhaft innere Welt erfolge, der ja Kafkas eigentliches Darstellungsinteresse gilt [KKAT 546]. [...] An der hier vorliegenden Stelle im ›Haus‹ habe Kafka den Text verworfen, weil der Übergang aus der Traumwelt in die tatsächliche Wirklichkeit des sich auf dem Kanapee herumwerfenden Josef K. zu deutlich dargestellt worden sei. [...] Diese Auffassung kann aber nicht richtig sein, weil Kafkas Tilgung erst unmittelbar *nach* der fraglichen Nahtstelle einsetzt.«

Von den dezidierten Äußerungen Binders sticht aufs schärfste die einzige Äußerung ab, die Malcolm Pasley im Abschnitt »Zur Anordnung der Textteile« im Apparatband der Kritischen Ausgabe zu »Das Haus« trifft: »Was [...] ›Das Haus‹ angeht, so handelt es sich hier offenbar um einen Zeitpunkt nach K.'s Besuch bei Titorelli im Kapitel ›Advokat / Fabrikant / Maler‹: für eine nähere Zuordnung zum Ablauf der Romanhandlung reichen die Indizien nicht aus« (S. 129).

Es sei hier nur darauf hingewiesen, daß in der gestrichenen Passage, d. h. der Darstellung des Traums, einige der Motive, die im Roman immer wieder begegnen, vorkommen; sie scheinen hier jedoch pointierter eingesetzt. Das Licht, das K. plötzlich von vorn sieht, kontrastiert mit der Dunkelheit, die ihn sonst in den verschiedenen (realen) Stadien seines Prozesses umgibt und die immer tiefer zu werden scheint (vgl. die Schlußpassage des »Dom«-Kapitels, aber auch die Metaphorik in der »Türhüter«-Legende – »Wohl aber erkennt er jetzt im Dunkel einen Glanz, der unverlöschlich aus der Türe des Gesetzes bricht«, 198). Schließlich trägt K. in diesem Traum auch neue Kleider, die ihm besonders angenehm erscheinen; explizit wird auf das »schwarze Jakett«, das er sonst wie eine Rüstung zu tragen pflegte, verwiesen: es liegt nun auf einem Stuhl. Diese Bilder suggerieren eine Art Erlösung K.s, der bei seinem Ziel angekommen zu sein scheint. Gleichzeitig assoziiert man aber mit seiner Erlösung auch seinen Tod: »Er wusste, was mit ihm geschehen war, aber er war so glücklich darüber, dass er es sich noch nicht eingestehn wollte.« Die Traum-Passage antizipiert einerseits das Schlußkapitel, in dem ja diese beiden Hauptmotive auch vorkommen (»gieng der eine zu K. und zog ihm den Rock, die Weste und schließlich das Hemd aus«, 209; und »Wie ein Licht aufzuckt, so fuhren die Fensterflügel eines Fensters dort auseinander«, S. 210), hätte wohl jedoch andererseits, wenn sie stehengeblieben wäre, dem Haupthandlungsstrang etwas von seiner Stringenz genommen.

Fahrt zur Mutter

240,11 *schon in vierzehn Tagen:* s. Anm. zu 228,29–31.

II. Zur Entstehung des Romans

1. Lebensgeschichtlicher Hintergrund

Wenn auch eine rein biographische Auslegung des »Proceß«-Romans dessen Bedeutungsvielfalt nicht gerecht wird und eine Reduktion des Werks auf eine Art von chiffriertem lebensgeschichtlichen Zeugnis dessen Wert als literarisches Kunstwerk mißachtet, so ist doch die Kenntnis bestimmter Ereignisse im Leben Kafkas von größter Bedeutung für das Verständnis des Textes. Ein Blick auf die lebensgeschichtliche Situation, in der der Roman entstand, vermag zumindest eine seiner vielen Bedeutungsebenen zu erhellen. Josef K. ist zwar keineswegs nur die »durchsichtige Maske« (Beicken, S. 273) für den Autor, aber wie auch in anderen seiner Werke hat Kafka in der literarischen Figur eigene seelische Probleme und Ängste zum Ausdruck gebracht.

Diese Verbindung von Literatur und Leben, Fiktion und biographischer Realität ist von vielen Interpreten herausgestellt worden, nachdem Kafkas Tagebücher (1951), vor allem aber seine *Briefe an Felice* (1967) veröffentlicht worden waren. Das Bekanntwerden der Briefe an die Verlobte Felice Bauer führte zu extremen Deutungen, zu Überidentifikationen von Leben und Werk. Für Elias Canetti zum Beispiel war der »Proceß«-Roman, wie der Titel seiner Studie über Kafkas Beziehung zu Felice, *Der andere Prozeß* (1968), schon andeutet, in erster Linie Umsetzung eines biographischen Prozesses, Versuch, eine Lebenskrise durch künstlerische Sublimation zu bewältigen.

Wenn auch der Roman nicht mit solcher Ausschließlichkeit auf Ereignisse im Leben Kafkas zurückgeführt werden darf, ist es doch unbestritten, daß der Autor in ihm immer wieder – meist in Form von Anspielungen – Bezüge zu seiner biographischen Situation herstellt. Die Hauptfigur Josef K., die Initiale verweist schon auf Kafkas eigenen Namen, ist ein wohlsituierter, von seinen Vorgesetzten geschätzter Bankbeamter; Kafka hatte eine vergleichbare Stellung als Jurist bei der Prager »Arbeiter-Unfall-Versicherungs-Anstalt«. Josef K. führt ein Leben ohne feste soziale Bindungen, er ist Junggeselle, hat die Kontakte zu seiner Familie fast aufgegeben; Kafkas Existenz war zur Zeit der Romanniederschrift von einer selbstgewählten Isolation und Einsamkeit bestimmt. Der Name einer der weiblichen Hauptpersonen, Fräulein Bürstner, erscheint im *Proceß*-Manuskript fast immer abgekürzt als »F. B.«; dies sind die Initialen von Kafkas Verlobter Felice Bauer. Die Handlung ist in einer Stadt angesiedelt, deren Name nie genannt wird; sie läßt sich aber aufgrund einer Reihe von Einzelbeschreibungen mit Prag identifizieren.

Die Ursprünge der »Krise«, die – in welchem Grad auch immer – einen Anstoß zur Abfassung des Romans gegeben haben, liegen schon im Jahre 1912. In der Wohnung der Eltern seines Freundes Max Brod hatte Kafka damals ein junges Mädchen aus Berlin kennengelernt. In seinem Tagebuch notiert er: »Frl. Felice Bauer. Als ich am 13. VIII zu Brod kam, saß sie bei Tisch und kam mir doch wie ein Dienstmädchen vor« (KKAT 431). Welche Bedeutung Kafka dieser flüchtigen und zufälligen Begegnung in seiner Vorstellung beimaß, offenbarte sich wenig später: in der Nacht vom 22. zum 23. September 1912 schrieb er »in einem Zug« (KKAT 460) die Geschichte *Das Urteil*; als der Text 1913 veröffentlicht wurde, stand auf dem Vorsatzblatt die Widmung »für Fräulein Felice B.«. In *Das Urteil* ist von einer bevorstehenden Eheschließung die Rede; Georg Bendemann, ein junger Kaufmann, hat sich verlobt; er will eine eigene Familie gründen, die Führung des Geschäftes übernehmen, dem nominell immer noch sein alter Vater vorsteht; mit anderen Worten: der Sohn will selber »Vater« werden. Für diesen emanzipatorischen Akt wird er jedoch von dem alten Bendemann zum Tode verurteilt. Diese Erzählung spiegelt Kafkas eigenes problematisches Verhältnis zu seinem Vater und seiner Familie; in vielen seiner Texte treten Vaterfiguren auf, die fast immer als übermächtige Erscheinungen dargestellt werden, von denen sich die Sohnesfiguren vergebens zu befreien suchen. Als eine Möglichkeit der Loslösung vom väterlichen Tyrannen wird immer wieder auf die Ehe verwiesen. In dem 1919 entstandenen autobiographischen »Brief an den Vater« geht Kafka auf seine Versuche ein, sich ›in‹ oder ›durch‹ eine Ehe zu retten:

»Die Heirat ist gewiß die Bürgschaft für die schärfste Selbstbefreiung und Unabhängigkeit. Ich hätte eine Familie, das Höchste, was man meiner Meinung nach erreichen kann, also auch das Höchste, das Du erreicht hast, ich wäre Dir ebenbürtig, alle alte und ewig neue Schande und Tyrannei wäre bloß noch Geschichte. Das wäre allerdings märchenhaft, aber darin liegt eben schon das Fragwürdige. Es ist zu viel, so viel kann nicht erreicht werden.«

Franz Kafka. Hochzeitsvorbereitungen auf dem Lande und andere Prosa aus dem Nachlaß. Hrsg. von Max Brod. Frankfurt a. M.: S. Fischer, 1953. S. 157 f. – Mit Genehmigung des S. Fischer Verlags, Frankfurt a. M.

Wenn Kafka auch im Rückblick sofort die Vergeblichkeit seiner Befreiungsversuche herausstellt, bedeutete ihm die Bekanntschaft mit Felice Bauer doch zunächst die Möglichkeit, eine eigene unabhängige Existenz zu gründen – allerdings, wie ihm schnell bewußt wurde, nur in einer sehr vordergründigen Hinsicht. Seine »eigentliche« Existenz war, wie er selbst es formulierte, die Literatur, und als verheirateter Mann seinen bürgerlichen Beruf aufzugeben und ein Leben als freier Schriftsteller zu führen schien ihm nicht möglich. So wurde er durch die Freundschaft mit Felice in einen Zwiespalt gestürzt, den er lange Zeit vergeblich zu überwinden suchte. Wie ein Buchhalter brachte er im Juli 1913 in seinem Tagebuch eine Zusammenstellung dessen, »was für und gegen meine Heirat spricht« (KKAT 568), zu Papier. In dieser Liste notiert er zu Beginn: »Unfähigkeit allein das Leben zu ertragen, nicht etwa Unfähigkeit zu leben, ganz im Gegenteil, es ist sogar unwahrscheinlich, daß ich es verstehe, mit jemandem zu leben, aber unfähig bin ich den Ansturm meines eigenen Lebens, die Anforderungen meiner eigenen Person, den Angriff der Zeit und des Alters, den vagen Andrang der Schreiblust, die Schlaflosigkeit, die Nähe des Irreseins – alles dies allein zu ertragen bin ich unfähig« (ebd.).

Wenige Zeilen später heißt es jedoch: »Ich muß viel allein sein. Was ich geleistet habe, ist nur ein Erfolg des Alleinseins« (KKAT 569).

Der Zwiespalt, in dem Kafka sich befand, das ständige Pendeln zwischen dem Verlangen zu heiraten und der Angst davor, manifestierte sich ganz konkret darin, daß die zwei Verlobungen, die er mit Felice einging, jeweils nach kurzer Zeit wieder gelöst wurden. Zu der ersten Verlobung kam es im Juni 1914 in Berlin. Von der Reise in die deutsche Hauptstadt nach Prag zurückgekehrt, notierte Kafka:

»6. VI 14 Aus Berlin zurück. War gebunden wie ein Verbrecher. Hätte man mich mit wirklichen Ketten in einen Winkel gesetzt und Gendarmen vor mich gestellt und mich nur auf diese Weise zuschauen lassen, es wäre nicht ärger gewesen. Und das war meine Verlobung und alle bemühten sich mich zum Leben zu bringen und, da es nicht gelang, mich zu dulden wie ich war. F. allerdings am wenigsten von allen, vollständig berechtigter Weise, denn sie litt am meisten.«

Franz Kafka: Tagebücher. Hrsg. von Hans Gerd Koch, Michael Müller und Malcolm Pasley. Textband. Frankfurt a. M.: S. Fischer, 1990. [Im folgenden zit. als: KKAT.] S. 528 f. –

In den darauffolgenden Wochen steigerte sich Kafkas Angst, in eine Art von Gefangenschaft geraten zu sein; der Ton seiner Briefe an die Verlobte ändert sich, er ›warnt‹ sie davor, sich mit ihm zu verbinden, er wird zunehmend distanzierter, macht sich aber auch Vorwürfe, weil er das Gefühl hat, Felice mit seinem Verhalten zu quälen: »Solche Leiden tragen müssen und verursachen« (KKAT 542).

Am 20. Juli 1914 fährt er in Begleitung eines Freundes, des Schriftstellers Ernst Weiß, zu einer Aussprache nach Berlin. Auch über diese Begegnung mit Felice, die im Hotel »Askanischer Hof« stattfand, berichten seine Tagebucheintragungen:

»23. VII 14. Der Gerichtshof im Hotel. [. . .] Das Gesicht F.'s. Sie fährt mit den Händen in die Haare, wischt die Nase mit der Hand, gähnt. Rafft sich plötzlich auf und sagt gut Durchdachtes, lange Bewahrtes, Feindseliges. [. . .] Bei den Eltern. Vereinzelte Tränen der Mutter. Ich sage die Lektion auf. Der Vater erfaßt es richtig von allen Seiten. [. . .] Sie geben mir recht, es läßt sich nichts oder nicht viel gegen mich sagen. Teuflisch in aller Unschuld.«

KKAT 658 f.

Die Verlobung wird also wieder gelöst; Kafka hat – nach Prag zurückgekehrt – die Möglichkeit, nach der er sich gesehnt hat: allein zu sein und als freier, ungebundener Mensch sich ganz auf sein Schreiben konzentrieren zu können. Aus der Zeit vom 29. bis 31. Juli 1914 datieren eine Reihe von Ansätzen zu literarischen Texten, die aber meist schon nach wenigen Zeilen wieder abbrechen. (Siehe KKAT 666–672.)

Das Bewußtsein, »allein« zu sein, wird durch die zeitgeschichtlichen Umstände noch gesteigert; am 31. Juli wird in Österreich-Ungarn die allgemeine Mobilmachung verkündet. Viele Bekannte Kafkas und auch seine beiden Schwager werden eingezogen, er selbst ist vom aktiven Dienst zurückgestellt, weil ihn die Arbeiter-Unfall-Versicherungs-Anstalt für unabkömmlich erklärt hat. Da sich ihr Ehemann im Feld befindet, zieht Kafkas älteste Schwester Elly mit ihren zwei Kindern wieder zu ihren Eltern, und Kafka übernimmt vorläufig ihre Wohnung. In seinem Tagebuch berichtet er über seine ersten Eindrücke von dieser neuen Lebenssituation:

»3 VIII 14 Allein in der Wohnung meiner Schwester. Sie liegt tiefer als mein Zimmer, es ist auch eine abseits gelegene

Gasse, daher lautes Gerede der Nachbarn unten vor den Türen. Auch Pfeifen. Sonst vollendete Einsamkeit. Keine ersehnte Ehefrau öffnet die Tür. In einem Monat hätte ich heiraten sollen. Ein furchtbares Wort: Wie Du es wolltest, so hast Du es. Man steht an der Wand schmerzhaft festgedrückt, senkt furchtsam den Blick, um die Hand zu sehn, die drückt und erkennt mit einem neuem Schmerz der den alten vergessen macht, die eigene verkrümmte Hand, die mit einer Kraft, die sie für gute Arbeit niemals hatte, dich hält. Man hebt den Kopf, fühlt wieder den ersten Schmerz, senkt wieder den Blick und hört mit diesem Auf und Ab nicht auf.«

KKAT 544.

›Schmerz‹ wird in dieser und in anderen Eintragungen aus der Zeit nahezu leitmotivisch verwendet. In der fragmentarisch gebliebenen Erzählung *Erinnerungen an die Kaldabahn*, die Kafka um den 15. August 1915 herum begann, berichtet der Ich-Erzähler einleitend:

»Eine Zeit meines Lebens [. . .] hat ich eine Anstellung bei einer kleinen Bahn im Innern Rußlands. So verlassen wie dort bin ich niemals gewesen. Aus verschiedenen Gründen, die nicht hierhergehören, suchte ich damals einen solchen Ort, jemehr Einsamkeit mir um die Ohren schlug, desto lieber war ich [. . .].«

KKAT 549.

Wenig später bekennt der Erzähler jedoch: »Ich merkte übrigens daß ich nicht sehr dazu angetan war, vollständige Einsamkeit zu ertragen [. . .]. Die Einsamkeit ist mächtiger als alles und treibt einen wieder den Menschen zu. Natürlich versucht man dann andere, scheinbar weniger schmerzliche, in Wirklichkeit bloß noch unbekannte Wege zu finden.« (KKAT 551.)

Der Weg, der Kafka aus der Einsamkeit herausführen, oder diese als einziger mit einem Sinn erfüllen kann, ist *das Schreiben*. Der Literatur zuliebe hat er diese Form der Existenz gewählt, also muß er jetzt ein größeres Werk beginnen, um sich vor den anderen, vor allem aber vor sich selbst zu *rechtfertigen*. Das Schreiben wird zu einer Art von Prüfung, die es zu bestehen gilt. Am 7. August vermerkt Kafka noch in seinem Tagebuch: »Gestern und heute 4 Seiten geschrieben, schwer zu überbietende Geringfügigkeiten« (KKAT 547). Am 15. heißt es dann aber: »Ich schreibe seit paar Tagen, möchte es sich halten. So ganz geschützt und in die Arbeit eingekrochen, wie ich es vor 2 Jahren war, bin ich heute nicht, immerhin habe ich doch einen Sinn bekommen, mein regelmäßiges, leeres, irrsinniges junggesellenmäßiges Leben hat eine Rechtfertigung. Ich kann wieder ein Zwiegespräch mit mir führen und starre nicht so in vollständige Leere. Nur auf diesem Wege gibt es für mich eine Besserung.« (KKAT 548 f.)

Daß es sich bei der neuen Arbeit, in die er soviel Hoffnung setzt, auch um den Roman *Der Proceß* handelt, geht aus einer Tagebucheintragung vom 21. August hervor, einer Eintragung, die allerdings bereits wieder auf eine Krise schließen läßt:

»Mit solchen Hoffnungen angefangen und von allen drei Geschichten zurückgeworfen, heute am stärksten. Vielleicht ist es richtig, daß die russische Geschichte[1] nur immer nach dem Proceß gearbeitet werden durfte. In dieser lächerlichen Hoffnung, die sich offenbar nur auf eine mechanische Phantasie stützt, fange ich wieder den Proceß an. – Ganz nutzlos war es nicht.«

KKAT 675.

In den darauffolgenden Wochen ist immer wieder von einem solchen »Zurückgeworfensein« die Rede, die Arbeit am Roman, der sich bald zum Hauptprojekt entwickelt, nimmt periodenweise die Dimensionen eines Kampfes an; Kafka richtet an sich selbst Mahnungen wie »Ich darf mich [...]

1 Gemeint ist *Erinnerungen an die Kaldabahn*. Die dritte »Geschichte« ist nicht eindeutig zu identifizieren.

nicht verlassen, ich bin ganz allein« (KKAT 675). Wie es u. a. das Schriftbild des Manuskripts zeigt, schreibt er tatsächlich ohne größere Unterbrechungen und mit einer ungeheuren Konzentration im Zeitraum vom 11. August (dem vermutlichen Beginn der Arbeit) bis 1. Oktober 1914 etwa zwei Drittel des Romantextes nieder. Dabei geht er nach einer neuen, für ihn ungewöhnlichen Methode vor. Statt die Romanhandlung linear zu entwickeln, setzt er zunächst die Eckpfeiler: er schreibt das erste und das letzte Kapitel, und beginnt dann gleichsam, die Mitte aufzufüllen. Er arbeitet abwechselnd an verschiedenen Kapiteln, und zwar ohne einen festen Plan, ohne zuvor Entwürfe oder Skizzen zu Papier zu bringen; der Handlungsverlauf liegt also noch nicht fest, ihm wird nur durch – vielleicht nur provisorische – Schlußkapitel eine ungefähre Richtung gewiesen.

Als Anfang Oktober der Schreibfluß zu versiegen droht, nimmt Kafka eine Woche Urlaub, um den Roman unter allen Umständen weiter vorwärtstreiben zu können. Wie in anderen Texten kommentiert er auch in *Der Proceß* des öfteren seine Schreibsituation, d. h. er spielt im Romantext selbst auf das Voranschreiten oder Stocken der Arbeit an. Der Urlaub, um den er bei der Arbeiter-Unfall-Versicherungs-Anstalt einkommt, wird im Kapitel »Advokat / Fabrikant / Maler« erwähnt: Josef K. entschließt sich, eine schriftliche Eingabe zu machen, eine Verteidigungsschrift zu verfassen, muß aber erkennen, daß die »Schwierigkeit der Abfassung der Eingabe [. . .] überwältigend« ist (115). Weiter heißt es dann im Roman: »Wenn er im Bureau keine Zeit für sie fand, was sehr wahrscheinlich war, dann mußte er sie zuhause in den Nächten machen. Würden auch die Nächte nicht genügen, dann mußte er einen Urlaub nehmen. Nur nicht auf halbem Wege stehn bleiben« (116).

Daß »Eingabe« im Romantext von Kafka als eine Art Chiffre für seine eigene Eingabe, d. h. den Roman selbst verwendet wird, wird auch in dem Kapitel »Im Dom« deutlich. Auf die Frage des Geistlichen: »Weißt Du, daß Dein Proceß schlecht steht?« antwortet Josef K.: »Es scheint mir auch so. [. . .] Ich habe mir alle Mühe gegeben, bisher aber ohne Erfolg. Allerdings habe ich die Eingabe noch nicht fertig« (194). Diese Passage wurde im November 1914 geschrieben, als Kafka bereits ahnte, daß er den Roman nicht würde abschließen können. In seinem Tagebuch ist von Mitte Oktober an immer häufiger die Rede davon, daß die Arbeit nur noch mühsam voranschreitet: »21. [Oktober 1914.] Seit 4 Tagen fast nichts gearbeitet, immer nur eine Stunde und nur paar Zeilen« (KKAT 681). »25. [Oktober 1914.] Fast vollständiges Stocken der Arbeit« (KKAT 681). »30 XI 14 Ich kann nicht mehr weiterschreiben. Ich bin an der endgiltigen Grenze« (KKAT 702).

Je mehr er vom Schreiben – der einen Existenzform – zurückgewiesen wird, desto mehr wendet er sich zumindest in Gedanken wieder anderen Menschen, d. h. der anderen, der bürgerlichen Existenzform zu. Am 1. November lautet eine Tagebucheintragung: »[. . .] jetzt vollständiges Versagen bei der Arbeit. Und es ist nicht einmal Versagen, ich sehe die Aufgabe und den Weg zu ihr, ich müßte nur irgendwelche dünnen Hindernisse durchstoßen und kann es nicht. – Spielen mit den Gedanken an F.« (KKAT 682). Am 30. November heißt es: »[. . .] wie irgendein gänzlich vom Menschen losgetrenntes Tier schaukele ich schon wieder den Hals und möchte versuchen für die Zwischenzeit wieder F. zu bekommen. Ich werde es auch wirklich versuchen, falls mich die Übelkeit vor mir selbst nicht daran hindert« (KKAT 703).

Er nimmt wieder schriftlichen Kontakt mit Felice auf, vereinbart für den Januar 1915 ein Treffen mit ihr. Am 20. Januar 1915 schreibt er die letzten Zeilen des »Proceß«-Romans: »Ende des Schreibens. Wann wird es mich wieder aufnehmen?« (KKAT 721.) Zwei Tage später fährt er in den Grenzort Bodenbach, um dort einige Tage mit Felice zu verbringen; die Rettung durch die Literatur ist ihm für diesmal versagt geblieben, er wendet sich wieder den Menschen zu, weiß aber in seinem Innersten, daß auch von diesen keine Rettung zu erwarten ist. Ernüchtert, fast schon bitter klingt sein Bericht über die gemeinsamen Tage mit Felice in Bodenbach:

»Wir haben uns [. . .] ganz unverändert gefunden. Jeder sagt es sich im Stillen, daß der andere unerschütterlich und erbarmungslos ist. Ich lasse nichts nach von meiner Forderung nach einem phantastischen nur für meine Arbeit berechnetem Leben, sie will stumpf gegen alle stummen Bitten, das Mittelmaß, die behagliche Wohnung, Interesse für die Fabrik, reichliches Essen, Schlaf von 11 Uhr abends an, geheiztes Zimmer [. . .]. Ich habe ihr auch vorgelesen, widerlich giengen die Sätze durcheinander, keine Verbindung mit der Zuhörerin, die mit geschlossenen Augen auf dem Kanapee lag und es stumm aufnahm. Eine laue Bitte, ein Manuscript mitnehmen und es abschreiben zu dürfen.«

KKAT 722 f.

Im Juni 1917 sollte Kafka sich ein zweites Mal mit Felice verloben, im Dezember des Jahres wurde auch diese Verbindung wieder gelöst.

Kurz zuvor, im November 1917, brachte Kafka sich und seine Lage in einem Brief an den Freund Max Brod noch einmal mit Josef K. in Verbindung, dem Außenseiter, der erst im Augenblick akuter Bedrohung bei seinen Mitmenschen Beistand sucht und zu spät erkennt, daß er sich ›in der Gesellschaft‹ hätte bewähren müssen:

»Liebster Max, was ich tue, ist etwas einfaches und selbstverständliches: Ich habe in der Stadt, in der Familie, dem Beruf, der Gesellschaft, der Liebesbeziehung [. . .], der bestehenden oder zu erstrebenden Volksgemeinschaft, in dem allen habe ich mich nicht bewährt und dies in solcher Weise, wie es – hier habe ich scharf beobachtet – niemandem rings um mich geschehen ist. [. . .] Ich will mich nicht des Leidens rühmen, welches dieses nichtgelebte Leben begleitete, es erscheint auch [. . .] im Rückblick unverdient geringfügig gegenüber den Tatsachen, deren Druck es zu widerstehen hatte, immerhin war es zu groß, um weiterhin ertragen werden zu können oder wenn es nicht zu groß war, so war es doch jedenfalls zu sinnlos. [...] Der nächste Ausweg, der sich, vielleicht schon seit den Kinderjahren, anbot, war, nicht der Selbstmord, sondern der Gedanke an ihn. In meinem Fall war es keine besonders zu konstruierende Feigheit, die mich vom Selbstmord abhielt, sondern nur die gleichfalls in Sinnlosigkeit endigende Überlegung: ›Du, der Du nichts tun kannst, willst gerade dieses tun? Wie kannst Du den Gedanken wagen? Kannst Du Dich morden, mußt Du es gewissermaßen nicht mehr. U. s. w.‹ Später kam langsam noch andere Einsicht hinzu, an Selbstmord hörte ich auf zu denken. Was mir nun bevorstand, war, wenn ich es über verwirrte Hoffnungen, einsame Glückzustände, aufgebauschte Eitelkeiten hinweg klar dachte [...]: ein elendes Leben, elender Tod. ›Es war, als sollte die Scham ihn überleben‹ ist etwa das Schlußwort des Proceßromans.«

Max Brod. Franz Kafka. Eine Freundschaft. Briefwechsel. Hrsg. von Malcolm Pasley. Frankfurt a. M.: S. Fischer, 1989. [Im folgenden zit. als: BKB.] S. 194 f. – © 1989 S. Fischer Verlag, Frankfurt a. M.

Um es noch einmal zusammenzufassen: Kafka hat den Roman – auch – als »Rechtfertigung« geschrieben, d. h. er hat in Gedanken einen Prozeß gegen sich selbst angestellt, und der Roman sollte seine Verteidigungsschrift werden. Es gibt immer wieder Parallelsetzungen zwischen seinem »Prozeß« – auch im Sinne von Schreib-Prozeß – und dem »Prozeß« des Josef K. K. ist ein Alter ego des Autors, er ist wie dieser ein Einzelgänger, der von der Gesellschaft profitiert, ohne aber in sie integriert zu sein und seinerseits wirklich etwas für die Gesellschaft zu leisten. Er unternimmt verzweifelte Integrationsversuche, als er sich in seiner Existenz akut bedroht fühlt. »Du suchst zu viel fremde Hilfe, und besonders bei Frauen«, wirft ihm der Geistliche vor (195). Auch hier spiegelt Kafka sein eigenes Verhalten, seinen Wunsch »Felice wieder zu bekommen«. Der Roman thematisiert noch ein-

mal das, was schon in der »Aufstellung« vom Juni 1913 ausgesagt wurde: die »Unmöglichkeit das Leben allein zu ertragen«, aber quasi in Fortführung dessen auch die Unmöglichkeit, das Leben mit anderen zusammen zu ertragen.
Noch einmal muß darauf hingewiesen werden, daß das »Schlußkapitel« ganz zu Anfang geschrieben wurde. Es scheint daher fraglich, ob es wirklich als ›echtes‹ Ende intendiert war. Kafka schrieb jedenfalls mit der verzweifelten Hoffnung, die »Eingabe« zu seiner Zufriedenheit und zu der der anderen fertigstellen zu können. Der Schluß liegt nahe, daß er den Josef K. so ›retten‹ wollte, wie er sich selbst retten wollte. Daß der Prozeß schlecht enden würde, bewahrheitete sich dann aber im Verlauf der Arbeit: »›Früher dachte ich es müsse gut enden‹, sagte K[afka], ›jetzt zweifle ich daran manchmal selbst [...]‹« (KKAP 226).

2. Der Schreib-Prozeß

Im Oktober 1912 hatte Kafka, der nach der Niederschrift von *Das Urteil* (22./23. September 1912) der Literatur mit neuem Selbstvertrauen gegenüberstand, mit der Arbeit an dem Roman *Der Verschollene* begonnen. Er nannte diesen Text auch eine »ins Endlose« angelegte Geschichte (F 86), eine Formulierung, die auf seine Arbeitsweise deutet; er arbeitete damals ohne festumrissenes Konzept, und der Ausgang der Handlung war ihm durchaus noch nicht klar, als er zum Schreiben ansetzte. In einem Brief an Felice Bauer, der er regelmäßig über den Stand der Arbeit berichtete, heißt es einmal: »Der Roman ist ein wenig wieder vorwärtsgeschoben« (F 207). Der Ausdruck »vorwärtsschieben« charakterisiert recht gut Kafkas damalige Methode; er schrieb zunächst das Einleitungskapitel und entwickelte dann die Handlung kontinuierlich, Episode um Episode weiter. Die zeitliche Reihenfolge, in der die einzelnen Teile des Romans entstanden, entsprach also der logischen Folge der Handlung. Da die Erzählrichtung noch nicht oder nur sehr ungefähr festlag, bestand bei einem solchen Verfahren aber die Gefahr, die Orientierung zu verlieren, sich quasi zu ›verlaufen‹. Eben dies scheint die Ursache dafür gewesen zu sein, daß Kafka das Manuskript von *Der Verschollene* im Januar 1913 zunächst aus der Hand legte und erst im Sommer 1914 versuchte, den Roman wiederaufzunehmen. Felice Bauer teilte er am 26. Januar 1913 resigniert mit: »Mein Roman! Ich erklärte mich vorgestern abend vollständig von ihm besiegt. Er läuft mir auseinander, ich kann ihn nicht mehr umfassen, ich schreibe wohl nichts, was ganz außer Zusammenhang mit mir wäre, es hat sich aber in der letzten Zeit doch allzusehr gelockert. Falschheiten erscheinen und wollen nicht verschwinden, die Sache kommt in größere Gefahr, wenn ich an ihr weiterarbeite, als wenn ich sie vorläufig lasse.« (F 271.)

Im August 1914 hatte der zweite Versuch, ein größeres Werk in Angriff zu nehmen und es diesmal auch zu beenden, geradezu existentielle Bedeutung bekommen. Kafka sah die Niederschrift von *Der Proceß* als eine Prüfung an, die er unbedingt bestehen mußte; die Angst vor einem erneuten Versagen veranlaßte ihn wohl, seine Arbeitsweise radikal zu ändern.

Metaphorisch verschlüsselt wird die neue Arbeitsweise in dem sogenannten, während der Arbeit am *Proceß* entstandenen, »Elberfeld«-Fragment dargestellt, in dem von einem jungen ehrgeizigen Studenten (Kafka) die Rede ist, der »neue Grundsätze [. . .] in den Unterricht der Pferde einführen wollte«: »Er behauptete, im richtigen Unterricht der Pferde dürfe es keine einzelnen Fortschritte geben, einzelne Fortschritte [. . .] seien nichts anderes als entweder Erzeugnisse der Einbildung der Erzieher oder aber, was noch schlimmer sei, das deutlichste Zeichen, daß es zu einem allgemeinen Fortschritt niemals kommen werde.« Vorher heißt es, daß der Student Überlegungen anstellt, wie er sich verhalten solle, »wenn das erste Pferd, das er für seine Versuche ankaufen wolle, sich als starrköpfig erweisen würde, was selbst bei angestrengtester Arbeit erst nach Wochen festgestellt werden kann [. . .]. Doch war er dadurch nicht übermäßig geängstigt, weil nach seiner Methode wahrscheinlich jede Starrköpfigkeit überwunden werden konnte« (zitiert nach der Handschrift). Zahlreiche andere Texte Kafkas belegen, daß er die Metapher »Pferd« für eine literarische Arbeit einsetzte, während mit »Reiten« – oder wie hier »Dressieren« – das Schreiben selbst gemeint war.

Das »Elberfeld«-Fragment läßt sich als Reflexion Kafkas über eine ihm adäquate dichterische Schaffensweise verstehen: er sah es offenbar als unabdingbar an, nicht, wie er es zuvor getan hatte, alle Hoffnung auf ein einziges Pferd, also ein einziges literarisches Projekt, zu setzen, sondern weitere Pferde, d. h. Geschichten, auf die Reise zu schicken, auf die man umsteigen konnte, wenn das Hauptpferd den Gehorsam verweigerte. Aus der schon zitierten Tagebucheintragung vom 21. August 1914 geht hervor, daß Kafka zumindest zeitweilig abwechselnd an drei Geschichten schrieb: er legte sich einen Grundstock von Erzählansätzen an, um beim Stagnieren einer Arbeit in eine andere überwechseln und so den Schreibfluß in jedem Fall aufrechterhalten zu können. Als im Oktober 1914 *Der Proceß* nicht voranschreiten wollte, versuchte er nicht ihn mit Gewalt fortzusetzen, sondern ging in einer Art von Ausweichmanöver in zwei andere Texte über: er nahm den Roman *Der Verschollene* wieder auf und schrieb *In der Strafkolonie*.

Die Handschrift des »Proceß«-Romans läßt erkennen, daß Kafka dieser Methode, von mehreren Ansätzen aus aufzubrechen, auch innerhalb des Romans selbst folgte. Er verschaffte sich zuerst durch das erste und das letzte Kapitel einen festen Rahmen, setzte dann an verschiedenen Stellen der projektierten ›Mitte‹ an, schrieb manchmal auch abwechselnd an mehreren Kapiteln. Die Arbeit an einem Kapitel konnte für längere Zeit von der an anderen Kapiteln unterbrochen werden. Daraus ergeben sich anders als bei *Der Verschollene* Schwierigkeiten für die Rekonstruktion der Genese der einzelnen Romanpartien: »Die zeitliche Abfolge, in der die einzelnen Textteile entstanden sind, stimmt nicht mit ihrer inhaltlichen Abfolge überein (sofern diese über-

haupt schon festgestanden hat). Überdies arbeitete Kafka manchmal an mehreren Kapiteln gleichzeitig. Dies bedeutet, daß man aus dem Verlauf der Romanhandlung keine Schlüsse auf den Zeitraum der Entstehung der einzelnen Textpartien ziehen kann. Es lassen sich jedoch aus Manuskriptbefunden Kriterien gewinnen, die es ermöglichen, die genetische Abfolge genauer zu bestimmen.« (KKAP, Apparatband, S. 78.)
Zu diesen äußeren Merkmalen gehört u. a. eine auffallende Veränderung von Kafkas Schrift, die mit der »Proceß«-Niederschrift einsetzt. Der Arbeitsbeginn läßt sich auf ungefähr den 11. August 1914 eingrenzen, da Kafka in einer Tagebucheintragung vom 9. des Monats noch darüber klagt, daß er nur »Geringfügigkeiten« zu Papier gebracht hat (KKAT 547), am 15. August aber notiert: »Ich schreibe seit paar Tagen, möchte es sich halten« (KKAT 548). In dem Zeitraum davor war die Handschrift relativ konstant; auf einer Seite eines Heftes von Quartformat, die Kafka vorwiegend für seine literarischen Texte, aber auch für seine Tagebuchaufzeichnungen benutzte, fanden im Durchschnitt 200 Wörter Platz. Mit dem Beginn der Arbeit an dem Roman verdichtet sich die Schrift, das heißt, nicht nur die Buchstaben werden kleiner, sondern auch die Abstände zwischen den Wörtern und den Zeilen. Diese Entwicklung geht progressiv vor sich, die durchschnittliche Wortzahl pro Seite wächst an – und zwar »in gleichen Zeitabständen jeweils um gleiche Beträge« (KKAP, Apparatband, S. 78). Mitte Oktober beträgt die durchschnittliche Wortzahl etwa 310, im Dezember etwa 355. Die Dichte der Schrift gibt also ungefähre Anhaltspunkte dafür, in welcher Phase innerhalb der Gesamtgenese des Romanfragments eine Textpassage niedergeschrieben wurde. Die so gewonnenen Resultate können weiter präzisiert werden: zum einen lassen sich aus den losen Heftblättern, auf denen der Text heute überliefert ist, die ursprünglichen Hefte nahezu lückenlos rekonstruieren, so daß man feststellen kann, in welcher Reihenfolge die Textpartien in ihnen niedergeschrieben wurden. Schließlich gibt es noch

eine Reihe von Paginierungen von Kafkas Hand, die – sofern sie mehrere Textteile erfassen – ebenfalls zeigen, wie die Abfolge von deren Entstehung war.

Zusammengenommen lassen diese formalen Indizien erkennen, daß die Genese des Romans in zwei großen Schüben vor sich ging; eine Zäsur bildete der Urlaub im Oktober, den Kafka ja beantragte, weil er zunehmend Schwierigkeiten bei der Weiterführung des Romans bekam: »Die Textentstehung verlief [. . .] in zwei Hauptphasen: einer zügigeren, die sich vom Beginn der Arbeit um Mitte August 1914 bis Anfang Oktober erstreckte, und einer stockenderen Phase, die bis zu dem Zeitpunkt gegen Ende Januar 1915 reichte, als er die Arbeit am Roman aufgab. Während der ersten Phase sind zwei Drittel des Romans entstanden: Kafka hat neben den beiden ›rahmenbildenden‹ Kapiteln ›Verhaftung‹ und ›Ende‹ folgende Kapitel geschrieben: ›Gespräch mit Frau Grubach / Dann Fräulein Bürstner‹, ›Erste Untersuchung‹, ›Im leeren Sitzungssaal‹, ›Der Prügler‹ und ›Der Onkel / Leni‹; außerdem hat er die Kapitel ›Advokat / Fabrikant / Maler‹, ›Kaufmann Block / Kündigung des Advokaten‹ und ›Im Dom‹ in Angriff genommen. Während der zweiten Phase ging es ihm vor allem darum, diese drei schon begonnenen Kapitel, die die Erfahrungen des Helden in der zweiten Hälfte des Proceßjahres behandeln, auszubauen und zum Abschluß zu bringen; darüber hinaus machte er verschiedene Versuche, weitere Episoden zu gestalten, die sich in den Handlungsablauf einfügen ließen. Obwohl ihm keiner der Versuche gelungen war, hat Kafka auch diese Fragmente auf eine Weise aufbewahrt [. . .], die darauf hindeutet, daß er zur Zeit der Arbeitsaufgabe um Ende Januar 1915 noch nicht endgültig auf die Hoffnung verzichtet hatte, den Roman zu vollenden.« (KKAP, Apparatband, S. 107.)

Zur genaueren Datierung einzelner Abschnitte können schließlich auch Tagebuchaufzeichnungen Kafkas herangezogen werden, in denen diese ausdrücklich erwähnt oder auf sie angespielt wird (s. S. 76 des vorliegenden Bandes).

Die folgende tabellarische Übersicht faßt Pasleys Ergebnisse, was die Abfolge, in der die einzelnen Textpartien entstanden sind, und ihre mutmaßliche Datierung betrifft, zusammen:

(a) »Verhaftung«	um den 11. August 1914
(b) »Ende«	um den 11. August 1914
(c) »Gespräch mit Frau Grubach / Dann Fräulein Bürstner«	etwa dritte Augustwoche 1914
(d) »Erste Untersuchung«	etwa dritte Augustwoche 1914
(e) »Im leeren Sitzungssaal / Der Student / Die Kanzleien«	Ende August / Anfang September 1914
(f) »Der Onkel / Leni«	Ende August / Anfang September 1914
(g) »Der Prügler«	Ende August / Anfang September 1914
(h) »Advokat/Fabrikant/Maler«	
1. Teil	erste Septemberhälfte 1914
2. Teil	Ende September 1914
3. Teil	nach Anfang November 1914
4. Teil	zweite Dezemberhälfte 1914 / Januar 1915
(i) »Kaufmann Block / Kündigung des Advokaten«	
1. Teil	etwa 5. Oktober 1914
2. Teil	Mitte November 1914
3. Teil	zweite Dezemberwoche 1914
(j) »Im Dom«	
1. Teil	zweite Septemberhälfte 1914
2. Teil	etwa 5. Oktober 1914
3. Teil (»Türhüter«)	
4. Teil (»Exegese«)	um den 13. Dezember 1914
[Fragmente]	
»B.'s Freundin«	vielleicht Januar 1915
»Staatsanwalt«	zweite Dezemberhälfte 1914
»Zu Elsa«	
1. Teil	Ende August / Anfang September 1914
2. Teil	Ende September 1914

»Kampf mit dem Direktor-Stellvertreter«	zwischen Mitte Dezember 1914 und Ende Januar 1915
»Das Haus«	um den 5. Oktober 1914
»Fahrt zur Mutter«	vom 7. Dezember 1914 ab (in zwei Abschnitten)

Es muß noch darauf verwiesen werden, daß die Abfolge des ersten und letzten Kapitels nicht eindeutig zu ermitteln ist, theoretisch also die Möglichkeit nicht auszuschließen ist, daß Kafka die »Hinrichtung« Josef K.s vor seiner »Verhaftung« schrieb: »Einiges spricht jedoch dafür, daß das Kapitel ›Verhaftung‹ zuerst entstanden ist. [Es liegt] nahe anzunehmen, daß Kafka den Namen ›Fräulein Bürstner‹ zunächst ausgeschrieben und dann erst abgekürzt hat; im Kapitel ›Verhaftung‹ erscheint der Name aber nur in ausgeschriebener, im Kapitel ›Ende‹ nur in abgekürzter Form. Darüber hinaus wäre die Korrektur *[Wächtern] Herren* innerhalb des Kapitels ›Ende‹ schwer zu erklären, wenn nicht das Kapitel ›Verhaftung‹ schon entstanden ist: die beiden sonst als ›Herren‹ oder ›Begleiter‹ bezeichneten Henker sind ja keine Wächter; ist aber das Verhaftungskapitel, in dem das Wort ›Wächter‹ etwa dreißigmal vorkommt, eben erst niedergeschrieben worden, so ist es verständlich, daß Kafka dieses Wort an der erwähnten Stelle unversehens aus der Feder floß.« (KKAP, Apparatband, S. 111.)

Aus der Tatsache, daß einige Kapitel in Etappen entstanden sind und daß zwischen den einzelnen Arbeitsphasen größere zeitliche Abstände lagen, erklären sich inhaltliche Unstimmigkeiten wie z. B. die sich widersprechenden jahreszeitlichen Angaben (»Herbst« und »Winter«) im Kapitel »Advokat / Fabrikant / Maler«.

3. Auszüge aus Kafkas Tagebüchern und Briefen zur Entstehung des Romans

»[29. Juli 1914] Josef K., der Sohn eines reichen Kaufmanns, ging eines abends nach einem großen Streit den er mit seinem Vater gehabt hatte – der Vater hatte ihm sein liederliches Leben vorgeworfen und dessen sofortige Einstellung verlangt – ohne eine bestimmte Absicht nur in vollständiger Unsicherheit und Müdigkeit in das Haus der Kaufmannschaft, das von allen Seiten frei in der Nähe des Hafens stand. Der Türhüter verneigte sich tief. Josef sah ihn ohne Gruß flüchtig an. ›Diese stummen untergeordneten Personen machen alles, was man von ihnen voraussetzt‹ dachte er. ›Denke ich, daß er mich mit unpassenden Blicken beobachtet so tut er es wirklich.‹ Und er drehte sich nochmals wieder ohne Gruß nach dem Türhüter um; dieser wandte sich zur Straße und sah zum wolkenbedeckten Himmel auf.«

KKAT 666 f.

»[21. August 1914] Mit solchen Hoffnungen angefangen und von allen drei Geschichten zurückgeworfen, heute am stärksten. Vielleicht ist es richtig, daß die russische Geschichte nur immer nach dem Proceß gearbeitet werden durfte. In dieser lächerlichen Hoffnung, die sich offenbar nur auf eine mechanische Phantasie stützt, fange ich wieder den Proceß an. – Ganz nutzlos war es nicht.«

KKAT 675.

»[29. August 1914] Schluß eines Kapitels mißlungen, ein anderes schön begonnenes Kapitel werde ich kaum oder vielmehr ganz bestimmt nicht so schön weiterführen können, während es mir damals in der Nacht sicher gelungen wäre. Ich darf mich aber nicht verlassen, ich bin ganz allein.«

KKAT 675.

»[30. August 1914] kalt und leer. Ich fühle allzusehr die Grenzen meiner Fähigkeit, die, wenn ich nicht vollständig ergriffen bin, zweifellos nur eng gezogen sind.«

KKAT 675.

»[1. September 1914] In gänzlicher Hilflosigkeit kaum 2 Seiten geschrieben. Ich bin heute sehr stark zurückgewichen, trotzdem ich gut geschlafen hatte. Aber ich weiß daß ich nicht nachgeben darf, wenn ich über die untersten Leiden des schon durch meine übrige Lebensweise niedergehaltenen Schreibens in die größere auf mich vielleicht wartende Freiheit kommen will.«

KKAT 676.

»[13. September 1914] Wieder kaum 2 Seiten. Zuerst dachte ich die Traurigkeit über die österreichischen Niederlagen und die Angst vor der Zukunft (eine Angst die mir im Grunde lächerlich und zugleich infam vorkommt) werden mich überhaupt am Schreiben hindern. Das war es nicht, nur ein Dumpfsein, das immer wieder kommt und immer wieder überwunden werden muß. Für die Traurigkeit selbst ist außerhalb des Schreibens Zeit genug.«

KKAT 677.

»[7. Oktober 1914] Ich habe mir eine Woche Urlaub genommen, um den Roman vorwärtszutreiben. Es ist bis heute – heute ist Mittwochnacht, Montag geht mein Urlaub zuende – mißlungen. Ich habe wenig und schwächlich geschrieben.«

KKAT 678.

»[15. Oktober 1914] 14 Tage, gute Arbeit zum Teil, vollständiges Begreifen meiner Lage.«

KKAT 678.

»[21. Oktober 1914] Seit 4 Tagen fast nichts gearbeitet, immer nur eine Stunde und nur paar Zeilen, aber besser geschlafen, Kopfschmerzen dadurch fast verloren.«

KKAT 681.

»[25. Oktober 1914] Fast vollständiges Stocken der Arbeit. Das was geschrieben wird scheint nichts selbständiges, sondern der Widerschein guter früherer Arbeit.«

KKAT 681.

»[1. November 1914] Gestern nach langer Zeit ein kleines Stück gut vorwärtsgekommen, heute wieder fast nichts, die 14 Tage seit meinem Urlaub sind fast gänzlich verloren.«

KKAT 682.

»[3. November 1914] [. . .] aus Angst vor Kopfschmerzen, die schon beginnen, und weil ich auch in der Nacht nur sehr wenig geschlafen hatte, nichts mehr gearbeitet, zum Teil auch deshalb, weil ich mich fürchtete eine gestern geschriebene erträgliche Stelle zu verderben. Der vierte Tag seit August, an dem ich gar nichts geschrieben habe.«

KKAT 683.

»[30. November 1914] Ich kann nicht mehr weiterschreiben. Ich bin an der endgiltigen Grenze, vor der ich vielleicht wieder Jahre lang sitzen soll, um dann vielleicht wieder eine neue, wieder unfertig bleibende Geschichte anzufangen. Diese Bestimmung verfolgt mich. Ich bin auch wieder kalt und sinnlos, nur die greisenhafte Liebe für die vollständige Ruhe ist geblieben. Und wie irgendein gänzlich vom Menschen losgetrenntes Tier schaukele ich schon wieder den Hals und möchte versuchen für die Zwischenzeit wieder F. zu bekommen. Ich werde es auch wirklich versuchen, falls mich die Übelkeit vor mir selbst nicht daran hindert.«

KKAT 702 f.

»[2. Dezember 1914] [...] Unbedingt weiterarbeiten, traurig daß es heute nicht möglich ist, denn ich bin müde und habe Kopfschmerzen, hatte sie auch andeutungsweise vormittag im Bureau. Unbedingt weiterarbeiten, es muß möglich sein trotz Schlaflosigkeit und Bureau.«

KKAT 704.

»[8. Dezember 1914] Gestern zum erstenmal seit längerer Zeit in zweifelloser Fähigkeit zu guter Arbeit. Und doch nur die erste Seite des Mutterkapitels geschrieben, da ich schon zwei Nächte fast gar nicht geschlafen hatte, da sich schon am Morgen Kopfschmerzen gezeigt hatten und da ich vor dem nächsten Tag allzugroße Angst hatte. Wieder eingesehn, daß alles bruchstückweise und nicht im Laufe des größten Teiles der Nacht (oder gar in ihrer Gänze) Niedergeschriebene minderwertig ist und daß ich zu diesem Minderwertigen durch meine Lebensverhältnisse verurteilt bin.«

KKAT 706.

»[13. Dezember 1914] Statt zu arbeiten – ich habe nur eine Seite geschrieben (Exegese der Legende) – in fertigen Kapiteln gelesen und sie zum Teil gut gefunden. Immer im Bewußtsein, daß jedes Zufriedenheits- und Glücksgefühl, wie ich es z. B. besonders der Legende gegenüber habe, bezahlt werden muß undzwar um niemals Erholung zu gönnen im Nachhinein bezahlt werden muß.«

KKAT 707 f.

»[14. Dezember 1914] Jämmerliches Vorwärtskriechen der Arbeit, vielleicht an ihrer wichtigsten Stelle dort wo eine gute Nacht so notwendig wäre.«

KKAT 709.

»[15. Dezember 1914] Gar nichts gearbeitet.«

KKAT 709.

»[26. Dezember 1914] Heute abend fast nichts geschrieben und vielleicht nicht mehr imstande den Dorfschullehrer[2] fortzusetzen, an dem ich jetzt eine Woche arbeitete [...].«

KKAT 712 f.

»[31. Dezember 1914] Seit August gearbeitet, im allgemeinen nicht wenig und nicht schlecht, aber weder in ersterer noch in letzterer Hinsicht bis an die Grenzen meiner Fähigkeit, wie es hätte sein müssen, besonders da meine Fähigkeit aller Voraussicht nach (Schlaflosigkeit, Kopfschmerzen, Herzschwäche) nicht mehr lange andauern wird. Geschrieben an Unfertigem: Der Proceß, Erinnerungen an die Kaldabahn, Der Dorfschullehrer, Der Unterstaatsanwalt[3] und kleinere Anfänge. An Fertigem nur: In der Strafkolonie und ein Kapitel des Verschollenen, beides während des 14 tägigen Urlaubs. Ich weiß nicht, warum ich diese Übersicht mache, es entspricht mir gar nicht.«

KKAT 714 f.

»[4. Januar 1915] Großer Lust eine neue Geschichte anzufangen nicht nachgegeben. Es ist alles nutzlos. Kann ich die Geschichten nicht durch die Nächte jagen, brechen sie aus und verlaufen sich, so auch jetzt ›Der Unterstaatsanwalt‹.«

KKAT 715.

»[6. Januar 1915] Dorfschullehrer und Unterstaatsanwalt vorläufig aufgegeben. Aber auch fast unfähig den Proceß fortzusetzen.«

KKAT 715.

»[24. Januar 1915] Ich habe ihr [Felice] auch vorgelesen, widerlich giengen die Sätze durcheinander, keine Verbindung mit der Zuhörerin, die mit geschlossenen Augen auf

2 Von Brod unter dem Titel *Der Riesenmaulwurf* veröffentlicht (B 220 ff.).
3 Von Brod veröffentlichtes Erzählfragment (B 367 ff.).

dem Kanapee lag und es stumm aufnahm. Eine laue Bitte ein Manuscript mitnehmen und abschreiben zu dürfen. Bei der Türhütergeschichte größere Aufmerksamkeit und gute Beobachtung. Mir gieng die Bedeutung der Geschichte erst auf, auch sie erfaßte sie richtig, dann allerdings fuhren wir mit groben Bemerkungen in sie hinein, ich machte den Anfang.«

KKAT 723.

[Brief an Max Brod, etwa 20. November 1917]

»Liebster Max, was ich tue, ist etwas einfaches und selbstverständliches: Ich habe in der Stadt, in der Familie, dem Beruf, der Gesellschaft, der Liebesbeziehung (setz sie wenn Du willst an die erste Stelle), der bestehenden oder zu erstrebenden Volksgemeinschaft, in dem allen habe ich mich nicht bewährt und dies in solcher Weise, wie es – hier habe ich scharf beobachtet – niemandem rings um mich geschehen ist. [...] Ich will mich nicht des Leidens rühmen, welches dieses nichtgelebte Leben begleitete, es erscheint auch (und dies auf allen kleinen Stationen seit jeher) im Rückblick unverdient geringfügig gegenüber den Tatsachen, deren Druck es zu widerstehen hatte, immerhin war es zu groß, um weiterhin ertragen werden zu können oder wenn es nicht zu groß war, war es doch jedenfalls zu sinnlos. (In diesen Niederungen ist vielleicht die Frage nach dem Sinn erlaubt.) Der nächste Ausweg, der sich, vielleicht schon seit den Kinderjahren, anbot, war, nicht der Selbstmord, sondern der Gedanke an ihn. In meinem Fall war es keine besonders zu konstruierende Feigheit, die mich vom Selbstmord abhielt, sondern nur die gleichfalls in Sinnlosigkeit endigende Überlegung: ›Du, der Du nichts tun kannst, willst gerade dies tun? Wie kannst Du den Gedanken wagen? Kannst Du Dich morden, mußt Du es gewissermaßen nicht mehr. U. s. w.‹ Später kam langsam noch andere Einsicht hinzu, an Selbstmord hörte ich auf zu denken. Was mir nun bevorstand, war, wenn ich es über verwirrte Hoffnungen, einsame Glückzustände, aufgebauschte

Eitelkeiten hinweg klar dachte (dieses ›hinweg‹ gelang mir ja eben nur so selten als das Am-Leben-bleiben es vertrug): ein elendes Leben, elender Tod. ›Es war, als sollte die Scham ihn überleben‹ ist etwa das Schlußwort des Proceßromans.«

BKB 195.

[Brief an Max Brod, etwa 4. Januar 1918]

»Lieber Max hier die Manuscripte (meine einzigen) für Deine Frau[4], zeig sie niemandem. [. . .]
Die Romane lege ich nicht bei. Warum die alten Anstrengungen aufrühren? Nur deshalb weil ich sie bisher nicht verbrannt habe? [. . .] Worin liegt der Sinn des Aufhebens solcher ›sogar‹ künstlerisch mißlungener Arbeiten? Darin, daß man hofft, daß sich aus diesen Stückchen mein Ganzes zusammensetzen wird, irgendeine Berufungsinstanz, an deren Brust ich werde schlagen können, wenn ich in Not bin. Ich weiß, daß das nicht möglich ist, daß von dort keine Hilfe kommt. Was soll ich also mit den Sachen? Sollen die, die mir nicht helfen können, mir auch noch schaden, wie es, dieses Wissen vorausgesetzt, sein muß?«

BKB 219.

4 Elsa Brod, die am 19. Dezember 1917 *Ein Bericht für eine Akademie* öffentlich vorgetragen hatte. Kafka überließ ihr offenbar weitere Manuskripte zu demselben Zweck (vgl. BKB 488).

III. Zur Editions- und Druckgeschichte

Als Franz Kafka am 3. Juni 1924 im Alter von einundvierzig Jahren starb, hinterließ er nur ein schmales veröffentlichtes Werk. Der Rowohlt Verlag und der Kurt Wolff Verlag hatten einige seiner Prosa-Skizzen und Erzählungen vorgelegt, andere kürzere Texte waren in literarischen Zeitschriften oder auch in Tageszeitungen abgedruckt worden. Der Hauptteil dessen, was er geschrieben hatte, lag nur in Manuskriptform vor und war entweder nur einigen wenigen Freunden bekannt oder nie einem ›Leser‹ anvertraut worden. Mehrfach hat Kafka geäußert, daß sich sein ›Schreiben‹ – wie er es nannte – nur an die eigene Person richte, daß er in seinen Texten einen Dialog mit sich selbst führe. Diesen Aussagen mag eine gewisse Selbststilisierung zugrunde liegen, die Tatsache, daß er sich als den eigentlichen Leser betrachtete, wird aber mit dazu geführt haben, daß er seinen langjährigen Freund Max Brod bat, nach seinem Tod den gesamten handschriftlichen Nachlaß zu vernichten. In einem der beiden sogenannten »Testamentzettel«, die Brod erstmals im Nachwort der *Proceß*-Ausgabe von 1925 veröffentlichte, heißt es, der Freund solle alles, was sich »an Tagebüchern, Manuskripten, Briefen, fremden und eigenen, Gezeichnetem und so weiter findet, restlos und ungelesen [...] verbrennen« (P 224). Aus der heutigen Sicht scheint es müßig, darüber zu diskutieren, ob Brod sich richtig verhielt, als er Kafkas letztem Willen zuwiderhandelte und schon wenige Tage nach dessen Tod (Unseld, S. 236) die Herausgabe seiner nachgelassenen Schriften vorzubereiten begann. Versuche zur Rechtfertigung seines Handelns, auf die man immer wieder in der Sekundärliteratur stößt, scheinen oft einem schlechten Gewissen der Literaturwissenschaftler selbst zu entspringen; Kafkas Werke haben vielfach den Charakter des Privaten, und oft scheut man sich als Interpret, in Aufzeichnungen, in denen die Grenze zwischen dem Leben und der Literatur aufgehoben ist, einzudringen. Auf der anderen Seite

ist man jedoch mit der Tatsache konfrontiert, daß dieses Werk eines der bedeutendsten der modernen Literaturgeschichte ist, ein Werk, das für immer verlorengegangen wäre, wenn Brod die Anweisungen des Autors befolgt hätte.
Ende der zwanziger Jahre schien eine Debatte darüber, ob Brod einen Verrat begangen habe, immerhin noch verständlich: Kafka war damals noch ein Autor für eine Elite von wenigen ›Kennern‹, daß er einmal Weltgeltung erlangen und Millionen von Lesern finden würde, war noch nicht abzusehen. Die Debatte wurde unwillentlich von Brod selbst ausgelöst – und zwar eben durch das Nachwort, das er der ersten Ausgabe von *Der Prozeß* folgen ließ. 1929 veröffentlichte der Dramatiker und Erzähler Ehm Welk (eigtl. Thomas Trimm, 1894–1966) in der *Vossischen Zeitung* einen Artikel über den allgemein mangelnden Respekt vor dem Privatleben der Künstlerpersönlichkeit, in dem er unter anderem scharfe Angriffe gegen den Herausgeber von Kafkas Werken richtete: »Max Brod, der seiner Herausgabe von Kafkas ›Prozeß‹, den zu vernichten der sterbende Freund gebeten hatte, ein zehn Seiten langes Nachwort mitgab, scheint immerhin gewußt zu haben, weshalb eine solche Rechtfertigung nötig war. Aber auch wenn man ihm glaubt, daß er ernstlich meinte, dies Werk der bewußten Menschheit nicht vorenthalten zu dürfen, ist es trotz aller gewundenen Erklärungen peinlich, sein Nachwort zu lesen. Es bleibt unentschuldbar, das Vertrauen eines sterbenden Freundes zu brechen, damit ein Buch von der Gilde der Betriebsamen bekrittelt, und von dreitausend Menschen[1], darunter höchstens tausend an Kafka wirklich interessierten, gelesen wird.« (Zit. nach: Born, S. 216.) In den Streit um die Kafka-Ausgabe griff schließlich Walter Benjamin – der bei anderer Gelegenheit durchaus nicht mit Kritik an Brod sparte[2] – zugunsten des

1 Die Zahl bezieht sich auf die Auflagenhöhe der ersten Ausgabe.

2 In einer 1938 entstandenen Rezension von Brods Kafka-Biographie schrieb Benjamin u. a.: »Es ist wenig Aussicht, daß Brods ›Kafka‹ einmal unter den großen gründenden Dichterbiographien [. . .] wird genannt werden können. Desto denkwürdiger ist sie als Zeugnis einer Freundschaft, die nicht zu den kleinsten Rätseln in Kafkas Leben gehören dürfte« (S. 52).

selbsternannten Nachlaßverwalters ein. In seinem Plädoyer für die Fortführung der Ausgabe heißt es: »Die Scheu des Autors vor der Publizierung seines Werks entsprang der Überzeugung, es sei unvollendet und nicht der Absicht, es geheim zu halten. Daß er von dieser Überzeugung sich in der eigenen Praxis leiten ließ, ist genau so verständlich, wie daß sie für den anderen, seinen Freund, nicht galt.« Kafka habe gewußt: »der andere wird es retten und mich von der Gewissenslast befreien, dem Werk das Imprimatur selber geben oder es vernichten zu müssen. Hier wird nun Welks Entrüstung keine Grenzen kennen. Um Brod zu decken, Kafka Jesuitentricks, Kafka eine reservatio mentalis zuzumuten! Ihm diese tiefste Absicht beizulegen, daß dieses Werk erscheine und zugleich des Dichters Einspruch gegen dieses Erscheinen! Jawohl, nicht anders sprechen wir hier aus und fügen zu: die echte Treue gegen Kafka war, daß dies geschah.« (»Kavaliersmoral«; zit. nach: Benjamin, S. 48.)

Von der Kritik, die Brod moralisches Fehlverhalten vorwarf, ist jene zu unterscheiden, die ihm mangelnde editorische Kompetenz vorhielt. Zweifel daran, daß er in den Bänden, die von 1925 an rasch aufeinander folgten, wirklich zuverlässige Texte präsentierte, wurde vor allem nach dem Zweiten Weltkrieg laut; in dem Maße, wie das Interesse der Wissenschaft am Werk Kafkas wuchs, wuchs auch das Mißtrauen gegenüber Brods Ausgaben. Daß er Kafkas Texte ›bearbeitet‹ hatte, war schon seit jeher bekannt: er hatte es ja schließlich oft genug zugegeben – wenn auch mit beschönigenden Formulierungen wie: »einige kleine Versehen berichtigt«, »wenige Retuschen« vorgenommen (A 263). Der Umfang und die genaue Art seiner Eingriffe konnte jedoch lange Zeit nicht ermittelt werden, da die handschriftlichen Originale nicht zugänglich waren. Friedrich Beißner befürchtete 1952 »das Schlimmste für den Text der 1935 erschienenen ›zweiten Ausgabe‹ der drei großen Romane« und führte aus: »Man braucht nur Max Brods Nachworte zu den verschiedenen Ausgaben zu lesen, um zu gewahren, auf wie unsicherem

Fundament der Text steht. Der Herausgeber hat sich für berechtigt und vielleicht sogar für verpflichtet gehalten, nach seinen Begriffen die ›Lesbarkeit‹ der ersten Drucke zu erleichtern.« (»Der Erzähler Franz Kafka«; zit. nach: Beißner, S. 48.) Beißner wirft in einem global ausgesprochenen Urteil Brod »öde Schulmeisterkorrektheit« vor (ebd.), verkennt aber die Situation, in der die frühen Ausgaben der Romane entstanden.

Brod war schon bald nach Kafkas Tod – angeblich noch am Tag der Beerdigung – von mehreren Verlagen angesprochen worden, die Interesse für Kafkas Nachlaß bekundeten. Zu seinen Lebzeiten hatte der Autor als Meister der »kleinen Form«, der Erzählung und der Novelle gegolten. Brod ging nun davon aus, daß die Veröffentlichung eines Romans publikumswirksamer sein und den Autor bekannter machen könne. Er sah die Herausgabe des »Prozeß«-Romans als ersten Schritt zu einer mehrbändigen Ausgabe, war sich jedoch durchaus der Schwierigkeiten bewußt, eine solche durchzusetzen. Von der zweiten Ausgabe der *Betrachtung* waren im Zeitraum von drei Jahren (1. Juli 1915 bis 30. Juni 1918) nur 429 Exemplare verkauft worden (Dietz, S. 74); es war nicht damit zu rechnen, daß die Bände der Nachlaßausgabe sofort auf eine größere Resonanz treffen würden. Ökonomische Beweggründe, das heißt der Versuch, einen möglichst hohen Absatz zu erzielen, spielten bei der ›Aufbereitung‹ des »Proceß«-Manuskripts für den Druck eine nicht unbeträchtliche Rolle. Ursprünglich hatte Brod beabsichtigt, die drei Romane Kafkas in der Reihenfolge ihrer Entstehung zu publizieren, also mit *Amerika* (*Der Verschollene*, 1912 bis 1914) zu beginnen, dann *Der Proceß* (1914/15) und *Das Schloß* (1922) folgen zu lassen. Die Veröffentlichung von *Amerika* wurde jedoch blockiert: der Leipziger Kurt Wolff Verlag hielt die Rechte für die 1913 gedruckte Erzählung *Der Heizer*, die gleichzeitig das erste Kapitel des Romans bildete. Wolff, der sich als Kafkas eigentlicher Verleger fühlte (s. hierzu Unseld, S. 234–244), war nicht bereit, dem Berliner Verlag »Die Schmiede«, mit dem Brod am 31. Juli 1924 einen

Vertrag geschlossen hatte, die Verwendung dieses Textes zu genehmigen. Daß der Herausgeber aus diesen verlagsrechtlichen Gründen dazu gezwungen war, *Der Proceß* vorzuziehen, hatte aber auch ein Positives. Das vorwiegend aus losen Einzelblättern bestehende Manuskript, das »große Papierbündel«, wie Brod es nennt (P 229), stellte höhere editorische Anforderungen als die Handschriften der beiden anderen Romane, denn diese waren kontinuierlich in Heften niedergeschrieben, so daß es z. B. über die Abfolge der einzelnen Textpartien keine Zweifel gab. Auf der anderen Seite war aber *Der Proceß*, wenn auch Fragment wie *Amerika* und *Das Schloß*, ein Fragment besonderer Art: Kafka hatte ein Schlußkapitel geschrieben, das im Verein mit dem Anfangskapitel immerhin einen Rahmen um den unvollständig ausgeführten Mittelteil bildete und so den Eindruck von Geschlossenheit suggerieren konnte. Die Unvollständigkeit einiger Kapitel oder auch das Fehlen ganzer Kapitel war Brods Meinung nach nicht so gravierend: »Vor dem Schlußkapitel [...] sollten noch einige Stadien des geheimnisvollen Prozesses geschildert werden. Da aber der Prozeß nach der vom Dichter mündlich geäußerten Absicht niemals bis zur höchsten Instanz vordringen sollte, war in einem gewissen Sinne der Roman überhaupt unvollendbar, das heißt in infinitum fortsetzbar. Die vollendeten Kapitel, mit dem abrundenden Schlußkapitel zusammengenommen, lassen jedenfalls sowohl den Sinn wie die Gestalt des Werkes mit einleuchtender Klarheit hervortreten, und wer nicht darauf aufmerksam wird, daß der Dichter selbst an dem Werke weiterzuarbeiten gedachte [...] – wird kaum seine Lücke fühlen.« (P 228.)

Brod verstärkte den Eindruck der Geschlossenheit noch dadurch, daß er in der ersten Ausgabe nur die – seinem Dafürhalten nach – ›vollendeten‹ Kapitel brachte; die unvollendeten Kapitel, die »nichts für den Gang der Handlung Wesentliches« enthielten, sollten in einem Schlußband der geplanten Gesamtausgabe enthalten sein (P 229). Brods Eingriffe beschränkten sich also in diesem Fall nicht auf eine

Glättung der Sprache, sie betrafen auch formale Aspekte. Nur eine wirkliche ›Lesbarkeit‹ schien ihm einen Erfolg des Romans – und damit der Folgebände – beim Publikum zu gewährleisten. Daß er zunächst recht behielt, beweisen einige Rezensionen. Man betrachtete allgemein das Fehlen der unvollendeten Kapitel nicht als Defizit und schloß sich bereitwillig der Meinung des Herausgebers an, daß der Roman »als Ganzes« »eigentlich« abgeschlossen sei: einen »fast vollendeten Roman« nennt Siegfried Kracauer den *Prozeß* (zit. nach: Born, S. 100), während Hermann Hesse in seiner Rezension Brods Nachwort paraphrasierend meint: »Im übrigen kann der Roman, obwohl er wahrscheinlich Fragment ist, durchaus als abgeschlossenes Ganzes gelten« (zit. nach: Born, S. 98). Wesentlich differenzierter war das Urteil Hans Sochaczewers: »Was gedruckt vorliegt, ist sowohl mehr oder weniger als ein geschlossener Roman. Weniger, weil unbedingt Bindeglieder fehlen, weil zwar die Durchführung der geistigen Idee, keineswegs aber der technische Apparat des Aufbaues bewältigt oder beendet ist. Mehr: weil ein fanatisches Begreifen einer traumhaft geschöpften Welt bewundernswert gelungen ist.« (Zit. nach: Born, S. 104 f.)
Brod gelang es, mit seiner Ausgabe des *Prozeß* Leser und Kritiker in die Eigenarten des Kafkaschen Nachlasses einzuführen, das oft Unvollkommene, weil nicht konsequent Ausgeführte, der Form wurde nicht als Manko empfunden.
Als 1926 *Das Schloß* im Druck erschien, ein Roman, dessen Unabgeschlossenheit aufgrund eines fehlenden Schlußkapitels sofort in die Augen springt, schrieb Hans Sahl: »Selbst in diesem unvollendeten Roman vom ›Schloß‹ [...] zeigt die fragmentarische Gestalt bereits alle Richtlinien der Vollendung. Wie ein antiker Torso, wie jedes genial angelegte Kunstwerk in seinen kleinsten Teilchen die Gesamtkonzeption offenbart, so auch bei Kafka.« (Zit. nach: Born, S. 153.)
In dem Nachwort zur zweiten Ausgabe des »Prozeß«-Romans, die 1935 erschien, bekennt Brod sich im Rückblick nachdrücklich zu der von ihm zehn Jahre zuvor gewählten

Verfahrensweise und erklärt, welche Intentionen ihn geleitet hatten: »Damals galt es, eine eigenwillige, befremdliche, nicht zur Gänze vollendete Dichtwelt zu erschließen; es wurde daher alles vermieden, was das Fragmenthafte betont, die Lesbarkeit erschwert hätte« (P 229). Im Unterschied dazu richtete sich die zweite Ausgabe an ein Publikum, das schon zu einem gewissen Grad mit Kafka vertraut war, sein Werk kannte und es nicht mehr nur ›lesen‹, sondern ›interpretieren‹ wollte. Brod mußte das mittlerweile erwachte Interesse von Wissenschaftlern, von Theologen, Psychologen und Philologen, bei der Vorbereitung der zweiten Ausgabe berücksichtigen; so versuchte er einer »kritischen, mit Lesarten versehenen Ausgabe« vorzuarbeiten. Er näherte den Text in formaler Hinsicht stärker der Handschrift an und erweiterte vor allem diese Ausgabe um einen Anhang, in dem er die unvollendeten Kapitel und einige gestrichene Passagen bot. Er blieb jedoch weiterhin davon überzeugt, den Romantext in sprachlich-stilistischer Hinsicht überarbeiten, das heißt vor allem Kafkas regional gefärbte Sprache, ein gemäßigtes ›Prager Deutsch‹, normalisieren zu müssen, »Zeichensetzung, Schreibart und syntaktische Konstruktion dem allgemeinen deutschen Gebrauch anzugleichen« (P 230). Seine Behauptung, daß die Eigentümlichkeiten der poetischen Sprache Kafkas, vor allem die »Sprachmelodie« (ebd.), trotzdem weitgehend erhalten geblieben seien, kann vom heutigen Kenntnisstand aus nicht unwidersprochen bleiben: im Grunde haben er oder – was wahrscheinlicher ist – ein Verlagslektor den Text Kafkas den Dudenregeln entsprechend auf den Stand des Hochdeutschen gebracht und ihn vieler Charakteristika beraubt.

Die zweite Ausgabe des Romans blieb aufgrund der Zeitumstände ohne große Resonanz; es handelte sich um den 3. Band der »Gesammelten Schriften«, die der jüdische Kaufhausbesitzer und Verleger Salman Schocken ermöglicht hatte. Die Bände 1–4 konnten noch im Frühjahr 1935 ausgeliefert werden, dann verhinderte die Reichsschrifttumskammer die Fortführung der Ausgabe. Schon im Oktober 1933

waren die Bücher des Franz Kafka auf die »Liste des schädlichen und unerwünschten Schrifttums« gesetzt worden; Ende 1935 wurde der Schocken-Verlag als ›jüdisch‹ eingestuft und mußte seine Arbeit einstellen (siehe hierzu Unseld, S. 243 f.). Schocken konnte mit dem gesamten Verlagsarchiv in die USA übersiedeln, von wo aus er sich weiter für die Verbreitung von Kafkas Werken einsetzte. Um die erste Gesamtausgabe im deutschen Sprachraum abzuschließen, hatte er jedoch zuvor die Rechte an einen Verlag in der Geburtsstadt des Dichters abgetreten: »Der am 23. Mai 1936 mit der Firma ›Heinrich Mercy Sohn in Prag‹ geschlossene Vertrag war nur ein Scheinvertrag, inszeniert von Schocken und Brod, um die Fortführung ihrer Ausgabe zu ermöglichen. In der identischen Ausstattung erschienen nun in Prag – noch 1936 – Band 5 (›Beschreibung eines Kampfes‹) und, ein Jahr später, Band 6 (›Tagebücher und Briefe‹); damit war die Ausgabe der ›Gesammelten Schriften‹ abgeschlossen.« (Unseld, S. 244.)
1946 legte der nunmehr in New York ansässige Schocken-Verlag die dritte Ausgabe des »Prozeß«-Romans vor, die den Text der zweiten unverändert in photomechanischer Reproduktion bot und von der alle nachfolgenden deutschen Ausgaben abgeleitet wurden. Die Schocken-Ausgabe war von Brod mit einem zusätzlichen Nachwort versehen, in dem er erstmals zugab, daß ihm die Rekonstruktion des Romans doch nicht so leicht gefallen war, wie er zuvor immer behauptet hatte. 1925 hatte er noch – recht selbstsicher – berichtet: »Das Manuskript des Romans ›Der Prozeß‹ habe ich im Juni 1920 an mich genommen und gleich damals geordnet [. . .]. Die Einteilung in Kapitel sowie die Kapitelüberschriften rühren von Kafka her. Bezüglich der Anordnung der Kapitel war ich auf mein Gefühl angewiesen. Doch da mir mein Freund einen großen Teil des Romans vorgelesen hatte, konnte sich mein Gefühl bei der Ordnung der Papiere auf Erinnerungen stützen« (P 228). Zwanzig Jahre später äußerte er jedoch selbst Vorbehalte gegenüber seiner Anordnung der Kapitel: »Bei neuerlicher Durchsicht des Manuskriptes erscheint es als nicht unmöglich, daß Kafka

die jetzt als ›Fünftes Kapitel‹ bezeichnete Episode als zweites Kapitel intendiert hat« (P 230). Mit dieser doch eher beiläufigen Bemerkung löste Brod in Fachkreisen eine heftige Diskussion aus, die manchmal den Charakter einer gegen ihn gerichteten Kampagne annahm. 1957 legte Hermann Uyttersprott eine Studie mit dem gleichzeitig provokatorischen und irreführenden Titel *Eine neue Ordnung der Werke Kafkas?* vor, in der er Brod vollständige fachliche Inkompetenz vorwarf.

Brod war allgemein bei den Germanisten in Mißkredit geraten. Auf Beißners scharfe Kritik, die auf einer vergleichenden Lektüre der verschiedenen Ausgaben der Romane beruht, wurde schon verwiesen. Der australische Germanist Eric L. Marson nahm diesen Ansatz Beißners einige Jahre später auf und führte einen genauen Vergleich der konkurrierenden Ausgaben durch: er kam zu dem »verblüffenden« Ergebnis, daß »insgesamt 1778 Varianten« zwischen der Ausgabe von 1925 und der von 1935 bestehen, die doch beide von Brod verantwortet waren (S. 762). Angesichts solcher Sachverhalte wuchs die Sorge wenn auch nicht des Normallesers, so doch der berufsmäßigen Interpreten. Man wurde sich immer mehr der Notwendigkeit einer textkritischen Ausgabe bewußt, die dem Text der Handschrift so weit wie möglich folgt und alle notwendigen Abweichungen genau auflistet, sowie alle Korrekturen des Autors (Streichungen, Ersetzungen, Einfügungen, Umstellungen von Wörtern usw.) verzeichnet. Brod hatte – dies muß noch einmal erwähnt werden – als einer der ersten eine wissenschaftliche Ausgabe gefordert, ohne jemals für sich in Anspruch genommen zu haben, eine solche erstellt zu haben. Die Kritik übersieht nach wie vor hartnäckig, daß er seine Ausgaben als Leseausgaben verstand. Den Grundstein zu einer textkritischen Edition legte er selbst, als er 1961 die Hauptmasse der Originalhandschriften Kafkas, die sich in seinem Besitz befanden, in der Bodleian Library in Oxford deponierte. Er war 1939 – einen Tag vor der Besetzung Prags durch die Hitlertruppen – nach Palästina geflohen, mit dem Nachlaß Kafkas im Handgepäck. Der spätere

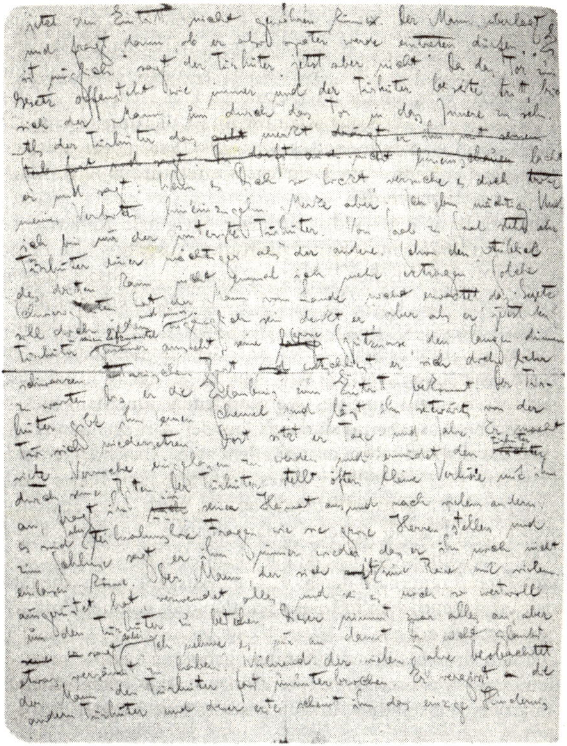

Manuskriptseite des »Proceß« mit der Türhütergeschichte

Staat Israel, wo er bis zu seinem Tod 1968 lebte, schien ihm jedoch aufgrund der wiederholten militärischen Auseinandersetzungen mit den arabischen Nachbarstaaten ein zu unsicherer Ort, um die unersetzlichen Handschriften aufzubewahren. Das »Proceß«-Manuskript ist allerdings nicht Teil der Oxforder Sammlung; es blieb bis 1988 in Privatbesitz und konnte dann vom Deutschen Literaturarchiv in Marbach erworben werden.

Auf der Basis der handschriftlichen Originale Kafkas entsteht seit 1975 eine »Kritische Kafka-Ausgabe«, die beim Frankfurter S. Fischer Verlag erscheint. Im Rahmen dieser Ausgabe wurde 1990 *Der Proceß* vorgelegt; in einer »Editorischen Vorbemerkung« definiert der Herausgeber Malcolm Pasley die Intentionen dieses und der anderen Bände der KKA folgendermaßen: »Wie schon bei der Edition des ›Schloß‹-Romans und des ›Verschollenen‹ innerhalb dieser Kritischen Ausgabe, so sind auch bei der vorliegenden Ausgabe des ›Proceß‹-Romans vor allem zwei Absichten leitend gewesen: die Herstellung eines authentischen Textes und eine möglichst genaue Darstellung der Werk- und Textentstehung, insbesondere der im Manuskript erkennbaren Korrekturvorgänge« (KKAP, Apparatband, S. 7).

Der Proceß innerhalb der Kritischen Ausgabe unterscheidet sich im wesentlichen in folgenden Punkten von den Ausgaben durch Brod:

Die von Brod als »Erstes Kapitel« gebotene Textpartie ist – den deutlich erkennbaren Intentionen Kafkas entsprechend – in zwei selbständige, in sich geschlossene Kapitel gegliedert.

Die von Brod als abgeschlossenes Kapitel gewertete Episode »B.'s Freundin« wird – da Fragment – aus der Reihe der vollständigen oder nahezu vollständigen Kapitel herausgenommen.

Die »Kapitel« erscheinen ohne durchgehende Numerierung, weil Kafka mit Sicherheit noch weitere Episoden in die Sequenz einfügen wollte.

Der Text folgt der Handschrift. Eingegriffen wurde nur bei

eindeutigen Flüchtigkeitsfehlern oder dort, wo es zum Verständnis des Textes unbedingt nötig erschien (beispielsweise KKAP 229,7 »Küche« statt »Kücke«). Inkonsequenzen in der Schreibweise (wie der wechselnde Gebrauch der Formen »ging« – »gieng«, »fing« – »fieng«) oder veraltete Schreibweisen (»Wage« statt »Waage«, »Proceß« statt »Prozeß«) blieben ebenso erhalten wie die regionale Färbung der Sprache Kafkas (Verwendung von »Austriazismen« und »Pragismen«; etwa »an den Handschlag vergessen«; »paar Worte«; »trotzdem« als Konjunktion).
Auch auf dem Gebiet der Interpunktion wurde die Authentizität des Textes gewahrt. Kafka pflegte nur äußerst sparsam zu interpungieren, so daß sich der Rhythmus des Geschriebenen sehr stark dem der Rede annäherte. Man kann nahezu beliebig Passagen aus der kritischen Edition mit den entsprechenden Stellen in Brods Ausgaben vergleichen, um festzustellen, wie andersartig der Eindruck ohne die nach Duden hinzugefügten Satzzeichen ist:

P 176
»Als er in das Hauptschiff trat, um seinen Platz zu suchen, auf dem er das Album liegengelassen hatte, bemerkte er an einer Säule, fast angrenzend an die Bänke des Altarchors, eine kleine Nebenkanzel, ganz einfach, aus kahlem, bleichen Stein.«

KKAP 283 (in der Reclam-Ausgabe: 190,34–37)
»Als er in das Hauptschiff trat, um seinen Platz zu suchen, auf dem er das Album liegengelassen hatte, bemerkte er an einer Säule fast angrenzend an die Bänke des Altarchors eine kleine Nebenkanzel, ganz einfach aus kahlem bleichem Stein.«

Der Übersichtlichkeit halber sei hier die Abfolge der Kapitel und Fragmente in Brods Ausgabe von 1946 jener in der KKA gegenübergestellt.

P	*KKAP*
Erstes Kapitel	
Verhaftung / Gespräch mit Frau Grubach / Dann Fräulein Bürstner	Verhaftung Gespräch mit Frau Grubach / Dann Fräulein Bürstner
Zweites Kapitel	
Erste Untersuchung	Erste Untersuchung
Drittes Kapitel	
Im leeren Sitzungssaal / Der Student / Die Kanzleien	Im leeren Sitzungssaal / Der Student / Die Kanzleien
Viertes Kapitel	
Die Freundin des Fräulein Bürstner	
Fünftes Kapitel	
Der Prügler	Der Prügler
Sechstes Kapitel	
Der Onkel / Leni	Der Onkel / Leni
Siebentes Kapitel	
Advokat / Fabrikant / Maler	Advokat / Fabrikant / Maler
Achtes Kapitel	
Kaufmann Block / Kündigung des Advokaten	Kaufmann Block / Kündigung des Advokaten
Neuntes Kapitel	
Im Dom	Im Dom
Zehntes Kapitel	
Ende	Ende
Die unvollendeten Kapitel	Fragmente
Zu Elsa	B.'s Freundin
Fahrt zur Mutter	Staatsanwalt
Staatsanwalt	Zu Elsa
Das Haus	Kampf mit dem Direktor-Stellvertreter
Kampf mit dem Direktor-Stellvertreter	Das Haus
Ein Fragment	Fahrt zur Mutter

Die von Brod im Anhang veröffentlichten »vom Autor gestrichenen Stellen« finden sich im Abschnitt »Varianten« des Apparatbandes der Kritischen Ausgabe; dort steht auch die verworfene Passage »Als sie aus dem Teater traten ...« (s. S. 28 f. des vorliegenden Bandes), die Brod als »Fragment« bezeichnete und zu den unvollendeten Kapiteln stellte (s. KKAP, Apparatband, Varianten unter 146,12–13).

IV. Zur Wirkungsgeschichte

1. 1925 bis 1935

In den Jahren 1925 bis 1935 wurde die Aufnahme nicht nur des »Proceß«-Romans, sondern der Schriften Kafkas im allgemeinen entscheidend von Max Brod beeinflußt. Brod, der für sich in Anspruch nahm, aufgrund seiner langjährigen Freundschaft mit dem Autor der intimste Kenner von dessen Werk zu sein, verkündete seine Auslegung nicht nur in den Nachworten der von ihm betreuten Nachlaßausgaben, sondern auch in zahlreichen Artikeln und Aufsätzen.
Den Roman *Der Proceß* besprach er kurioserweise schon 1921, also zu Lebzeiten Kafkas, als es noch völlig ausgeschlossen erscheinen mußte, daß dieser jemals seine Zustimmung zu einer Veröffentlichung des seiner Ansicht nach gescheiterten und künstlerisch mißlungenen Werks geben werde. Möglicherweise wollte Brod mit der Erwähnung des Romans in seinem Artikel »Der Dichter Franz Kafka« (in der in Berlin erscheinenden *Neuen Rundschau* vom November 1921) eine Art von Druck ausüben, das heißt den Freund dazu bewegen, ihm die Publikation des Textes zu erlauben. Teile des Romans kannte Brod schon seit 1914, Kafka hatte sie ihm kurz nach ihrer Entstehung vorgelesen. 1918 hatte er um die Übersendung der Manuskripte von *Der Verschollene* und *Der Proceß* gebeten, die Kafka ihm jedoch zunächst verweigerte (s. S. 79 der vorliegenden Ausgabe). Er muß Brod dann doch kurze Zeit später die Handschriften überlassen haben, denn am 3. März 1918 schließt Brod einen Brief an Kafka mit dem Postskriptum: »Über deinen Roman, der mich ganz hat, nächstens!« (BKB 238.)
1919 hatte Brod in Leipzig eine Besprechung mit Georg Heinrich Meyer, dem damaligen Geschäftsführer des Kurt Wolff Verlags, bei dem auch einige seiner eigenen Bücher erschienen waren. Brieflich teilte er dem Freund mit: »[Meyer] sagte nochmals, daß er aus einem Roman von dir einen

sensationellen Erfolg machen wollte.« Er schließt mit einer Bemerkung, die im Rückblick geradezu prophetisch klingt: »Ich werde doch deinen ›Prozeß‹ auf eigene Faust zu Ende schneidern« (BKB 267).

Brods Artikel von 1921 kann wie gesagt als Teil einer Kampagne gewertet werden, Kafka dazu zu bewegen, den Roman noch einmal vorzunehmen und fertigzustellen oder – was auch möglich ist – es dem Freund zu erlauben, die notwendigen Retuschen an dem Text vorzunehmen und ihn dann zu veröffentlichen. In einem einleitenden Teil versucht BROD zunächst, Kafkas literarische Texte ganz allgemein zu charakterisieren:

»Es ist ein neues Lächeln, das Kafkas Werk auszeichnet, ein Lächeln in der Nähe der letzten Dinge, ein metaphysisches Lächeln gleichsam, – ja manchmal, wenn er uns Freunden eine seiner Erzählungen vorlas, steigerte es sich, und wir lachten laut heraus. Aber wir schwiegen bald. Es ist kein Lachen, das für Menschen bestimmt wäre. Nur Engel dürfen so lachen (die man sich freilich nicht als Raffaelsche Putten vorstellen darf – nein, Engel, Seraphimmänner mit drei riesigen Flügelpaaren, dämonische Wesen zwischen Mensch und Gott).«

Zit. nach: Franz Kafka. Kritik und Rezeption zu seinen Lebzeiten. 1912–1924. Hrsg. von Jürgen Born unter Mitw. von Herbert Mühlfeit und Friedemann Spicker. Frankfurt a. M.: S. Fischer, 1979. S. 155. – Mit Genehmigung des S. Fischer Verlags, Frankfurt a. M.

Dann geht Brod sehr ausführlich auf den Roman ein:

»›Josef K.‹ heißt [. . .] der Held in Kafkas größtem Werk, in dem Roman ›Der Prozeß‹, der meiner Ansicht nach vollendet vorliegt, nach Ansicht des Dichters freilich unvollendet, unvollendbar, unpublizierbar. Winzige Partikelchen dieses umfangreichen Buches (›Ein Traum‹[1], ›Vor dem Gesetz›) hat

1 Siehe hierzu Pasley (KKAP, Apparatband, S. 73): »Auch der handschriftlich nicht überlieferte Text ›Ein Traum‹, den Kafka 1916 veröffent-

Kafka in den ›Landarzt‹-Band aufgenommen, der bei Kurt Wolff erschienen ist. Bei aller Schönheit dieser veröffentlichten Stücke kann man sich von der Wucht und Ursprünglichkeit des Ganzen keine Vorstellung machen. Der Verzweiflungskampf eines Menschen gegen einen unsichtbaren Gerichtshof, der ihn mit seinen geheimnisvollen Vorladungen, mit einem geradezu unübersehbaren Apparat von Beamten, Vorschriften, Einrichtungen an sich lockt, festhält, verurteilt und tötet. Ein Gerichtshof, der seltsamerweise immer nur an den subalternsten, geringgeschätztesten Stätten des Lebens, in einer Rumpelkammer, in Dachböden von Vorstadthäusern usw. magische Äußerungen seines Daseins manifestiert, eine Behörde, bei der der Held (Josef K.) trotz aller Bemühungen nur immer untergeordnete, nicht einmal besonders honette Organe kennen lernt . . . und dennoch die Majestät, die unwidersprechliche, wenn auch gerne zurückgedrängte Hoheit des Gerichtes. Hier gehen mir die Worte aus. Es ist nicht etwa so, daß dieser Roman mir gefällt. Sondern es gibt einfach Zeiten (Tage, Wochen), in denen mir nichts anderes gefällt als er, in denen ich völlig unter seinem Bann lebe. Dann überkommt mich die Empfindung wie bei Lektüre der wenigen ganz großen Meisterwerke der Weltliteratur. Die Empfindung: dieses Buch genügt, Schluß, es braucht nichts mehr, nie mehr etwas geschrieben zu werden! Dieses Buch erfüllt den Horizont, den Weltraum, neben ihm ist weder Platz für andere Bücher noch ein Bedürfnis nach ihnen. Bis ans Lebensende dieses Buch lesen, immer wieder von vorn, wie ich einst Schopenhauer gelesen habe! Stumpfheit nur und Verständnislosigkeit kann neben ein solches Buch, in eine Reihe mit ihm noch irgend etwas anderes stellen . . . Und wieder vernünftiger geworden, sage ich mir: hier ist das Standard-Werk der Gewissenszweifel geschaffen. Nicht nur reden und denken die Menschen Gewissensqual –

licht hat, hat einen Protagonisten mit dem Namen ›Josef K.‹. Kafka bringt ›das kleine Prosastück‹ – wie er es in einem Brief an Felice Bauer (F 704) nennt – jedoch weder hier noch irgendwo sonst mit dem ›Proceß‹-Roman in Verbindung.«

die ganze Szenerie ist Gewissensqual, die Häuser, die Requisiten, das Wetter, die Tage, jedes Kleid an irgendeiner der zahllosen Nebenfiguren. Und dennoch ist die Luft in diesem Roman so atembar, so rein! Sogar eine gewisse Behaglichkeit überkommt den Leser, so sicher fühlt er sich an der Hand des Dichters, der ihn ins Dunkel hineingeleitet. Es schwebt eben bei aller Verzweiflung doch eine unendliche Hoffnung, ein unsichtbares Himmelsgewölbe gleichsam, über diesem Buch wie über Kafkas ganzem Werk. Irgendwo verborgen ahnt man Auswege, Transzendenz, Möglichkeit eines richtigen Lebenswandels. Wir hören Frage, Frage und nochmals Frage – eine Antwort wird nicht gegeben – *und doch ist sie da*, man kann sich diesem Eindruck nicht entziehen. So sind Kafkas Bücher das Geheimnisvollste, was ich kenne. [. . .] Ohne ihn völlig zu verstehen, fühlt man: es steht ein Einzelner allein dem Lauf der Sterne, des Menschengeschlechts gegenüber, aber von der Gemeinschaft trennt ihn nicht Verachtung oder Polemik oder Haß, sondern die Strenge einer nur auf das Höchste gerichteten Liebe.«

Ebd. S. 158–160.

Auffallend sind hier bereits zwei Tendenzen, die fast alle späteren Äußerungen Brods über Kafka kennzeichnen: zum einen die Tendenz, die Person des Dichters zu überhöhen, ihn aus dem Bereich des Normal-Menschlichen herauszuheben; dies geht des öfteren mit äußerst peinlichen Formulierungen vonstatten wie z. B.: »Würden die Engel im Himmel Witze machen, so müßte es in der Sprache Franz Kafkas geschehen. Diese Sprache ist Feuer, das aber keinen Ruß hinterläßt. Sie hat die Erhabenheit des unendlichen Raumes, und dennoch zuckt sie alle Zuckungen der Kreatur« (ebd., S. 154). Im Verein mit diesem Versuch, den Dichter und sein Werk in mythische Regionen aufsteigen zu lassen, erfolgt, den ersten ergänzend, der zweite: Brod will das Werk Kafkas als ein religiöses verstanden wissen. Wie sein Autor sei der Held des »Proceß«-Romans zu einer Suche nach den »letzten Dingen« aufgebrochen, vergeblich bemühe er sich, die

»Majestät« und die »Hoheit« der Macht, von der sein Leben abhängt, kennenzulernen.
Als religiöse Allegorie, als Darstellung einer Gottsuche, haben – durch Brod beeinflußt – zahlreiche Interpreten nach dem Erscheinen von *Der Prozeß* die Romanhandlung interpretiert.

Der Publizist und Literaturkritiker WILLY HAAS, der Kafka persönlich kannte, allerdings nie zu dessen Freunden oder Vertrauten gehörte, hatte, als er sich im März 1925 in der Berliner literarischen Zeitschrift *Das Tagebuch* zu Kafkas Roman äußerte (»Kafkas letztes Werk«), Brods – vier Jahre zuvor erschienenen – Artikel offenbar noch im Kopf oder wieder konsultiert; nach einigen Bemerkungen über das Leben Kafkas schreibt Haas:

»Er war eine religiöse Macht, wie jeder ganz große Erzähler. Ich meine das allerdings nur in einem ganz entfernten und nicht ganz gewöhnlichen Sinn: seine Welt, die Welt seiner Epik hat immer einen geheimen imaginären Angelpunkt außer ihrer. Aber hier kommt schon gleich das zweite, mindestens ebenso wichtige Charakteristikum: über diesen Angelpunkt ist nichts weiter zu sagen, als daß nichts über ihn zu sagen ist. ›Epik‹ ist, die geheimen Züge seines Wirkens, seiner geheimen, unbekannten Kausalität, die Mechanismen seiner Weltverschränkung zu suchen; und zwar nirgendwo anders zu suchen als in den kleinsten Fältchen, in den kleinsten Zuckungen des Diesseits. Es ist eine Art Erdphysiognomik. Es ist ferner eine Art Kuriositätensammlerei; allerdings ist die Auswahl das Entscheidende, denn für sie gibt es kein anderes Gesetz als die Genialität einer synthetischen Weltoptik. Es ist drittens immer realistisch: Realismus und große Epik sind einfach identische Größen.
Aber wieder nicht ›Realismus‹ im gewöhnlichen Sinn. Es gibt nichts Phantastischeres als diesen Roman. Einem Bankbeamten wird eines Tages angekündigt, daß er verhaftet und daß ein Strafprozeß gegen ihn angestrengt sei. Im übrigen

könne er seinen Geschäften nachgehen und tun und lassen was er wolle. Dieser Strafprozeß hat keinerlei bestimmte Gestalt; auch die Richter sind gänzlich unbekannt; es ist einfach das Abstraktum ›Strafprozeß‹ und das Abstraktum ›Richter‹. Aber es gibt plötzlich allerhand Personen, die einem vielleicht helfen könnten: ein Advokat mit angeblich guten Beziehungen, ein Verwandter vom Lande, ein Maler, der die Richter zu malen pflegt, allerdings nur Richter der untersten Instanz; dann ein Unterrichter selbst, der ein ziemlich korruptes Schwein zu sein scheint, und schließlich eine ganze Reihe etwas zweifelhafter Frauen, denen man beischlafen kann, weil sie vielleicht mit gewissen Richtern Verhältnisse haben und einflußreich sind. Plötzlich stellt sich heraus, daß fast auf allen Dachböden Gerichtsbüros sind und daß fast alle Menschen irgendwie entfernt zu diesem mysteriösen Gerichtshof gehören. Freisprüche gibt es kaum; aber man kann die Prozesse durch Eingaben verschleppen, man kann günstige Schein-urteile der unteren Instanzen herbeiführen, die allerdings keine dauernde Gültigkeit haben. Man braucht sich schließlich gar nicht um den Prozeß zu kümmern, dann gibt es ihn eben nicht. Aber unser Bankbeamter fühlt sich unschuldig und will ihn durchführen, wenn auch vielleicht mit Protektion und Korruption. Er irrt: denn eines Tages wird ihm das Todesurteil verkündet und sofort exequiert. Er ist also doch wohl schuldig. Aber nach welchen Gesetzen?

Man könnte kurz (und schwachköpfig) sagen: bitte sehr, Symbolismus. Es ›bedeutet‹: das erwachende Weltgewissen in einer Einzelseele.

Das überhaupt. Das gesamte Werk Dostojewskis, Zolas, Stendhals, ja Homers ist, wenn man will, ›symbolisch‹ und bedeutet nichts anderes als ›das erwachende Weltgewissen‹. Odysseus muß ja schließlich nur herumirren, weil er irgendwo irgendwelche geweihten Rinder des Sonnengottes getötet hat. Schöne Gewissensfragen! Das ist eine jener Selbstverständlichkeiten, wie etwa, daß Wohnhäuser zum Wohnen da sind.

Das Großartige jeder großartigen Epik ist eben – und hier wollen wir unsere ersten Behauptungen noch etwas erweitern: daß das Metaphysische eben metaphysisch, also unaussprechlich par excellence ist; und zweitens, daß es überall in der Realität eingefangen ist und in der bloßen Schilderung der Realität eingefangen bleiben muß. Epik ist viel metaphysischer, viel konsequenter-metaphysisch als jede Metaphysik. Durch welche Fenster ich in die Wirklichkeit blicke, ist gleichgültig. Hauptsache: daß ich blicke, nichts als blicke; und dann: daß es Wirklichkeit ist, in das ich blicke. In Kafkas Roman gehen die exzentrischesten Dinge vor sich. Aber das ist eben das Geniale: es ist alles ganz wirklich, mit einer fast pedantischen Genauigkeit wirklich, wenn auch wirklich in einer Wirklichkeit, die sich nicht bezeichnen läßt. Wirklichkeit ist ja eben nichts anderes, als eine Ahnung, eine Suggestion, eine Erschütterung von fernsten Weltzusammenhängen her. Es ist überhaupt das Gefühl, ›daß die Welt irgendwo zusammenhängt‹, eine Gefühls-anknüpfung an irgendein Weltzentrum, an ein kosmisches Gewebe, ein Blitzschlag endloser unkontrollierbarer Assoziationen. Damit scheint mir ganz besonders Kafkas Epik charakterisiert. Wir kennen jene Augenblicke, in denen sich plötzlich, und zwar aus völlig unbekannten Gründen, etwa die Wendung einer Leierkastenmelodie tausendmal hintergründiger, ja metaphysischer anhört und anfühlt als alle Beethovenschen Symphonien zusammengenommen. Kafkas Roman ist das geheimnisvolle Durchhalten eines solchen geheimnisvollen, sekundenlangen metaphysischen Coup de foudre; wobei das noch Genialere ist: einmal das Objektive dieses Phänomens, seine Loslösung von der bloß subjektiven Reagenz, ein Vorgang, für den es überhaupt keine Erklärung gibt; und zweitens: das Zusammenhalten dieser frei erfundenen, gewissermaßen metarealen Welt einer Erzählung, in der es zwar viel Merkwürdiges, aber nicht das geringste Innerlich-unmögliche, Ungesehene, Visionäre und akustisch Unerfüllte, Überzeugende, ja auch nur Unwahrscheinliche gibt. Eine ungeheuer suggestive Eindeutigkeit der Farben, Töne, Luft, Schatten: man könnte ganz gut sagen, es sei ganz einfach die erste Minute eines Fremden in der Hölle des Berliner Polizeipräsidiums, wo er sich anmeldet, auf rund vierhundert Druckseiten verteilt; und wieder eine solche myriadische Vielfalt mystischer Menschen- und Weltbeziehungen, daß diese vierhundert Seiten von rein epischem Rohmaterial förmlich platzen und beim Lesen eine Spannung auslösen, an der gemessen die Spannung eines Detektivromans ein kindischer Dilettantismus ist. Dabei soll nicht verschwiegen werden, daß dieses nachgelassene unvollendete Werk seinen fragmentarischen Charakter an manchen dünnen und brüchigen Stellen deutlicher offenbart, als der verdienstvolle Herausgeber Max Brod wahrhaben möchte: im zweiten Drittel schwimmen noch allenthalben unaufgelöste handgreifliche Symbole und Allegorien mit, und das vorletzte Kapitel, das kurz vor der Katastrophe eine lang streng talmudisch gefaßte Debatte bringt, wirkt, aus offenbar noch nicht geschriebenen Zusammenhängen herausgerissen, ausnahmsweise wirklich nur absonderlich und exzentrisch. Was aber nichts an der Tatsache zu ändern vermag, daß wir hier das einzige wahrhaft durch und durch geniale Dokument einer neuen Erzählungskunst besitzen.«

Zit. nach: Franz Kafka. Kritik und Rezeption 1924–1938. Hrsg. von Jürgen Born unter Mitw. von Elke Koch, Herbert Mühlfeit und Mercedes Treckmann. Frankfurt a. M.: S. Fischer, 1983. [Im folgenden zit. als: Born.] S. 89–92. – Mit Genehmigung des S. Fischer Verlags, Frankfurt a. M.

Haas wiederholte seine Hauptthesen 1930 in seinem Aufsatz-Band *Gestalten der Zeit*, setzte diesmal aber andere Akzente. Auch in diesem zweiten Aufsatz, der nicht nur den *Proceß*, sondern das Gesamtwerk Kafkas behandelt, fällt wieder die Mythisierung Kafkas in Anlehnung an Brod auf. Haas schreibt, daß Kafka »fast auf einer höheren Stufe der biologischen Entwicklung zu stehen scheint als wir anderen Menschen« (S. 193), er ist für ihn »so etwas wie ein neuer alttestamentarischer Heiliger«, und »fast als ein biblisches Werk« (S. 196) empfindet er den *Proceß*. Er versucht aber in diesem Aufsatz, eine spezifisch jüdische Komponente von Kafkas religiösem Denken herauszuarbeiten. In der jüdischen Religion spiele »das Gedächtnis als Frömmigkeit eine ganz geheimnisvolle Rolle. Es ist bei den Juden nicht *eine*, sondern *die tiefste* Eigenschaft sogar Jehovas, daß er *gedenkt*, daß er ein untrügliches *Gedächtnis* [...] bewahrt; der heiligste und mythischeste Akt des jüdischen Ritus ist die Auslöschung der Sünden aus dem Buch des Gedächtnisses an dem höchsten Fast- und Bußetag« (S. 195). Zum *Proceß* führt Haas dann aus:

»Es ist für mich inzwischen ganz klar geworden, daß der Gegenstand dieses Prozesses, ja der eigentliche Held dieses unglaublichen Buches, *das Vergessen* ist, der Begriff des Vergessens, dessen tiefste Haupteigenschaft ja ist, daß er *sich selbst vergißt*, daß er sich selbst auslöscht, daß er nicht mehr existiert, sobald er da ist – man vergißt ja nicht nur, sondern, indem man vergißt, vergißt man auch, daß man vergessen hat: so ist auch das Phänomen ›Vergessen‹ vergessen und daher nicht mehr faßbar, nicht mehr nennbar, nicht mehr vorhanden. Deshalb konnte es auch in der Darstellung dieses mystischen Strafprozesses nie genannt werden: in einem Buch, das ganz vom Vergessen *handelt*, darf das Vergessen niemals ausdrücklich auf die Szene treten. Dieses Verbrechen des Vergessens könnte vielleicht erst vom Verbrecher erraten werden, ähnlich wie in Kafkas ›Strafkolonie‹ die Verbrecher ihr Verbrechen aus der Strafe erraten müssen. Aber es kann hier nicht einmal von ihm erraten werden, denn es ist hier *selbst* geradezu stumme Gestalt geworden in dieser Figur des Angeklagten, und zwar Gestalt von großartigster Intensität: der Alltagsmensch, an dem die Dinge vorüberwandeln, ohne Verkettung, unkontinuierlich, dessen Leben ein fortwährendes Auftauchen und Vergehen ist in einem Alltag, in dem die Spuren und Symptome eines rätselhaften ›Strafprozesses‹ ebenso wie alles andere auftauchen und vergehen, ohne Sinn, ohne Konsequenz und Zusammenhang: bis das Urteil ›Tod‹

diese ganze ungeheure metalogische Kette endlich offenbart. Es ist ein ganz genaues und übrigens vollkommen würdiges Parallelstück zum ›Iwan Ilitsch‹, Tolstois tiefster Erzählung. Und es ist zweifellos Kafkas zentrales Buch, sein eigentliches religiöses Vermächtnis: denn es ist von der Todesstunde her gesehen, geschrieben, obgleich viele Jahre vorher verfaßt. Und deshalb konnte es nie vollendet werden (– auch die letzten Sätze der Novelle ›Iwan Ilitsch‹ sind ja bloß eine geniale Lüge).«

Willy Haas: Gestalten der Zeit. Berlin: Kiepenheuer, 1930. S. 196 f. – Mit Genehmigung von Herta Haas, Hamburg.

Der Schriftsteller Ernst Weiss gehörte zum engeren Freundeskreis Kafkas und stand ihm auch in der schwierigen Lebensphase, als *Der Proceß* geschrieben wurde, zur Seite (siehe S. 59 im vorliegenden Band). Weiß läßt in seine Besprechung des Romans im *Berliner Börsen-Courier* vom 26. April 1925 seine Kenntnisse über den Autor einfließen. Bemerkenswert scheint ihm die Tatsache, daß Kafka sich gegen Ende seines Lebens der jüdisch-nationalen Bewegung, dem Zionismus, zugewandt habe: »Die Tendenz war klar. Das Individuum auf eine breitere Basis zu stellen, mit einem höheren Grade von Sicherheit im Leben zu ruhen und womöglich zu wirken. Man kann allgemein annehmen, daß der große Zug zum Nationalismus, der seit 1914 einsetzt, darin begründet wird, daß die Völker in ihrem Bestande problematischer geworden, sich auf die Rasse, die Ahnen zu stützen versuchen. Das Soziale geht auf eine ähnliche Quelle zurück. Der einzelne verzweifelt an seiner Lebensmöglichkeit, an dem Sinn des Daseins, ja an dem Sinn der Frage nach dem Sinn. Was er bei sich nicht finden kann, will er in der Gemeinschaft, in einem soziologisch erfaßten Menschheitsgebilde finden [. . .].« (Zit. nach: Born, S. 94.)
Diese »Vorbemerkungen« führen Weiß dann zur Interpretation des Romans:

»Zwar ist hier nicht das Nationale, noch auch das Soziale ganz zum Durchbruch gekommen, es ist der Prozeß eines einzelnen, eines bis aufs äußerste isolierten Individuums. Ja, der Held ist so sehr aller sozialen und aller nationalen Eigenschaften entkleidet, daß er weder Eltern noch Brüder besitzt, daß er keinen eigentlichen Namen hat, einfach Josef K. genannt wird. Etwas ähnliches wurde vor kurzem versucht in einem Roman eines namenlosen Menschen, der ohne Erinnerung seiner selbst plötzlich erwacht. Kafka ist noch weiter gegangen. Sei es, daß er wirkliche Menschen nicht schildern wollte, sei es, daß er es nicht konnte [...], es fehlen jedenfalls im ›Prozeß‹ dem namenlosen Menschen mit kleinbürgerlicher Haltung, dem Josef K., alle eigentlich menschlichen Züge. Man erkennt ihn nicht wieder, vorausgesetzt, daß man ihn nicht, in seltenen, aber doch existenten Augenblicken, als sich selbst in einem imaginären Spiegelbilde erkennt. Hier ist die große Stärke des Werkes, nämlich seine Allgemeingültigkeit, seine prachtvolle, groß gezeichnete, heldenhaft durchgeführte Symbolik. Hier liegt auch seine Schwäche. Denn es ist nicht Fleisch, nicht Blut, es ist nicht Seele, sondern es ist Gespenst, gezeichnet gegen eine Welt von Gespenstern. Der erzählbare Inhalt dieses Buchs würde keinen Begriff von dem Wesen geben. Man muß es kennenlernen, man muß es zu erleben versuchen. Ein Bankprokurist wird eines Morgens aus dem Bette geholt, von zwei Wächtern aufgescheucht mit der Nachricht, er sei verhaftet. Es ist nicht das wirkliche Gericht, sondern ein anderes, das sich nach Art der Freimaurer in die letzten Winkel der Gesellschaft hineingewuchert hat. Dieses Gericht, dessen höhere Instanzen unerreichbar sind, dessen Akten niemand lesen darf, das im Geheimen tagt und Recht über den einzelnen spricht, ohne daß man weiß warum – vielleicht nur kraft der allen Menschen innewohnenden Schuldgefühle, – dieses Gericht hat den Josef K. nun in seine Fänge genommen, läßt ihm zwar seinen Beruf, aber seine Freiheit nicht. Wohin er kommt, überall begegnen ihm Abgesandte dieses unsichtbaren Gerichtshofes. Immer und auf allen Stadien seiner Bahn wird ihm der Prozeß gemacht, der durch ein Urteil abgeschlossen, aber nicht beendet werden kann, und da es ein Lebensprozeß ist, kann er nur mit dem Todesurteil schließen. Kein Widerstand ist möglich. Keine Klarheit. Form bis in die letzten Verästelungen. Sinn aber nirgends. Überall Akten, nirgends Blut, oder doch, dort, wo am Ende dem Josef K. durch zwei freiwillige Henker das Herz von einem Messer durchbohrt wird. Josef K. wehrt sich nicht mehr, er hat sich dem Prozeß hingegeben, er ist selbst Teil des Gerichtes geworden, er sieht und erlebt die Welt nur mit den Augen des Prozesses. Der ›Prozeß‹ ist doppelsinnig. Prozeß heißt auch Krankheitsprozeß und ist sicher von Kafka auch so gemeint. An solchen Doppelbezeichnungen mag sich oft das Genie eines Sprachschöpfers, wie Kafka es war, bewähren und entzünden. Hier ist das Begrenzende freilich auch schon umschrieben. Seine kleinbürgerliche, minutiös geschilderte Sphäre hat er auch hier weder verlassen wollen noch können. Man faßt aber eine danteske Phantasie nicht ungestraft in die Form der kleinbürgerlichen jüdischen Welt des Prag von 1920.

Dante ist ein großer Name. Wer aber eine Hölle schildern konnte, wie sie Kafka schildert, wer in dieser Hölle leben und nach seiner Art heroisch in ihr wirken und heroisch an ihr untergehen konnte, mag ohne Sakrileg mit jenem Riesen in einem Atem genannt werden. Es sind Szenen von infernalischer, beklemmender Gewalt in diesem Buche und man wird es hoffnungsloser verlassen, als man die Gänge und Hallen und Schlupfwinkel dieses metaphysischen Prozeßlokales betreten hat.

Freilich sind wir von jener großen Natur- und Dämonenkraft im ›Zeugen‹ und ›Zeugnisablegen‹ weltenweit entfernt, selbst wenn man nicht an Dante, sondern nur an Dämonen wie bei Gogol oder Kleist erinnert. Bei Gogol wie bei Kleist schließlich der Sprung in den Abgrund des Nationalen, aber ein Sprung, der Kafka schon deshalb versagt blieb, weil ihm der Mut zur völligen Selbstvernichtung ebenso fehlte wie zur völligen Selbstbehauptung, allem zum Trotz! Nicht an Genie, an Mut hat es ihm gefehlt. An einer bestimmten Stelle des ›Prozesses‹ zeigt sich Kafka unter dem Vorwurf seines Werkes. Er erreicht die Höhe seiner eigenen Idee nicht. Es ist die Stelle in der Halle eines Domes, wo er sich verwundert allein findet und mit dem ›Gefängniskaplan‹ des ›Prozesses‹ seinen Disput beginnt. Man zittert diesem ungeheuer hoch getriebenen Augenblick entgegen. Hier könnte, müßte Dostojewski einsetzen. Wunderbar, unnachahmlich, ewig ist die Szene eingeleitet mit dem Gleichnis vom Türhüter. [. . .] Bleibt hier dem Gestalter, dem Denker und Deuter nicht der Atem aus, dann ist die deutsche Literatur, nein, die Menschheitsliteratur um ein unsterbliches Werk reicher. Hier hätte Kafka geben müssen, was er hatte. Warum verschweigen, was bedrückt, was aufwühlt, was entscheidet? Kafka war diesem entscheidenden Augenblick nicht gewachsen. Er sah ihn entweder nicht, oder er hatte sich zu sehr an das Schwefellicht der Hölle gewöhnt. Was er gibt, ist nicht einmal Stein. Steine können verehrt werden; die Mohammedaner tuen es. Staub aber kann es nicht. Kafka zerreibt dieses unvergeßbare Gleichnis, dieses nicht wieder zu ersetzende Erlebnis des Türhüters zu talmudischem Staub. Er zerknüllt die ›Weise‹, die wissende, vollendete Form zu sophistischen Worten und nun erst wird die Verzweiflung vollständig. Nun versteht man es, warum Kafka dieses Werk nicht zeigen wollte. An den meisten Werken unserer Zeit gemessen, ist es immer noch ein Muster- und Meisterwerk. An sich selbst gemessen ist es ein Versagen. Und der Versagende steht beschämt allein und all unser Trost kann ihn darüber nicht trösten, daß er uns versagt hat, wonach wir gehungert haben und was er allein, als der Türhüter des Gesetzes, seines Gesetzes, uns hätte geben können.

Und doch wäre es unrecht, zu sagen, daß er uns ganz ungesättigt entläßt, daß er uns nur quält, wie er sich selbst gequält hat. Das letzte Kapitel, zu dem der Übergang fehlt, das Kapitel vom Tode dieses Josef K. ist ein Kapitel, zwar nicht der Erlösung, aber doch der Erleuchtung. Hier gibt es mildes Licht, tröstliche Helligkeit. Der Held liegt am Boden, das Messer des Todes sieht er über sich, aber nicht das Messer

allein. Ich lasse die Stelle hier folgen: ›Seine Blicke fielen auf das letzte Stockwerk des an den Steinbruch angrenzenden Hauses. Wie ein Licht aufzuckt, so fuhren die Fensterflügel eines Fensters dort auseinander, ein Mensch, schwach und dünn in der Ferne und Höhe, beugte sich mit einem Ruck weit vor und streckte die Arme noch weiter aus. Wer war es? Ein Freund? Ein guter Mensch? Einer der teilnahm? Einer der helfen wollte? War es ein einzelner? Waren es alle? War noch Hilfe? Gab es Einwände, die man vergessen hatte? Gewiß gab es solche. Die Logik ist zwar unerschütterlich, aber einem Menschen, der leben will, widersteht sie nicht. Wo war der Richter, den er nie gesehen hatte? Wo war das hohe Gericht, zu dem er nie gekommen war? Er hob die Hände und spreizte alle Finger.‹
Von dieser erschütternden Schlußstelle fällt Licht auf die Wirrnisse des ganzen Buches und auf die Irrungen des ganzen Menschen. Löst sich nicht alles darin, daß hier einer als Ankläger, als einziger Zeuge, Prozeß führt gegen sich selbst? Ist hier nicht einer zu streng mit sich selbst ins Gericht gegangen? Hatte hier einer zu heiße, zu glühende Begierden, aber nicht den Mut nachzugeben, noch die Kraft, sie zu unterdrücken, es sei denn, sie zu unterdrücken zugleich mit seiner ganzen Existenz? Dann ist der ganze Prozeß nichts anderes als der Prozeß der eigenen Gewissensstimme. Dann ist das Werk nichts anderes als der Detektivroman einer Seele. Ein Wesen suchend auf den halbverlöschten Spuren seiner selbst. Von sich selbst angeklagt und von sich selbst verurteilt. Und daß dieses Urteil wider den Willen dieses Richters und Angeklagten in einer Person, wider den Willen Kafkas an die Öffentlichkeit kommt, nachdem er sein ganzes Leben lang die Heimlichkeit des Verfahrens erlitten, das macht dieses Werk zu einem echten Lebensdokument, zu einer erschütternden Tragikomödie.«

Zit. nach: Born. S. 94–98. – Mit Genehmigung des S. Fischer Verlags, Frankfurt a. M.

In einer Besprechung, die sehr stark vom persönlichen Leseeindruck ausgeht, weist KURT TUCHOLSKY nach, daß man dieses Romans mit einem der üblichen Klassifikationsversuche nicht Herr werden kann, daß jede apodiktische Interpretation ihm unrecht tut (*Die Weltbühne*, 9. März 1926). Er kommt zu dem Ergebnis, daß *Der Prozeß* zu den Büchern gehört, die von einem einzelnen Menschen im Laufe seines Lebens nicht bis ins letzte ausgedeutet werden können.

»Wenn ich das unheimlichste und stärkste Buch der letzten Jahre: Franz Kafkas ›Prozeß‹ [...] aus der Hand lege, so kann ich mir nur schwer über die Ursachen meiner Erschütterung Rechenschaft ablegen. Wer spricht? Was ist das?
›Erstes Kapitel. Verhaftung. Gespräch mit Frau Grubach. Dann Fräulein Bürstner. Jemand mußte Josef K. verleumdet haben, denn ohne daß er etwas Böses getan hätte, wurde er eines Morgens verhaftet.‹ So fängt es an. Es ist ein Bankbeamter, um den es sich handelt – und die zwei Gerichtsboten, die da morgens in sein möbliertes Zimmer kommen, wollen ihn verhaften. Aber sie verhaften gar nicht – der ›Aufseher‹ stellt an einem Nachttischchen ein Verhör mit ihm an, dann darf er in die Bank gehen. Er ist frei. Bitte, Sie sind frei ... Der Prozeß schwebt.
Wir Alle, die wir ein Buch zu lesen beginnen, wissen doch nach zwanzig oder dreißig Seiten, wohin wir den Dichter zu tun haben; was das ist; wie es läuft; obs ernst gemeint ist oder nicht; wohin man im Groben so ein Buch zu rangieren hat. Hier weißt du gar nichts. Du tappst im Dunkel. Wer ist das? Wer spricht?
Der Prozeß schwebt, aber es wird nicht gesagt, was für ein Prozeß. Der Mann ist offenbar eines Vergehens angeklagt, aber es wird nie gesagt, welches Vergehens. Die irdische Gerichtsbarkeit ist es nicht – also welche sonst? Eine, um Gottes willen, allegorische? Der Autor erzählt, erzählt mit unerschütterlicher Ruhe – bald merke ich, daß es nichts Allegorisches wird – deute nur, du deutest nie aus. Nein, ich deute nie aus.
Josef K. wird zum Verhör geladen – er geht. Das Verhör fin-

det unter seltsamen Umständen im fünften Stockwerk eines Außenviertels statt – man liest, weiß nicht ...
Und ganz unmerklich hat sich die Idee festgehakt, sie greift über, und nun gibt es nichts zu freudianern, und keine gebildeten, geschwollenen Fremdwörter helfen hier weiter.
Es ergibt sich, daß Josef K. in eine riesenhafte Maschinerie geraten ist, in eine bestehende, arbeitende, geölt laufende Maschine des Gerichts. Er vernachlässigt seine Stellung in der Bank, er berät mit Advokaten, er geht zu den Verhören, obgleich er sich geschworen hat, nicht hinzugehen, er beschwert sich über das Betragen der Gerichtsdiener in seiner Wohnung – es sickert auch langsam durch, daß er einen ›Prozeß‹ hat, es scheint, daß alle Leute davon wissen, oder doch viele, es ist wohl etwas Legitimes. Bis es ihn in der Bank selbst erwischt.
›Als K. an einem der nächsten Abende den Korridor passierte, der sein Bureau von der Haupttreppe trennt – er ging diesmal fast als der Letzte nach Hause, nur in der Expedition arbeiteten noch zwei Diener im kleinen Lichtfeld einer Glühlampe –, hörte er hinter einer Tür, hinter der er immer nur eine Rumpelkammer vermutet hatte, ohne sie jemals selbst gesehen zu haben, Seufzer ausstoßen.‹ Er öffnet. Da steht ein Mann in dunkler Lederkleidung und vor ihm die beiden Gerichtsdiener. ›Was tut ihr hier?‹ fragt er sie. ›Herr! Wir sollen geprügelt werden, weil du dich beim Untersuchungsrichter über uns beklagt hast.‹ In der Bank? In dieser so realen Bank? K. unterhandelt mit ihnen, versucht, den Prügler zu besänftigen – so hart habe er seine Beschwerde nicht gemeint ... Aber sie müssen sich ausziehen, die Gerichtsdiener, schon sind die Oberkörper nackt, die Rute tanzt ... Da schlägt K. die Tür zu. Der Schrei der Geprügelten wird jäh abgeklemmt.
Am nächsten Tag geht er scheu an der Tür vorbei, die sein Geheimnis vor der Bank verbirgt. Er öffnet, aus Gewohnheit ... ›Vor dem, was er statt des erwarteten Dunkels erblickte, wußte er sich nicht zu fassen. Alles war unverändert so, wie er es am Abend vorher beim Öffnen der Tür

gefunden hatte. Die Drucksorten und Tintenflaschen gleich hinter der Schwelle, der Prügler mit der Rute, die noch vollständig angezogenen Wärter, die Kerze auf dem Regal und die Wächter begannen zu klagen und riefen: Herr! Sofort warf K. die Tür zu ...‹

Ich gebe diese Probe, um die grausame Mischung von schärfster Realität und Unirdischem zu zeigen – wie neben den Bureauboten der lederschwarze Prügler, aus einer Masochisten-Photographie geschnitten, die Rute schwingt ... Und K. wirft die Tür zu – nein: ›er schlug noch mit den Fäusten gegen sie, als sei sie dann fester verschlossen.‹ Der Prozeß schwebt.

Der Prozeß braucht einen Advokaten. K. findet ihn, aber hier hat das Buch nun schon beinah ganz die Erde verlassen – wie eine schwarze Kugel schwebt es durch den Raum. Beim Advokaten ist ein Leidensgefährte, ein jämmerlicher zerprügelter kleiner Mensch – und es gibt untere und obere Advokaten, und das Schrecklichste ist, daß Niemand die Spitze dieser Pyramide absehen kann. Niemand dringt jemals in diese Höhen, scheint es ...

Also eine Justizsatire? Nichts davon.

So wenig, wie die ›Strafkolonie‹ eine Militärsatire ist oder die ›Verwandlung‹ eine Bourgeois-Satire – es sind selbständige Gebilde, die niemals auszudeuten sind.

Der treuste Freund Max Brod, der dem Buch ein wunderschönes Nachwort geschrieben hat, und dessen unermüdlichen Anstrengungen wir erst die Drucklegung dieses Schatzes und fast aller andern Bücher Kafkas verdanken – Brod erzählt uns, das Buch sei ein Fragment geblieben. Man merkt das auch: ich fühle in diesem Punkt ein klein wenig anders als Brod. So erscheint mir bei diesem herrlichen Prosaiker zum ersten Mal dies und jenes nicht ganz ausgeglichen – auch steht für mein Empfinden das grandiose Schlußkapitel etwas unvermittelt an dem vorletzten Abschnitt, der übrigens eine Meisterleistung für sich ist. Auf meine Bitte war Max Brod so freundlich, mir seine Ansicht über den ›Prozeß‹ mitzuteilen; hier ist sie:

›Der Prozeß, der da geführt wird, ist der ewige Prozeß, den ein zart empfindender Mensch mit seinem Gewissen auszufechten hat. Held K. steht vor seinen inneren Richtern. Das gespenstische Verfahren vollzieht sich an den unscheinbarsten Schauplätzen und so, daß scheinbar K. immer recht hat. Ganz ebenso sind wir rechthaberisch gegen unser Gewissen und versuchen, es zu bagatellisieren. Das Besondere ist nur die fatale Feinfühligkeit gegen die innere Stimme, die auf Schritt und Tritt immer lebendiger wird.
Mit Kafka selbst konnte man natürlich nie über Deutungen sprechen, auch bei der größten Intimität nicht. Er selbst deutete so, daß die Deutungen neuer Deutungen bedürftig wären. So wie ja auch sein Prozeß nie recht entschieden werden kann.‹
Dieser Prozeß ist selbstverständlich, wie auch aus Brods Darlegungen im Nachwort hervorgeht,[2] niemals eine Allegorie gewesen. Er ist sofort als Symbol konzipiert, tatsächlich hat sich das Symbol selbständig gemacht, es lebt sein eigenes Leben. Und was für ein Leben ...
Da ist eine Szene bei einem etwas verkommenen Maler, von dem man dem Angeklagten K. gesagt hat, er könne ihm im Prozeß durch Fürsprache bei den obern Richtern nützlich sein. Zu dem geht er. Der Mensch wohnt oben im Haus, in einer kleinen, unaufgeräumten Stube. Zum Schluß der Unterredung bittet der Maler, ihm doch ein Bild abzukaufen, vielleicht mehrere Bilder ... Und holt nun immer dieselbe Heidelandschaft unter seinem Bett hervor, immer dieselbe ... Und dann geleitet er den Hilfesuchenden zur Tür hinaus, und K. ist wieder in den gefürchteten Gerichtskorridoren. ›Woher staunen Sie?‹ fragt der Maler. ›Es sind die Gerichtskanzleien. Wußten Sie nicht, daß hier Gerichtskanz-

2 Hier liegt offenbar ein Mißverständnis Tucholskys vor. Brod äußert sich in seinem Nachwort nicht in diesem Sinn. Tucholsky hatte Brod um seine Ansicht über den Roman gebeten (der Brief ist abgedruckt in: *Franz Kafka. Der Prozeß. Die Handschrift redet*, bearb. von Malcolm Pasley, Marbach 1990 – Marbacher Magazin, 52 –, S. 66). Vielleicht handelt es sich um eine Verwechslung zwischen dem Nachwort und Brods Antwortbrief.

leien sind? Gerichtskanzleien sind doch fast auf jedem Dachboden, warum sollten sie grade hier fehlen?‹
Also ein Traum? Nichts ist für mein Gefühl verkehrter, als mit diesem verblasenen Wort Kafka fangen zu wollen. Dies ist viel mehr als ein Traum. Das ist ein Tagtraum.
Etwas Ähnliches an Zügellosigkeit gibt es nur noch in geschlechtlichen Kindheitsphantasien, wo Schule, Haus, die Stadt und die Welt einer, einer einzigen Idee untergeordnet sind – wo die Menschen Glaskleider tragen oder halt! noch besser: vorn kleine Glasluken, damit man sie besser sehen kann ... Das Buch ist nicht wahnsinnig – es ist vollkommen vernünftig, es ist in seiner Idee so vernünftig, wie manche Irre vernünftig sind, logisch, mathematisch in Ordnung: es fehlt eben jene leise Dosis von Irrationalem, die erst dem vernünftigen Menschen den innern Halt gibt. Nichts schrecklicher als ein reiner Mathematiker des Verstandes – nichts unheimlicher.
Nun ist aber Kafka ein Dichter seltenen Formats, und diese ultralogische Grundidee ist berankt mit realen Phantasiegebilden. Es gibt gar keine Frage mehr, ob es das Alles gibt – das gibt es, das ist so wahr, wie in der Strafkolonie eine Tötemaschine steht, so wahr, wie sich der Geschäftsreisende damals in einen Käfer verwandelte ... das ist so.
Das vorletzte Kapitel enthält die theologische Ausdeutung einer kleinen Geschichte Kafkas, die sich in dem Band ›Ein Landarzt‹ findet, sie heißt: ›Vor dem Gesetz‹, ein Muster reiner Prosa. Hier im Buch schwillt die Geschichte auf, wird, nach des Autors eigenen Worten, unförmlich; ein Gefängniskaplan im Dom erklärt sie dem lauschenden und disputierenden Josef K., verstrickt ist er, nichts kann ihn retten.
Wie er stirbt, mag man selber nachlesen. Die letzte Minute ist eine Vision von einer nie gehörten Stärke. ›Seine Blicke fielen auf das letzte Stockwerk des an den Steinbruch grenzenden Hauses. Wie ein Licht aufzuckt, so fuhren die Fensterflügel eines Fensters dort auseinander, ein Mensch, schwach und

dünn in der Ferne und Höhe, beugte sich mit einem Ruck vor und streckte die Arme noch weiter aus. Wer war es? Ein Freund? Ein guter Mensch? Einer, der teilnahm? Einer, der helfen wollte? War es ein Einzelner? Waren es Alle? Gab es Einwände, die man vergessen hatte?‹

Das Buch schließt mit einem optischen Bild, das ich hier nicht aus dem Zusammenhang reißen möchte, einer alten Photographie von unvergeßlicher Grausigkeit.

[...]

Franz Kafka wird in den Jahren, die nun seinem Tode folgen, wachsen. Man braucht Niemand zu ihm zu überreden: er zwingt. Wände beleben sich, die Schränke und Kommoden fangen an zu flüstern, die Menschen erstarren, Gruppen lösen sich auf und bleiben wieder wie angebleit stehen, nur der Wille zittert noch leise in ihnen. Man sagt von Tamerlan[3], er habe einmal seine Gefangenen mit Mörtel zu einer Mauer zusammenmauern lassen, zu einer brüllenden Mauer, die langsam verzuckte. So etwas ist es. Ein Gott formt die Welt um, setzt sie neu zusammen, ein Herz steht am Himmel und scheint nicht, sondern klopft; ein Fetisch wandelt, eine Apparatur wird lebendig, nur, weil sie da ist, die Frage Warum? ist so töricht, beinah so töricht wie in der realen Welt.

Deren Teile sind da – aber sie sind so gesehen, wie der Patient kurz vor der Operation die Instrumente des Arztes sieht: ganz scharf, überdeutlich, durchaus materiell – aber hinter den blitzenden Stücken ist noch etwas Andres, die Angst brüllt der Materie in alle Poren, erbarmungslos steht das Operationsbett, hab doch Mitleid! sagt der Kranke, auch du! Das Bett ist so fremd, aber es ist doch im Bunde.

Ein solcher Wille begründet Sekten und Religionen – Kafka hat Bücher geschrieben, einige wenige, unerreichbare, niemals auszulesende Bücher. Hätte sich der Schöpfer anders besonnen, und wäre dieser in Asien geboren: Millionen

3 Der asiatische Eroberer Tamerlan (Timur-Lenk, 1336–1405) war bekannt für seine Grausamkeit.

klammerten sich an seine Worte und grübelten über sie, ihr Leben lang.
Wir dürfen lesen, staunen, danken.«

Kurt Tucholsky: Der Prozeß. In: K. T.: Gesammelte Werke. Hrsg. von Mary Gerold-Tucholsky und Fritz J. Raddatz. Bd. 4. Reinbek: Rowohlt, 1975. S. 370–374. –

WILL-ERICH PEUCKERT (in der *Deutschen Rundschau* vom Januar 1927) wendet den Begriff des »Unheimlichen« auf Kafkas Roman an; Sigmund Freud hatte 1919 das Unheimliche als »etwas dem Seelenleben von alters her Vertrautes, das ihm nur durch den Prozeß der Verdrängung entfremdet worden ist«[4] definiert; seine Darstellung in der Kunst wird oft als eine Reaktion auf den Vernunftskult gesehen, auf die anmaßende Überzeugung, die Welt in all ihren Erscheinungsformen gleichsam mit mathematischen Formeln erklären zu können.

»Wir sind eine vernünftige Menschheit geworden. Gott, Zwischenwesen, Teufel, Dämonen und Elbe imponieren uns nicht mehr, werden als Kindereien abgetan. Unser Gott heißt $s = \frac{1}{2}gt^2$ oder so ähnlich. Wir stecken noch immer im Aufklärungszeitalter und die ratio feiert Orgien. Wo bleibt da Raum für Geister und Spukwesen? [. . .] Im letzten hat freilich der Mensch ein Bedürfnis nach dem ›Unheimlichen‹. Und wenn es ihm von oben her versagt ist, schafft er es sich selbst. Es war billig und unzulänglich, wie es Ewers[5] und andere anfingen, nur auf den Sexus spekuliert. Dieser Zeit der Vernunft konnte eine wüste Orgie nicht das Gruseln beibringen; die fürchtet sich nur vor einem: vor dem Sinnlosen, dem Unvernünftigen, dem Widerspruch. Es ist klar, wo der Sinn, das Gesetz auf dem göttlichen Stuhle sitzt, ist – was

4 Sigmund Freud, »Das Unheimliche« (1919), in: S. F., *Studienausgabe*, Bd. 4: *Psychologische Schriften*, Frankfurt a. M. [o. J.], S. 264.

5 Hanns Heinz Ewers (1871–1943) verfaßte groteske Gruselgeschichten, die oft auf eine erotische Wirkung hinzielten.

dem Gesetz zuwider ist, antigöttlich, böse. Wo das Begreifen triumphiert, ist das Unbegriffene, Unbegreifbare unheimlich.
Franz Kafkas Buch enthält die Geschichte eines Menschen, der das Alltägliche, Gewöhnliche, das ihn umgibt, versteht, bis eines Tages hinter diesem Alltäglichen ein Neues, Unbegreifbares auftaucht. Sagte ich: hinter? – Nein, im Alltäglichen. Ein Gericht ist da – sinnlos etabliert, sinnlos verhandelnd. Anfangs wirkt es grotesk, man möchte lachen. Aber langsam begreift man, daß es furchtbar ist. Ein Prozeß wird geführt, den man nicht versteht; man ist angeklagt und weiß nicht warum. Man tut Dinge, die einem in diesem Prozeß nützlich, andere – die gefährlich sind, ohne sie bedacht zu haben. Der Prozeß endet nicht. Er geht nur in höhere Instanzen. Wird jahrelang unterbunden. Lebt wieder auf. Man kann nichts tun. Nur leiden. – Und alles das geschieht neben, im täglichen Leben. Ein Geschäftsfreund, mit dem man täglich zu tun hat, entpuppt sich plötzlich als Mitangeklagter, als Richter, als Zeuge. Der Prozeß saugt den Menschen auf. Man ist nichts mehr. Lebt nur noch in ihm.
Und alles ist unbegreiflich.
Es gibt in diesem Buch eine Stelle, die man niemals mehr vergessen kann. Der Angeklagte begegnet einem Priester, und der erzählt ihm, um den Prozeß zu illustrieren, die Legende vom Türhüter, der einem Petenten verbietet, einzutreten. Und als nach vielen vielen Jahren der Petent stirbt, schließt der Türhüter die Tür: denn sie war nur für dich zum Eintritt bestimmt. Sollte er eintreten? Oder war der Türhüter im Recht, als er den Eintritt wehrte? –
Der Mensch, der dieses Buch geschrieben hat, ist nicht mehr am Leben. Er starb, weil er sterben mußte. Weil er den Prozeß, der gegen *ihn* geführt wurde, nicht ertrug. Dieses Buch ist alles, was von der Qual zeugt, die auf ihm lag. Und man wird es deshalb zu den wenigen Büchern rechnen dürfen, die einmal geschrieben werden mußten. Gleichgültig, ob sie gelesen werden oder nicht. Die da sein müssen. So wie die Geschichte vom Großinquisitor da sein muß. Denn ohne

solche Zeugnisse wäre das menschliche Leben sinnlos. Das aber würde ja heißen: widergöttlich (weil unser Gott ratio heißt), unheimlich, spukhaft. Dieses Buch ist ein Versuch, dennoch den Sinn zu finden – im Sinnlosen, Gott zu ertrotzen, dem Spuk ein Ende zu machen.«

Zit. nach: Born. S. 130 f. – Mit Genehmigung des S. Fischer Verlags, Frankfurt a. M.

Otto Stoessl, der sich selbst als Erzähler einen Namen gemacht hatte, kommt in einer Sammelrezension über neuere »Erzählende Literatur« in der Münchner Zeitschrift *Zeitwende* vom Juli 1926 auch auf den *Prozeß* zu sprechen. Er deutet ihn als psychologischen Roman, Kafka habe die »seelische Isolierung« eines Individuums, eine geistige Erkrankung dargestellt.

»Gesundheit und Krankheit sind nur Übergänge, nicht scharfe Gegensätze. Auch das Singuläre, Abwegige gehört zum Ganzen, vermehrt die Möglichkeiten des Erkennens und des Ausdrucks und erweckt durch Berührung allenthalben Verwandtes. [...] Das sogenannte ›Abnormale‹ erweitert das Gebiet auch des Normalen. Desgleichen ist das sogenannte ›Normale‹ uferlos und wandelbar. Der Dichter spürt diese fließenden Bewegungen zuerst und am tiefsten und macht sie erst erkennen.«

Zit. nach: Born. S. 116. – Mit Genehmigung des S. Fischer Verlags, Frankfurt a. M.

»Eine solche Zwangsvorstellung, die unsere allgemeine Vorstellungsweise geheimnisvoll berührt«, liege auch dem Roman von Kafka zugrunde:

»Im ›Prozeß‹ erlebt ein bescheidener Bankbeamter die krankhafte Einbildung als Tatsache, daß ihm von unbekannten Richtern, Anklägern, Bütteln ein Prozeß gemacht wird wegen eines Verschuldens, das er nicht einmal ahnt und das mit dem irdischen Strafgesetz gar nichts zu tun hat. Die krankhaften Vorstellungen werden aber innerhalb der Erzählung als durchaus selbstverständliche und richtige behandelt, die Vorgänge nüchtern als unbestreitbare Tatsachen. Die Verfolgung des Prozesses wird durchaus nicht als Einbildung, sondern als hartnäckige Wirklichkeit, aber von gleichgültigen unbekannten Leuten, in dunklen Orten, schmutzigen Hinterhäusern, verdächtigen Gassen, abseitigen Verhandlungen wie ein abgekartetes Spiel mit Bestechungen, listigen Durchsteckereien, endlosen Vertagungen, zweifelhaften Winkelzügen bis in ein phantastisch bevölkertes, dunkel wirkendes Oben unablässig hinangetrieben. Der imaginäre Prozeß bemächtigt sich des Angeklagten so ganz, daß er ihn wie ein Spieler leidenschaftlich mitspielt, daß er ihm überallhin nachläuft bis zur unvermeidlichen, exotisch kalten, schauernd begehrten tollen Exekution. Und immer unheimlicher, immer unentrinnbarer erhebt sich hinter dem fabelhaften Spuk das Tertium comparationis des ›wirklichen‹, des ›allgemeinen‹ Lebens als eines Prozesses, der, ebenso fragwürdig geführt, von der grundlosen Angst des Gewissens durch eine angestammte, unbekannte Schuld zu einem höchsten, schrillsten, sicheren Ende getrieben wird. Jedes Messer findet sein Fleisch. Die menschlichen Einrichtungen mit ihrem gleichgültigen Apparat, mit ihrem fehlerhaften Mechanismus, der das zarte seelische Wesen: Sünde, Gewissen, Angst wie ein Nichtvorhandenes mißachtet und mißhandelt und doch geräuschvoll anlockt, der ewige Appell an höhere Richter und die Unsichtbarkeit des eigentlichen Gesetzes, der vorausgesetzten Entscheidung, sind in diesem Phantasieprozeß mitenthalten. Eine unnachahmlich nüchterne Darstellung verallgemeinert diesen souveränen Prozeß zu einem Rechtsstreit alles Menschlichen um einen unbestimmten Gegenstand in der bestimmtesten Schuld, Furcht und Neugier.

Von einem dämonischen Unwirklichkeitsorchester wird eine unheimliche Wirklichkeitssymphonie gespielt. Eine ähnliche Einsicht in die Halbdunkelrealität des Daseins oder unserer

Einbildung davon mag den Dramatiker Pirandello[6] bewegen, nur daß er die Zweifelhaftigkeit der Vorgänge und unserer Deutungen mit dem ungeeigneten, weil stumpfen Werkzeug des Verstandes zerlegt statt sie mit eigentlicher Dämonie des Gefühls und der Phantasie als Ganzes wahrzunehmen. Er gibt Auflösungen, nicht Einheiten, und vor allem verkennt er das Mittel dieser Auffassung, indem er das Drama zum Spiel der Relativität macht, das einzig auf der Absolutheit und Fixiertheit der Antinomien beruht. Das Gebiet der Bewegung und Relativität, der Umkehrung der Voraussetzungen, des ewigen Flimmerns von Dingen und Deutungen ist nur das Epische, vorzüglich die Novelle, die dieses Gebiet des ewig Neuen eigentlich aufgeschlossen hat. Am stärksten berührt gerade bei Franz Kafka die Sicherheit des Kunstgefühls, die die einzig mögliche, die überzeugende Erzählerform für das gleitende durchschlüpfende Wesen solcher fließenden Bedeutungen festhält.«

Ebd. S. 117–119.

Als der Kurt Wolff Verlag 1926 den zweiten nachgelassenen Roman Kafkas, *Das Schloß*, veröffentlichte, nahm Max Brod die Gelegenheit wahr, Kritiker und Leser noch einmal den rechten Weg zum Verständnis von Kafkas Gesamtwerk zu weisen. Verärgert äußert er sich in seinem Nachwort zunächst über die, die den ersten Roman nicht in seinem Sinne verstanden hatten:

»Bei Herausgabe des ›Prozeß‹-Romans habe ich geflissentlich unterlassen, in meinem Nachwort irgend etwas über den Inhalt des Werkes, eine Deutung oder dergleichen zuzufügen. Las ich dann in Kritiken öfters krasse Fehldeutungen, z. B. daß es Kafka im ›Prozeß‹ darum zu tun war, die Mißstände der Justiz zu geißeln, so bedauerte ich wohl meine Zurückhaltung, hätte aber zweifellos noch mehr bereut, wenn ich eine Art von Deutung gegeben hätte und die unver-

6 Luigi Pirandello (1867–1936), italienischer Theaterschriftsteller.

meidlichen Mißverständnisse seitens flüchtiger oder weniger begabter Leser doch nicht ausgeblieben wären.«

Max Brod: Nachwort. In: Franz Kafka: Das Schloß. Hrsg. von M. B. Frankfurt a. M.: S. Fischer, 1983. (Gesammelte Werke in 7 Bänden.) S. 348. – Mit Genehmigung des S. Fischer Verlags, Frankfurt a. M.

Die Tatsache, daß *Das Schloß* augenscheinlich fragmentarischer ist als der andere Roman, bietet Brod den Anlaß, die beiden Romane gegenüberzustellen; das richtige Verständnis von *Der Proceß* könne zum Verständnis von *Das Schloß* beitragen – denn:

»Die Verwandtschaft beider Werke ist sinnfällig. Nicht bloß die Namensgleichheit der Helden (›Josef K.‹ im ›Prozeß‹ – ›K.‹ im ›Schloß‹) weist darauf hin. [. . .] Wesentlich ist, daß der Held im ›Prozeß‹ von einer unsichtbaren geheimnisvollen Behörde verfolgt, vor Gericht geladen, im ›Schloß‹ von einer ebensolchen Instanz abgewehrt wird. ›Josef K.‹ verbirgt sich, flieht – ›K.‹ drängt sich auf, greift an. Trotz der entgegengesetzten Richtung aber ist das Grundgefühl identisch. Denn was bedeutet das ›Schloß‹ mit seinen seltsamen Akten, seiner unerforschlichen Hierarchie von Beamten, mit seinen Launen und Tücken, seinem Anspruch (und durchaus gerechtfertigten Anspruch) auf unbedingte Achtung, unbedingten Gehorsam? Ohne speziellere Deutungen auszuschließen, die vollständig richtig sein mögen, aber von dieser umfassendsten eingehegt sind wie die inneren Schalen einer chinesischen Schnitzerei von ihrer äußersten Schale, – dieses ›Schloß‹, zu dem K. keinen Zutritt erlangt, dem er sich unbegreiflicherweise nicht einmal richtig nähern kann, ist genau das, was die Theologen ›Gnade‹ nennen, die göttliche Lenkung menschlichen Schicksals (des Dorfes), die Wirksamkeit der Zufälle, geheimnisvollen Beschlüsse, Begabungen und Schädigungen, das Unverdiente und Unerwerbliche, das ›Non Liquet‹ über dem Leben aller. Somit wären im ›Prozeß‹ und im ›Schloß‹ die beiden Erscheinungsformen der Gottheit (im Sinne der Kabbala) – Gericht und Gnade dargestellt.«

Ebd. S. 348 f.

Die Schriftstellerin MARGARETE SUSMAN nimmt Brods religiöse Deutung des Romans auf, vertritt aber die Ansicht, daß Kafka in ihm die spezifische Glaubensproblematik des jüdischen Menschen darstelle, dem »das Leid, die Verlassenheit« erst in der modernen Welt richtig bewußt werde (»Das Hiob-Problem bei Kafka«, in: *Der Morgen* 5, 1929, H. 1). Das Thema von Kafkas Roman sei im Grunde ein uraltes Thema, in einem neuen der gesellschaftlichen und geistigen Entwicklung angepaßten Gewand: das »Hiob-Problem«, der Hader des Menschen mit Gott:

»Die absolute Transzendenz Gottes ist in seiner gegenwärtigen Verborgenheit zur absoluten Entfremdung geworden. Göttliche Gerechtigkeit, schon im Buch Hiob inkommensurabel und unvereinbar, können nun nicht nur nicht mehr zusammenkommen; sie scheinen sich auch gar nicht mehr aufeinander zu beziehen. Damit wird alle menschliche Gerechtigkeit nicht nur zu etwas Aussichtslosem und Vergeblichem, sondern zu etwas gar nicht mehr real Existentem. Freiheit und Unfreiheit sind gleich sinnlos und vergeblich. Sinn ist da – nur nicht für uns. Aber eigentlich gibt es doch Sinn nur und ausschließlich für uns. Aber es ist ganz aussichtslos, ganz unmöglich, zu ihm zu gelangen. So zeigt es die große und unheimliche Legende ›Vor dem Gesetz‹, in der ein Mensch sein ganzes Leben damit verbringt, nach dem Eingang zum Gesetz zu suchen, den der Türhüter ihm unablässig verwehrt, um zuletzt auf seine Frage, warum nie ein anderer Mensch diesen Eingang gesucht habe, dem Sterbenden, dessen Gehör er kaum mehr erreicht, zuzubrüllen: ›Hier konnte niemand sonst Einlaß erhalten; denn dieser Eingang war nur für dich bestimmt; ich gehe jetzt und schließe ihn.‹

Der eisige Schauer, der aus dieser Legende weht, sagt: die Schuld – und eine Schuld besonderer Art – ist unentrinnbar mit unserem Leben gesetzt. Es ist die Vernichtung, die jeden Eingang zum Wirklichen verhindert. Alles, was da ist, auch der Mensch selbst, scheint nur da zu sein, um ihn an der Erreichung seines Zieles, ja, auch aller seiner einzelnen Ziele zu verhindern. Diese Schuld ist gesetzt damit, daß Gott sich von uns zurückgezogen hat und daß wir in dem Zusammenhang mit ihm auch den Zusammenhang mit uns selbst und mit der Welt verloren haben, daß wir nicht mehr wissen, was wir tun sollen.

Wenn über die Welt der Arbeit am laufenden Bande, dieser völlig von Sinn und Seele entleerten, rein dem kahlen Nutzzweck dienenden Arbeit, plötzlich das Gesetz Gottes hereinbräche – wenn in ihr die lebendige Schöpfung selbst ihr Recht forderte: so sähe die Welt so aus, wie Kafka sie zeichnet. Dann würde die entsetzliche Umkehrung alles Menschlichen gegen sich selbst, die in ihr geschehen ist, offenbar [. . .].«

Margarete Susman: »Das Nah- und Fernsein des Fremden«. Essays und Briefe. Hrsg. und mit einem Nachw. vers. von Ingeborg Nordmann. Frankfurt a. M.: Jüdischer Verlag, 1992. S. 193. –

Kafka sei »gezwungen« gewesen, das Leid, das dem Menschen in der sinnentleerten Welt entstehe, zu »realisieren«: »Aus der Realisierung dieses unsinnigen, nur von ihm so klar erblickten Leides entspringt sein unablässiger Hader mit Gott. Kafka fragt nicht für sich persönlich wie Hiob, sondern für seine Welt. Und doch fragt er nicht allgemeiner, nicht unpersönlicher als Hiob. Denn er persönlich ist geschlagen mit dem ganzen Leid seiner Zeit« (S. 195).
Aber:

»[. . .] überall da, gerade da: auf dem Grunde der Leere, die die Wahrheit unserer Weltstunde ist, erkennen wir bei Kafka die Hand einer verborgenen Macht, die unser Leben unentrinnbar einfordert. So ist in dem großen Roman ›Der Prozeß‹ einem schlichten, pflichtgetreuen Bankbeamten von einer Instanz, die er nicht kennt, um seiner Schuld willen der

Prozeß gemacht. Er wird eines Tages von zwei fremden, sehr gewöhnlichen, alltäglichen und doch durchaus unheimlichen Gesellen in seiner eigenen Wohnung festgenommen, und die Untersuchung beginnt. Er kennt sein Verbrechen nicht, er kennt auch seine Richter nicht. Er weiß sich schuldlos. Er lebt sein alltägliches Leben weiter. Aber er ist aufgejagt. Er beginnt über seine Schuld zu grübeln. Er versteht sie nicht und weiß nicht, was man von ihm will. Er findet in seinem Leben nichts, was ihn schuldig sprechen könnte. Aber nach und nach beginnen die fortgesetzten unheimlichen Untersuchungen, die über ihn verhängt werden und denen er sich zwanghaft stellt, die Formen seines Lebens zu zersetzen. Nichts bleibt beim alten; er ist gestört und verstört. Sein Berufsleben, seine menschlichen Beziehungen zerfallen mit seinem inneren Leben. Sein ganzes Leben nimmt die Gestalt eines wahnsinnigen Angsttraumes an. Und wir beginnen dunkel zu ahnen: Vielleicht ist gerade dies unsere Schuld, daß wir nicht schuldig werden. Wer weiß das? Vielleicht ist das die größte, die eigentliche Lebensschuld für uns heutige Menschen, daß wir die mit unserem Dasein selbst unter der vollkommenen Verborgenheit Gottes gesetzte Schuld nicht auf uns nahmen, daß wir von Gott getrennt schuldlos und damit irgendwie gesichert und geborgen leben wollten. Die allgemeine Schuld, die schon in Hiobs Schuldlosigkeit getroffen wird, sie aber nicht auflöst, hat hier die persönliche Schuldlosigkeit zerstört und in ihr genaues Gegenteil: die schwerste Lebensschuld, verkehrt. Dies erst ist das vollendete Grauen.

Das Leben des Gerichteten geht in Trümmer. Überall greift eine Gerechtigkeit ein, die er nicht kennt und nicht versteht, ja, die im Grunde gar nichts mit ihm zu tun hat, die nur ihre niedrigsten Boten zu ihm schickt. Diese Boten eines Unverständlichen spielen in allen Erzählungen Kafkas eine große Rolle. Sie sind ebenso unverständlich wie die Macht, die sie gesandt hat: alltägliche, ja gemeine und jeder persönlichen Gerechtigkeit, oft jedes Anstandes bare Gestalten, die sich ganz den Erscheinungsformen unserer eigenen Welt anpassen. Aber sie vertreten jene Macht und sind darum selbst mit übernatürlicher Macht ausgerüstet.«

Ebd. S. 195 f.

1931 erschien in der von Sigmund Freud begründeten Zeitschrift *Imago* ein umfangreicher Artikel (»Franz Kafkas Inferno«), in dem Hellmuth Kaiser die erste psychologische Deutung von Kafkas Gesamtwerk versuchte, das sich seiner Meinung nach in herausragender Weise für eine solche ›Analyse‹ eignete:

»Die Werke Franz Kafkas, in ihrer Mischung aus kühner Phantasie und strenger Realistik Träumen gleichend, durch die lebendige Kraft der Sprache und die zwingende Anschaulichkeit der Darstellung Kunstwerken höchsten Ranges verwandt, erlauben der analytischen Betrachtung so reiche Einblicke in die sie erzeugenden Strömungen des Unbewußten, wie wohl kaum eine Kunstdichtung sonst.
In der Geschlossenheit ihres Symbolgehalts Märchen und Mythen vergleichbar, haben sie für das psychologische Interesse diesen gegenüber den Vorzug, daß sie die inneren Schicksale einer einzigen Individualität verkörpern und daher die Zusammenhänge einer ganzen Persönlichkeitsentwicklung erkennen lassen.

Zit. nach: Franz Kafka. Hrsg. von Heinz Politzer. Darmstadt: Wissenschaftliche Buchgesellschaft, 1973. (Wege der Forschung. 322.) [Im folgenden zit. als: Politzer.] S. 69. – Mit Genehmigung von Ruth Kaiser, Jerusalem.

Kaiser will also über die Interpretation von Kafkas Werken einen Zugang zu dessen Persönlichkeitsstruktur, vor allem zu dem dort wirkenden ›Unbewußten‹ eröffnen. Einschränkend formuliert er: »Es kommt nicht in Frage, daß wir das Charakterbild Kafkas, wie es seine Freunde und Bekannten sich bildeten, korrigieren. Wir erforschen vielmehr eine Schicht seines Wesens, die eben nur der analytischen Betrachtung zugänglich ist, und die bei den meisten Menschen dauernd im Dunkel bleibt« (S. 70).

Kaiser untersucht in erster Linie die kleineren Erzählungen, hält aber die aus ihnen gewonnenen Ergebnisse für auf das Gesamtwerk übertragbar. Wenn auch *Der Proceß* nur am Rande erwähnt wird, ist doch dieser Aufsatz, der eine ganze Interpretationsschule begründete, für die Rezeptionsgeschichte des Romans wichtig.

Die einleitende Interpretation der Erzählung *Bericht für eine Akademie* bringt Kaiser zu dem Ergebnis, daß K.[7] an einer Triebstörung, an einer »Sexualhemmung« litt und »durch die Stauung der Libido, der keine Abfuhrmöglichkeit gegeben war, gequält wurde« (S. 77).

Kaiser weist den Schriften Kafkas – auf den Autor selbst bezogen – zwei Funktionen zu:

»Ein Stück der Bedeutung, die die Dichtung für Kafka hatte, bestand [. . .] in der Entladung der sonst von jeder Abfuhr in die Realitätsgestaltung abgeschnittenen Libido, die dem Ödipuskomplex zugehört. Dieser Erfolg wurde möglich einmal durch die Sublimierungen, die sich der Triebkomplex hatte gefallen lassen müssen, zweitens aber durch die Niederlage, die er innerhalb der Erzählung erleidet und die ihm die Sympathie des Dichters wie des Lesers sichert. Denn mit dem, was unser Gewissen verwirft, können wir nur dann sympathisieren, wenn es als ein Überwundenes, Gebrochenes erscheint.

Wir glauben aber, daß die Kafkaschen Dichtungen für Kafka noch einen weiteren Sinn hatten. Während jene erste ›ökonomische‹ Aufgabe der Dichtung, die Triebentspannung, mehr das seit langem Verdrängte und mehr das ›Es‹ angeht, hängt

7 Eine von Kaiser verwendete Sigle für das »Objekt« seiner Analyse, deren Notwendigkeit er folgendermaßen begründet: »Wir wollen diesem Umstand, daß unsere Aussagen sich auf ein der gewöhnlichen biographischen Forschung nicht angehöriges Objekt beziehen, um Mißverständnisse nach Kräften auszuschließen, auch äußerlich Rechnung tragen und werden die Persönlichkeit, deren unbewußte Seelenschichten wir zu erforschen suchen, mit dem Decknamen ›K.‹ bezeichnen, mit dem Kafka die Helden seiner Romane meistens benannte« (S. 70 f.).

dieser zweite Sinn mehr mit der jeweilig aktuellen Lage des Dichters zusammen und betrifft mehr das bewußte ›Ich‹.
Wir meinen nämlich, daß die Dichtungen nicht nur in ökonomischem Sinn Handlungen vertreten, sondern geradezu dem praktischen Handeln dienen. Sie sind wie Gedankenexperimente, die durch das Kennzeichen eines künstlerischen Gelingens (worin ja die wenigstens ästhetische Zustimmung des Publikums notwendig enthalten ist) zeigen sollen, daß eine gewisse Art des Sichverhaltens, eine gewisse Form, die Probleme des Lebens zu lösen, einwandfrei, erträglich, möglich ist. Das ›Einen-Ausweg-Suchen‹, wie es im ›Bericht für eine Akademie‹ vorkommt, ist eine typische Tendenz nicht nur der Gestalten in den Kafkaschen Dichtungen, sondern der Kafkaschen Dichtungen selber, vielleicht der Dichtungen überhaupt.
Die versuchsweise in der Phantasie vorgestellte Form des Lebens oder der Lebensbetrachtung schöpft immer aus der Vergangenheit. Sie ist sozusagen aus dem Material kindlicher Erlebnisse gezimmert. Die erforderliche Energie liefert eine wirksam gebliebene verdrängte Triebmasse, die durch ein aktuelles Geschehen mobilisiert ist. Die aktuelle Lage des Dichters ist für die Art der Verwendung des alten Materials bestimmend. ›Das Problem‹, das durch das ›Gedankenexperiment‹ einer Lösung zugeführt werden soll, ist aktuell. Inhaltlich stellt die probeweise in die Zukunft projizierte Daseinsgestaltung immer eine Art Extrem dar. Es ist, als ob der Dichter fragte, was würde sich äußerstenfalls ergeben, wenn ...? Würde ich schlimmstenfalls mich so und so verhalten können? Würde ich konsequenterweise die Dinge nicht so und so anzusehen haben?
[...]
In dem ›Bericht für eine Akademie‹ ›versucht‹ K. den Ausweg in die Künstlerexistenz. In der ›Verwandlung‹ (wie in der Erzählung ›Das Urteil‹) wird der Weg des Opfers, des Zurücktretens und Sich-Auslöschens erprobt. In der ›Strafkolonie‹ leuchtet die Möglichkeit einer religiös-kultischen Bewältigung des ewigen Vater-Sohn-Problems auf, um dem

Vordringen einer kritischen und human-vernünftigen Weltanschauung zu erliegen, die im Bewußtsein ihrer Triebarmut wiederum den Fluchtweg des Verzichtes vor Augen hat. In ihrer unbestechlichen Ehrlichkeit gesteht sich hier die Vernunft ein, daß sie, entblößt von dem Beistand und der Kraft primitiver Impulse, nicht dagegen gefeit ist, einmal dem eben überwundenen Gegner, der zum Gott verklärten Vatergestalt, wieder zu erliegen, und während sie ein Gebiet, wo sie nur zu zerstören, aber nicht zu wirken vermochte, verläßt, klingt ihr die Prophezeiung von der Wiederkehr des ›alten Kommandanten‹ in die Ohren, Fluch und Verheißung zugleich.

In der ›Verwandlung‹ (ebenso im ›Urteil‹, im ›Landarzt‹, ja auch in ›Amerika‹) ist der für Kafkas Problematik so entscheidende ›Vater‹ ein wirklicher Vater, ein Individuum mit höchst persönlicher, privater, oft geradezu körperlicher Macht. Die Auseinandersetzung mit ihm ist ein Familienkonflikt, eine Privatangelegenheit – vor allem ein Kinderstubenerlebnis, das den erwachsenen Dichter nicht unmittelbar an die aktuellen Probleme, die die Realität ihm stellt, hinführt. In der ›Strafkolonie‹ dagegen ist der Vater schon zu einer breiteren und unpersönlicheren Macht geworden. Das Einzelwesen, das ihn ›darstellt‹ (der alte Kommandant), ist tot und so erscheint er in den Schöpfungen und Wirkungen dieses Toten, d. h. in der Form des religiösen ›Gesetzes‹, als ›übernatürliche Gerechtigkeit‹. Die Auseinandersetzung mit ihm ist ein soziales, ein öffentliches Problem.

In dem Schloßroman sehen wir den Vater aufgelöst in die fast ganz weltliche Macht einer Verwaltungsbehörde, und der Kampf mit ihm stellt sich dar als ein Ringen um Duldung und Anerkennung seitens dieser Behörde und um Aufnahme in die männliche Gemeinschaft der werktätigen Bewohner des Dorfes, das jener Behörde untersteht.

Damit ist auch die entschiedenste Hinwendung zur Realität, die es bei Kafka überhaupt gibt, vollzogen. Im Schloßroman – er blieb charakteristischerweise Fragment (wie übrigens auch ›Amerika‹ und zu einem relativ geringeren Teil ›Der

Prozeß‹) – spielt sich ein zäher, mit aller Intensität geführter Kampf um Lebensziele ab, der wohl den Höhepunkt der Kraftentfaltung darstellt. Der Prozeßroman, künstlerisch vielleicht dem ›Schloß‹ noch überlegen, hat es nach unserer Meinung schon vorwiegend mit dem Tode zu tun.
Die Ergebnisse der psychologischen Bearbeitung dieser großen Romane und der übrigen Kafkaschen Werke, die den in der vorliegenden Arbeit behandelten Stoff quantitativ wohl um das Zehnfache übertreffen, können hier natürlich nicht weiter mitgeteilt werden. Sie mögen vielleicht einmal in einer umfangreicheren Arbeit eine ausführliche Darstellung finden.«

Ebd. S. 139–142.

Walter Benjamin hat sich 1934 in einem längeren Essay »Zur zehnten Wiederkehr seines Todestages« über Franz Kafka geäußert. Den *Proceß* hatte er wohl 1927 kennengelernt: »Als Krankenengel habe ich an meinem Lager Kafka. Ich lese den ›Prozeß‹.«[8] Benjamin hatte zwar Brod verteidigt, als dieser wegen seines angeblich mit der Herausgabe der Romane begangenen Verrats angegriffen worden war, er kritisierte aber nachdrücklich den von Kafkas Freund in Umlauf gesetzten theologischen Interpretationsansatz, der ihm ebenso unzutreffend erschien wie der von Hellmuth Kaiser propagierte psychoanalytische: »Zwei Wege gibt es, Kafkas Schriften grundsätzlich zu verfehlen. Die natürliche Auslegung ist der eine, die übernatürliche ist der andere; am Wesentlichen gehen beide – die psychoanalytische wie die theologische – in gleicher Weise vorbei« (S. 25). Benjamin stellt dem einen geschichtsphilosophischen Ansatz entgegen. Seiner Meinung nach ist der »eine und einzige« Gegenstand von Kafkas Werken »die Entstellung des Daseins« (S. 41). Der Autor blicke gleichzeitig in eine – gewissermaßen prähistorische – Vergangenheit der Menschheit, in eine »Sumpfwelt«, als auch in ihre Zukunft; Kafkas Notizen gäben »Auf-

8 Brief an Gershom Scholem vom November 1927 (zit. nach: Benjamin, S. 63).

schluß über die vorweltlichen Gewalten«, von denen sein Schaffen beansprucht worden sei:

»Gewalten, die man freilich mit gleichem Recht auch als weltliche unserer Tage betrachten kann. Und wer will sagen, unter welchem Namen sie Kafka selbst erschienen sind. Fest steht nur dies: er hat in ihnen sich nicht zurechtgefunden. Er hat sie nicht gekannt. Er hat nur in dem Spiegel, den die Vorwelt ihm in Gestalt der Schuld entgegenhielt, die Zukunft in Gestalt des Gerichtes erscheinen sehen. Wie man sich dieses aber zu denken hat – ist es nicht das Jüngste? macht es nicht aus dem Richter den Angeklagten? ist nicht das Verfahren die Strafe? darauf hat Kafka keine Antwort gegeben. Versprach er sich etwas von ihr? Oder war ihm nicht vielmehr darum zu tun, sie hintanzuhalten? In den Geschichten, die wir von ihm haben, gewinnt die Epik die Bedeutung wieder, die sie im Mund Scheherazades hat: das Kommende hinauszuschieben. Aufschub ist im ›Prozeß‹ die Hoffnung des Angeklagten – ginge nur das Verfahren nicht allmählich ins Urteil über.

[...]

›Es war, als sollte die Scham ihn überleben‹ – das sind die Worte, die den ›Prozeß‹ beschließen. Die Scham, die seiner ›elementaren Reinheit des Gefühls‹ entspricht, ist die stärkste Gebärde Kafkas. Sie hat aber ein doppeltes Gesicht. Die Scham, die eine intime Reaktion des Menschen ist, ist zugleich eine gesellschaftlich anspruchsvolle. Scham ist nicht nur Scham vor den andern, sondern kann auch Scham für sie sein. So ist Kafkas Scham nicht persönlicher als das Leben und Denken, das sie regiert und von dem er gesagt hat: ›Er lebt nicht wegen seines persönlichen Lebens, er denkt nicht wegen seines persönlichen Denkens. Ihm ist, als lebe und denke er unter der Nötigung einer Familie ... Wegen dieser unbekannten Familie ... kann er nicht entlassen werden.‹ Wir wissen nicht, wie diese unbekannte Familie – aus Menschen und aus Tieren – sich zusammensetzt. Nur soviel ist klar, daß sie es ist, die Kafka zwingt, Weltalter im Schreiben zu bewegen. Dem Geheiß dieser Familie folgend, wälzt er den Block des geschichtlichen Geschehens wie Sisyphos den Stein. Dabei geschieht es, daß dessen untere Seite ans Licht gerät. Sie ist nicht angenehm zu sehen. Doch Kafka ist imstande, ihren Anblick zu ertragen. ›An Fortschritt glauben heißt nicht glauben, daß ein Fortschritt schon geschehen ist. Das wäre kein Glauben.‹ Das Zeitalter, in dem Kafka lebt, bedeutet ihm keinen Fortschritt über die Uranfänge. Seine Romane spielen in einer Sumpfwelt. Die Kreatur erscheint bei ihm auf der Stufe, die Bachofen[9] als die hetärische bezeichnet. Daß diese Stufe vergessen ist, besagt nicht, daß sie in die Gegenwart nicht hineinragt. Vielmehr: gegenwärtig ist sie durch diese Vergessenheit. Eine Erfahrung, die tiefer geht als die des Durchschnittsbürgers, trifft auf sie auf. ›Ich habe Erfahrung‹, lautet eine der frühesten Aufzeichnungen Kafkas, ›und es ist nicht scherzend gemeint, wenn ich sage, daß es eine Seekrankheit auf festem Lande ist.‹ Nicht umsonst erfolgt die erste ›Betrachtung‹ von einer Schaukel aus. Und unerschöpflich ergeht sich Kafka über die schwankende Natur der Erfahrungen. Jede gibt nach, jede vermischt sich mit der entgegengesetzten. ›Es war im Sommer‹, so beginnt der ›Schlag ans Hoftor‹, ›ein heißer Tag. Ich kam auf dem Nachhauseweg mit meiner Schwester an einem Hoftor vorüber. Ich weiß nicht, schlug sie aus Mutwillen ans Tor oder aus Zerstreutheit oder drohte sie nur mit der Faust und schlug gar nicht.‹ Die bloße Möglichkeit des an der dritten Stelle erwähnten Vorgangs läßt die vorangehenden, die zunächst harmlos erschienen, in ein anderes Licht treten. Es ist der Moorboden solcher Erfahrungen, aus denen die Kafkaschen Frauengestalten aufsteigen. Sie sind Sumpfgeschöpfe wie Leni, die ›den Mittel- und Ringfinger ihrer rechten Hand‹ auseinanderspannt, ›zwischen denen das Verbindungshäutchen fast bis zum obersten Gelenk der kurzen Finger‹ [KKAP 145] reicht.

[...] Wenn andere Romanfiguren dem K. etwas zu sagen haben, so tun sie das – mag es das Wichtigste, mag es das

9 Johann Jakob Bachofen (1815–87), Rechts- und Altertumsforscher.

Überraschendste sein – beiläufig und auf eine Weise, als müßte er es im Grunde längst gewußt haben. Es ist als wäre das nichts Neues, als ergehe nur unauffällig an den Helden die Aufforderung, sich doch einfallen zu lassen, was er vergessen habe. In diesem Sinne hat Willy Haas mit Recht den Hergang des ›Prozesses‹ verstehen wollen und ausgesprochen, ›daß der Gegenstand dieses Prozesses, ja der eigentliche Held dieses unglaublichen Buches, das Vergessen ist [. . .].‹[10] Das Vergessen – mit dieser Erkenntnis stehen wir vor einer weiteren Schwelle von Kafkas Werk – ist niemals ein nur individuelles. Jedes Vergessene mischt sich mit dem Vergessenen der Vorwelt, geht mit ihm zahllose, ungewisse, wechselnde Verbindungen zu immer wieder neuen Ausgeburten ein. Vergessenheit ist das Behältnis, aus dem die unerschöpfliche Zwischenwelt in Kafkas Geschichten ans Licht drängt.«

Benjamin über Kafka. Texte, Briefzeugnisse, Aufzeichnungen. Hrsg. von Hermann Schweppenhäuser. Frankfurt a. M.: Suhrkamp, 1981. S. 27, 28–30. –

Von Walter Benjamin ist auch ein Gespräch aus dem Jahre 1934 mit Bertolt Brecht über den *Proceß* überliefert. Benjamin notiert:

»31. August. Vorgestern eine lange und erregte Debatte über meinen Kafka.[11] Ihr Fundament: die Anschuldigung, daß er dem jüdischen Faszismus Vorschub leiste. Er vermehre und breite das Dunkel um diese Figur aus statt es zu zerteilen. Demgegenüber komme alles darauf an, Kafka zu lichten, das heißt, die praktikabeln Vorschläge zu formulieren, welche sich seinen Geschichten entnehmen ließen. Daß Vorschläge ihnen entnehmbar seien, das wäre zu vermuten und sei es nur der überlegenen Ruhe wegen, die die Haltung seiner Erzählungen ausmacht. Diese Vorschläge müsse man jedoch in der

10 Siehe S. 102 des vorliegenden Bandes.
11 Gemeint ist der Essay »Franz Kafka. Zur zehnten Wiederkehr seines Todestages«.

Richtung der großen allgemeinen Übelstände suchen, die der heutigen Menschheit zusetzten. Deren Abdruck in Kafkas Werk sucht Brecht aufzuweisen. Er hält sich vorwiegend an den ›Prozeß‹. Vor allem steckt da, wie er meint, die Angst vor dem nicht enden wollenden und unaufhaltsamen Wachstum der großen Städte. Aus eigenster Erfahrung will er den Albdruck kennen, den diese Vorstellung dem Menschen aufwälzt. Die unübersehbaren Vermittelungen, Abhängigkeiten, Verschachtelungen, in die die Menschen durch ihre heutigen Daseinsformen hineingeraten, finden in diesen Städten ihren Ausdruck. Sie finde[n] auf der andern Seite ihren Ausdruck in dem Verlangen nach dem ›Führer‹ – der nämlich für den Kleinbürger den darstellt, den er – in einer Welt wo einer auf den anderen verweisen kann und jeder sich ihm entzieht – haftbar für all sein Mißgeschick machen kann. Brecht nennt den ›Prozeß‹ ein prophetisches Buch. ›Was aus der Tscheka[12] werden kann, sieht man an der Gestapo.‹«

Ebd. S. 152 f.

2. 1935 bis 1945 – Kafka im Exil

Im Frühjahr 1935 wurden vom Berliner Schocken-Verlag die ersten vier Bände der »Gesammelten Schriften« Kafkas vorgelegt. Band III enthielt den Text des »Proceß«-Romans, der gegenüber der Ausgabe von 1925 eine Vielzahl von kleineren Änderungen – vor allem auch in der Zeichensetzung – aufwies; erstmals stellte Brod die sogenannten »Fragmente« und einige der längeren vom Autor gestrichenen Stellen vor. Die Zeitumstände verhinderten es, daß diese überarbeitete und erweiterte Ausgabe eine größere Resonanz fand: Die »Gesammelten Schriften« wurden im wahrsten Sinne des Wortes zu einem Politikum. In der holländischen Emigrantenzeitschrift *Die Sammlung* veröffentlichte der Schriftsteller Klaus Mann im Juli 1935 einen kurzen Artikel (»Dank

12 Die von den Bolschewiki nach der russischen Oktoberrevolution 1917 geschaffene politische Polizei.

für die Kafka-Ausgabe«), der von den neuen Wächtern über das kulturelle Leben in Deutschland nur als Provokation aufgefaßt werden konnte:

»Die Gesamtausgabe der Werke Franz Kafkas, die der Schocken-Verlag, Berlin, anbietet, ist die edelste und bedeutendste Publikation, die heute aus Deutschland kommt. Das Propagandaministerium verbietet sie nicht. Denn dieses geistige Ereignis vollzieht sich in einer vollkommenen ›splendid isolation‹, ganz ›abseits von der Reichskulturkammer‹, in einem Ghetto, das sich seiner Abgesondertheit vom neudeutschen ›Kultur‹-Betrieb wahrhaftig nicht zu schämen braucht. [. . .] Eines der reinsten und merkwürdigsten Dichterwerke der Epoche wird uns hier endlich in seiner Gesamtheit dargeboten in schöner, sorgfältiger Anordnung. Was für ein Geschenk! Gibt es noch eine Leserschaft, die fähig und bereit ist, hohe, schwierige und sehr neue Reize auszukosten? Den eigenwilligen Ton und die objektive Vollkommenheit einer dichterischen Prosa zu begreifen? Vor der großen und rührenden Vision, dem tiefen, schauerlichen und begnadeten Traum eines religiösen Genies ehrfurchtsvoll zu stehen? Eine solche Leserschaft – wenn sie denn irgendwo existiert – wird, angesichts der Kafka-Ausgabe des Schocken-Verlages, dieselbe Dankbarkeit empfinden, die ich hier ausspreche.«

Zit. nach: Politzer. S. 162. –

Die von Mann angesprochene Reichskulturkammer verbot – angeblich auf Anweisung von Propagandaminister Josef Goebbels hin – nach dem Erscheinen dieses Artikels die weitere Verbreitung der Schriften Kafkas.

Wie brutal von den Nationalsozialisten die gesamte literarische und kulturelle Tradition zerschlagen wurde, macht das »Schicksal« Kafkas, und zwar nicht nur seiner eigenen Werke, sondern auch derer, die sich mit ihnen befaßt hatten, besonders deutlich. Schon ein Blick auf die Liste der Rezensenten, die sich zu seinem Roman *Der Proceß* geäußert hatten, offenbart die Radikalität, mit der die Machthaber als »schädlich« eingestufte Ansichten und Denkweisen ausrotteten: Willy Haas, Hellmuth Kaiser, Max Brod, Kurt Tucholsky, Ernst Weiß, Walter Benjamin gehörten zu den Autoren, die aus Deutschland oder aus ihren besetzten Heimatländern fliehen mußten bzw. aus dem Ausland nicht zurückkehren konnten. Man könnte auch Kafka zu den »Exilautoren« rechnen; die in Deutschland verbotenen Werke des 1924 Verstorbenen gewannen nach 1933 im Ausland eine seltsame Aktualität: Er wurde von vielen als Prophet angesehen, der in seinen Romanen und Erzählungen – vor allem aber in *Der Proceß* – die zukünftigen politischen und gesellschaftlichen Entwicklungen schon vorausgeahnt und die »deutsche Katastrophe« schon angekündigt habe. Die Exilanten vereinnahmten Kafka für sich, machten aus ihm einen Kritiker des Faschismus. In gewisser Weise hatte Max Brod auch für diese Art der Interpretation, die man kaum als Werkdeutung einstufen kann, das Muster geliefert. 1933 – also im Jahr der Machtübernahme Hitlers – veröffentlichte er einen Artikel mit dem Titel »Eine Vision Franz Kafkas«:

»Kafkas Roman ›Der Prozeß‹, ungefähr 1920 geschrieben, beginnt mit den Worten: [Hier wird der Anfang des Romans zitiert, bis zu dem Satz:] ›Er war schlank und doch fest gebaut, er trug ein anliegendes schwarzes Kleid, das ähnlich den Reiseanzügen mit verschiedenen Falten, Taschen, Schnallen, Knöpfen und einem Gürtel versehen war und infolgedessen, ohne daß man sich darüber klar wurde, wozu es dienen sollte, besonders praktisch erschien.‹ – als ich heute diese Worte wieder las [...], überfiel mich Entsetzen. Ist hier nicht wörtlich die Erscheinung eines SS-Mannes, wie er erst heuer in Funktion trat, vorausgenommen? Man könnte an eine *seherische Kraft* unsres Freundes glauben! Die ganze Situation, die sportlich-schlanke Gestalt, die Uniform, wird genau beschrieben, nur das ›Wort‹ Uniform fehlt, sonst ist alles da, sogar die schwarze Farbe, der Gürtel! – Liest man den Roman weiter, so mehren sich die Analogien. Der unschuldig verhaftete K. wird zum Symbol des Judentums; aber nicht nur um der Unschuld willen, die er in seinem rationalen Bewußtsein festhält, sondern mehr noch im Hinblick auf das geheimnisvoll dunkle Schuldgefühl, das aus seinem anormalen und eigentlich erstarrten Leben erwächst [...] – all das, was für die heutige Lage des Judentums charakteristisch ist, findet sich in Kafkas ›Prozeß‹. Wann werden wir begreifen, daß wir in seinen Werken die großen Kodizes der Assimilation und des Zionismus besitzen?«

M[ax] B[rod]: Eine Vision Franz Kafkas. In: Selbstwehr. (Prag.) Jg. 27. Nr. 48. 24. November 1933. S. 3. – Mit Genehmigung von Ilse Ester Hoffe, Tel Aviv.

Mit ähnlicher Tendenz stellte Hannah Arendt in ihrer 1944 in den USA erschienenen Untersuchung *The Jew As Pariah* die These auf, daß in den Werken Kafkas das Schicksal des jüdischen Volkes im allgemeinen, insbesondere aber seine Vernichtung durch die Nationalsozialisten dargestellt sei. Andere Autoren gingen nicht so weit, eine solche konkrete Beziehung zu den aktuellen politischen Ereignissen herstellen zu wollen, empfanden aber auch, daß Kafka in seinen zwei Jahrzehnte zuvor entstandenen Werken die Stimmung, die seit der Machtübernahme Hitlers in Europa herrschte, eingefangen habe: Eine Figur wie Josef K. schien von denselben Ängsten heimgesucht und umhergetrieben zu werden wie die Millionen derer, die aus politischen oder rassischen Gründen vom Hitlerregime verfolgt wurden.

Der französische Schriftsteller André Gide hielt in seinem Tagebuch die Gefühle fest, die ihn 1942 bei seiner Ausreise aus Frankreich bewegten:

»Diese letzten Tage in Marseille haben mich völlig erledigt. Zu viele Stunden damit zugebracht, von Stelle zu Stelle zu rennen, um die nötigen Visa, Siegel und Stempel zu bekommen ... Wäre ich allein gewesen, hätte ich, glaube ich, alles aufgegeben. Aber der sehr freundliche Ballard[13] begleitete mich überallhin, bewachte mich, glich meine Versager, Vergeßlichkeiten und Zerstreutheiten wieder aus. Im letzten Augenblick, schon jenseits allen Abschiednehmens, kommt er zurück, um mich darauf aufmerksam zu machen, daß ich vergessen hatte, meinen Koffer aufzugeben. In Eile muß ich wieder an Land, quer durch gespenstische Lokalitäten laufen ... All das sehr ›Kafka‹. Immerfort denke ich an den *Prozeß*. Das Gefühl, noch nicht ›in der Ordnung‹ zu sein. Wenn so viele Formalitäten zum Sterben nötig wären ...«

André Gide: Tagebuch 1939–1942. Übers. von Maria Schäfer-Rümelin. In: A. G.: Gesammelte Werke. Bd. 4: Autobiographisches. Hrsg. von Raimund Theis. Stuttgart: Deutsche Verlags-Anstalt, 1990. S. 161. –

»Tout cela très Kafka«, so lautet die zentrale Stelle dieser Eintragung im französischen Original. Im Deutschen ließe sich hier an das Adjektiv »kafkaesk« denken, das nach und nach zum Modewort wurde, dessen Bedeutung von Anfang an nicht genau definiert war und allmählich immer mehr verwässerte. Ursprünglich war damit etwas labyrinthisch Bedrohliches, Beängstigendes gemeint, dann bezeichnete es ganz allgemein auch etwas Rätselhaftes, Unverständliches.
Eine als »très Kafka« empfundene Situation hat sicherlich auch eine 1942 erschienene Interpretation der Romane *Der Proceß* und *Das Schloß* von ALBERT CAMUS beeinflußt. Heinz Politzer urteilt in der Einleitung des von ihm herausgegebenen Sammelbands *Franz Kafka* (1973) etwas zu scharf, wenn er meint, daß Camus Kafka das »Barett eines französischen Widerstandskämpfers aufsetzt« (S. 11); daß sein Vaterland von deutschen Truppen besetzt war, hat aber ohne Frage den damals als Herausgeber der Widerstandszeitschrift *Combat* tätigen und selbst aktiv im Untergrund kämpfenden Schriftsteller für das Werk Kafkas sensibilisiert

13 Der französische Essayist Jean Ballard gab in Marseille die Zeitschrift *Cahiers du Sud* heraus.

bzw. die Richtung mitbestimmt, in die seine Deutung geht. Camus benutzt Kafkas Roman, um seinen Begriff von der »Absurdität« des modernen Daseins zu erläutern:

»Im ›Prozeß‹ wird Josef K. angeklagt. Er weiß aber nicht weswegen. Er besteht wohl auf seiner Verteidigung, weiß aber nicht warum. Die Anwälte halten seinen Fall für schwierig. Unterdessen versäumt er es nicht, zu lieben, Nahrung zu sich zu nehmen und die Zeitung zu lesen. Dann wird er abgeurteilt. Aber der Gerichtssaal ist sehr düster. Er begreift nicht viel. Er vermutet nur, daß er verurteilt ist, fragt aber kaum: zu welcher Strafe. Manchmal zweifelt er gar daran, und er lebt weiter. Lange danach kommen zwei gutgekleidete, höfliche Herren zu ihm und fordern ihn auf, ihnen zu folgen. Sie führen ihn mit größter Höflichkeit in eine trostlose Vorstadt, legen seinen Kopf auf einen Stein und schlachten ihn ab. Der Verurteilte sagt vor seinem Tode nur: ›Wie einen Hund.‹
Man sieht: bei einer Erzählung, deren spürbarste Eigenschaft gerade das Natürliche ist, kann man schwer von einem Symbol sprechen. Das Natürliche ist eine schwer verständliche Kategorie. Bei manchen Werken kommt dem Leser das Geschehen ganz natürlich vor. Bei anderen (sie sind freilich seltener) findet der Held das, was ihm widerfährt, ganz natürlich. Ein merkwürdiges, aber offensichtliches Paradox: je ungewöhnlicher die Abenteuer des Helden sind, um so spürbarer wird das Natürliche der Erzählung; es entspricht dem fühlbaren Abstand zwischen der Fremdartigkeit eines Menschenlebens und der Einfalt, mit der dieser Mensch es auf sich nimmt. Dieses scheint die Natürlichkeit Kafkas zu sein. Gerade so spürt man genau, was der ›Prozeß‹ aussagen will. Man hat von einem Abbild der menschlichen Situation gesprochen. Gewiß. Die Sache ist aber einfacher und zugleich komplizierter. Damit will ich sagen: für Kafka hat der Roman eine eigenartigere und persönlichere Bedeutung. In einem gewissen Grade spricht er, während uns die Beichte abgenommen wird. Er lebt, und er ist verurteilt. Er erfährt es auf den ersten Seiten des Romans, den er selber in dieser Welt

erlebt, und wenn er sich davon zu heilen sucht, so geschieht das jedesmal ohne Überraschung. Über diesen Mangel an Erstaunen wird er nie genug staunen. An diesen Widersprüchen erkennt man die ersten Anzeichen eines absurden Kunstwerks. Der Geist projiziert seine geistige Tragödie ins Konkrete. Und das kann er nur mittels einer fortgesetzten Paradoxie, die Farben erfindet, um das Leere wiederzugeben, und dem alltäglichen Tun die Kraft gibt, das Streben nach dem Ewigen auszudrücken.«

Albert Camus: Der Mythos von Sisyphos. Ein Versuch über das Absurde. In: A. C.: Das Frühwerk. Übers. von Hans Georg Brenner und Wolfdietrich Rasch. Düsseldorf: Rauch, 1956. S. 513 f. –

In der Tat scheint ein Zusammenhang zwischen der begeisterten Kafka-Rezeption im Ausland in den Jahren von 1933 bis 1945 und den Zeitumständen bestanden zu haben.
Heinz Politzer brachte ein vorübergehendes Abflauen der »Kafka-Mode« in den USA nach 1945 mit dem Wandel der politischen Verhältnisse in Verbindung; die als ›kafkaesk‹ empfundene Situation in Deutschland war beseitigt worden, und man erkannte nicht, daß andernorts ähnliche Situationen bestanden bzw. gerade erst geschaffen worden waren: »Die Popularität des Präsidenten Roosevelt, der Populismus Trumans, vor allem aber der gewonnene Krieg hatte selbst die amerikanischen Linksintellektuellen wieder aufgerichtet. Die Kafkaschen Aspekte der Ereignisse von Hiroshima und Nagasaki, die Kafkasche Komponente der Kriegsverbrecherprozesse von Nürnberg wurden zunächst erfolgreich ins Unbewußte des amerikanischen Gewissens abgedrängt« (Einleitung zu: Politzer, S. 9).
Der amerikanische Schriftsteller Edmund Wilson wagte es 1950, »Eine ketzerische Ansicht über Kafka« zu äußern: »Seit der Roman ›Der Prozeß‹ 1937 in englischer Sprache veröffentlicht wurde [. . .], sind Kafkas Ansehen und Einfluß derart gewachsen, daß er im Bewußtsein unserer Literatur-

kritiker eine Stellung einnimmt, die die Illusion entstehen läßt, er sei ein Schriftsteller von überragender Bedeutung« (zit. nach: Politzer, S. 205; übers. von Renate Hudson und Karl R. Hudson). Wilson meint, Kafka habe zu sehr einer privaten Notlage Ausdruck verliehen, als daß man »die Zwangslage seiner unglücklichen Helden als Parabel der Situation des Menschen auffassen« könne (S. 210). Er schließt mit dem Urteil: »Was [Kafka] uns hinterlassen hat, ist der undeutlich artikulierte Aufschrei einer unterdrückten, an sich selbst zweifelnden Seele. Es ist mir unverständlich, wie man ihn für einen großen Künstler oder für richtungsweisend auf ethischem Gebiet halten kann« (S. 213).

3. 1945 bis heute

Wenn man gelten läßt, daß eine Relation zwischen der Kafka-Rezeption und den zeitgeschichtlichen politischen und sozialen Verhältnissen eines Landes besteht, ist es ohne weiteres einsichtig, daß die »Kafka-Mode« nach dem Krieg mit aller Macht in Deutschland einsetzte, wo man sich nicht nur den konkreten Problemen ausgesetzt sah, die aus der Zerstörung des Landes erwuchsen, sondern zudem mit der »Vergangenheitsbewältigung« beginnen mußte.

Ein Artikel, der 1947 in der Zeitschrift *Der Ruf* erschien, zeigt sehr gut, unter welchen Vorzeichen man damals Kafka neu entdeckte:

»Der große Schriftsteller Franz Kafka, ein 1924 in Prag jung verstorbener Jude, hat in seinem Roman ›Der Prozeß‹ eine Situation des Menschen unserer Tage prophetisch gestaltend vorweggenommen. Ein Mensch K. – ein Irgendjemand – wird ergriffen und einem langwierig-peinlichen Verfahren überliefert, das höhere Mächte gegen ihn veranstalten, deren Walten er nicht begreift, gegen die er sich aber auch nicht aufzulehnen wagt. Sie sprechen schließlich sein Todesurteil, dem er sich unterwirft. Dieser unsichtbaren, ungreifbaren höheren Macht, die mit allen bösen und geheimnisvollen Attributen der Gewalt auftritt, steht K. in grenzenloser Vereinzelung allein gegenüber – aber gleichzeitig bringt er ihr jene Regung von Schuld und Ehrerbietung entgegen, die der Mensch dem Absoluten zollt. Jene blinde Gewalt repräsentiert in blasphemischer Übersteigerung die Autorität – und das langsam ansteigende Grauen wird überwältigend, wenn man erkennt, daß dieser durch nichts beschränkte Autoritätsanspruch grundlos ist, daß er im Bodenlosen wurzelt, daß hinter diesem ganzen ungeheuerlichen Apparat nichts anderes steht als die öde, schreckensvolle Leere des Nichts und daß trotzdem der Mensch K., in dem der Leser sich selbst wiedererkennt, dem Anspruch des Leviathan nicht zu entrinnen vermag.

[. . .]

Man hat versucht, dem ›Prozeß‹ wie dem ganzen Schaffen Kafkas einen hintergründigen, theologischen Sinn unterzulegen. Das ist nicht nötig. Der Sinn des Werkes ist durchaus existenziell. Die Hilflosigkeit des Einzelnen vor der Übermacht des Apparats, das Nichtverstehen seines geheimnisvollen Ablaufs, die Unterwerfung, die der Mensch trotzdem, und obwohl er seine Sinnlosigkeit erkannt zu haben glaubt, ihm immer wieder zollt – das sind Erlebnisse, die heute allen vertraut sind. Jeder steht heute scheinbar hilflos vor dem unheimlichen Räderwerk einer ins Riesenhafte angewachsenen Daseinsapparatur, deren Sinnlosigkeit sich immer überwältigender offenbart, ohne daß es möglich scheint, sich von ihr zu befreien – und ohne daß es immer möglich ist, sich der Autorität, die der Apparat dem Einzelnen abfordern möchte, zu entziehen. Das Leiden an der bürokratischen Überwucherung des Daseins hat etwas Hoffnungsloses. Wir erleben sehenden Auges, wie die Fesselung des Daseins durch Vorschriften und Regeln, durch das, was man irrigerweise ›Planung‹ nennt, das Leben zu ersticken droht, und wir wissen andererseits, daß das Leben heute – das Leben im Zeitalter der Massenorganisation – der Planung, also doch wohl der Bürokratie, nicht entraten kann. Damit bewegen wir uns in einem höllischen Zirkel, aus dem mit gedanklichen Mitteln ein Ausweg nicht leicht zu finden ist. Und wir wissen ebenfalls, daß der Alpdruck der Bürokratisierung des Daseins keineswegs auf Deutschland beschränkt blieb. Der Sowjet-Mensch seufzt unter ihr nicht minder als der Engländer. Etwas allerdings hat Deutschland den anderen Leidenden voraus: Bei uns entwickelte sich der Bürokratismus vollends zur Groteske, indem er sich anschickt, das Nichts zu verwalten und zu verteilen. Überall rücken die schwerfälligen Räder der Apparatur dem Menschen auf den Leib und bedrängen seinen Daseinsraum. In Deutschland jedoch besteht die Gefahr, daß die Räder den Menschen zermalmen, da die Zähne des Werks außer ihm kaum etwas anderes mehr zum Greifen haben.«

F. M.: Prozeß der Bürokratie. In: Der Ruf. Jg. 2. Nr. 12. 15. Juni 1947. S. 3.

In den ersten Jahren nach dem Ende des Zweiten Weltkriegs stand das deutsche Lesepublikum vor dem eigenartigen Phänomen, daß ein deutschsprachiger Autor im europäischen und außereuropäischen Ausland Weltgeltung erlangt hatte, während seine Werke in dem Kulturbereich, in dem sie entstanden waren, nahezu unbekannt waren. Dies trifft zwar nicht nur auf Kafka zu – sondern z. B. auch auf zahlreiche Schriftsteller des Expressionismus –, im Falle Kafkas machte sich dieses ›Defizit‹ aber in besonderem Maße bemerkbar, weil er im Ausland nicht nur beim Lesepublikum einen ›Boom‹ erlebt hatte, sondern seine Schriften dort auch schon seit dem Ende der dreißiger Jahre zum Gegenstand zahlreicher wissenschaftlicher Untersuchungen geworden waren. Die Flut von Sekundärliteratur, die in englischer und französischer Sprache und bald auch in deutscher Übersetzung vorlag, erschwerte die »Wieder-Entdeckung« des Autors – sofern das Präfix »wieder-« überhaupt zutreffend war; es war fast unmöglich, ihn »objektiv« oder auch »naiv« zu rezipieren, d. h. seine Werke einfach zu »lesen«: die Literaturwissenschaftler standen bereits auf dem Plan, um den Kafka-Leser zu instruieren.

Friedrich Beissner kennzeichnete die Situation 1957 im Rückblick folgendermaßen:

»Erst im Jahre 1946 wurden Kafkas Werke in New York neu aufgelegt, in deutscher Sprache. Bis dahin hatten sie, besonders auch in Übersetzungen, eine große Wirkung im Ausland geübt. Doch waren sie damals, gleich nach dem Kriege, für uns immer noch nicht leicht zugänglich. Viel eher erreichten uns, in der Form übersetzter Zeitschriftenbeiträge oder Zeitungsartikel, überschwengliche Lobpreisungen und tiefsinnige Auslegungen. Es schien ein echtes Bedürfnis zu bestehn, das Versäumte nachzuholen, und so ergab sich für den deutschen Durchschnittsleser die sonderbare Lage, daß er bald viele Meinungen über den Dichter kennengelernt, von diesem selbst aber wenig oder gar nichts in die Hand bekommen hatte.«

Friedrich Beißner: Kafka der Dichter. (1957.) In: F. B.: Der Erzähler Franz Kafka und andere Vorträge. Mit einer Einf. von Werner Keller. Frankfurt a. M.: Suhrkamp, 1983. S. 57 f. – Mit Genehmigung des Suhrkamp Verlags, Frankfurt a. M.

Weiter heißt es:

»Ein weiteres Hemmnis für eine gemäße Aufnahme des Dichters Kafka bei uns zulande, das heißt in dem größten Gebiet, wo seine Sprache gesprochen und verstanden wird, war vielleicht der Umstand, daß in der soeben angedeuteten Situation der verworrenen Erwartungen dann ›Der Prozeß‹ das erste Buch war, das aus den Gesammelten Werken endlich allgemein zugänglich wurde. Es lag zu Weihnachten 1950 auf vielen Gabentischen, und die meisten gespannten Leser hatten eine falsche Brille auf der Nase. Die Ratlosigkeit schien allgemein. Wie? hatte man nicht vorher gelesen, dieser Roman sei eine einzige große Satire auf den korrupten Behördenapparat der österreichisch-ungarischen Monarchie? Aber zugegeben, daß der Satiriker übertreibt, um der Deutlichkeit willen übertreiben muß: hier schien doch das zulässige Maß überschritten, diese Karikatur mußte doch ihren Gegenstand verfehlen! Und weiter: war man nicht, so meinten andre, auf eine großartige Allegorie der einen der beiden Erscheinungsformen der Gottheit gefaßt, wie die Kabbala sie lehrt, des ›Gerichtes‹ nämlich? [. . .] Aber wie? dieses Exempel ging doch nirgends auf: gar zu viele Einzelzüge und nicht wenige wichtigere Merkmale ließen sich einfach nicht in die Allegorie einbeziehn! Ob man nicht doch auf andre Weise noch eine symbolische Erklärung versuchen sollte? Und so weiter.«

Ebd. S. 59 f.

Beißner meint, daß sich die »Kleine Prosa« besser zur Einführung in das Gesamtwerk Kafkas geeignet hätte; der Durchschnittsleser hätte sie unvoreingenommen kennenlernen können und »von ihnen aus leichter den Übergang gefunden zu den großen Romanen, zu deren richtigem Verständnis« (S. 61). Über die Romane, insbesondere über den *Proceß*, waren schon zu viele divergierende Meinungen in Umlauf gesetzt worden, es gab zu viele »Übersetzer« wie Beißner sie bereits 1951, Heinz Politzer zitierend, nannte, d. h. Interpreten, die das Dichterische »in einen der gerade im Schwunge befindlichen Dialekte, [. . .] der existentialistischen Philosophie, der Theologie der Krise oder der Psychoanalyse«, übertrugen (Beißner, »Der Erzähler Franz Kafka«, in: ebd., S. 22).

Das von Beißner angesprochene Nachholbedürfnis, der Wunsch, auch auf diesem Sektor wieder Anschluß an aktuelle Methodologien zu finden, trug sicher dazu bei, daß sich auch in Westdeutschland die Literaturwissenschaft schon bald nach seinem Wieder-Erscheinen intensiv mit dem »Proceß«-Roman beschäftigte; man orientierte sich jedoch gezwungenermaßen an den Ergebnissen und Vorgehensweisen, die das Ausland vorgegeben hatte, wie PETER BEICKEN darstellt:

»Die Wiederentdeckung Kafkas vollzog sich im Nachkriegsdeutschland vor allem unter dem Druck der von außen einströmenden Rezeptionsmuster und Denksysteme. Diese fremdgesteuerte Wiederaufnahme des Dichters verzögerte vorerst das Anknüpfen an die Vorkriegsrezeption und hielt auch die Versuche zu grundlegenden Neuansätzen des Verständnisses hintenan. Freilich kam es verschiedentlich zur Übernahme des älteren, religiösen Auslegungsschemas. Doch trat als beherrschend das modisch zurechtgemachte, philosophische Kafka-Bild in den Vordergrund, dem sich ein anderes entgegenstellte, das von den Emigranten vor allem vertreten wurde und wichtige Züge des Aktualitätsmotivs, nämlich soziologische und geschichtsphilosophische, fortsetzte.«

Peter Beicken: Franz Kafka. Eine kritische Einführung in die Forschung. Frankfurt a. M.: Fischer, 1974. S. 76. – Mit Genehmigung von Peter Beicken, Maryland (USA).

Daß von den traditionellen Deutungsmustern gerade das religiöse nach 1945 wiederaufgenommen wurde, mag zum Teil auf die damals als in besonderem Maße prekär empfundene Lage des Einzelnen zurückzuführen sein; das Schlagwort von der »Stunde Null« war im Umlauf, die alten Ordnungssysteme waren zerstört worden, neue, die an ihre Stelle hätten treten können, zeichneten sich nur schwach ab, man war von einem Gefühl der Orientierungslosigkeit, oft wohl auch Hoffnungslosigkeit ergriffen. Interpretationen im Sinne der »negativen Theologie« trafen den Zeitgeist.
Hans Joachim Schoeps, der sich schon in den dreißiger Jahren mit Kafka beschäftigt hatte, stellt in seinem 1951 erschienenen Aufsatz »Theologische Motive in der Dichtung Franz Kafkas« apodiktisch fest, daß Kafka nur vor dem Hintergrund einer »Theologie des Abgefallenseins« zu verstehen sei, einer »Heillosigkeit, in der verzweifelt nach dem Heil gesucht wird« (S. 21). Die Krise, die in seinem Werk zum Ausdruck komme, sei in erster Linie eine spezifisch jüdische Erfahrung:

»Nur die *jüdische* Theologie kennt das Phänomen echter Unheilsgeschichte, daß heilsgeschichtliche Sachverhalte sich in ihr striktes Gegenteil verwandeln, und das Strukturprinzip der Offenbarung: daß das Gesetz weiterregiert in der Weise der Abwesenheit und eine unverkennbare Herrschaft ausübt. In das dunkle Kellerloch K.s, des Menschen überhaupt in der Kafkaschen Dichtung, zucken andauernd erregende und irritierende Lichtblitze einer fernen Erinnerung, die eine Art mythisches Ahnungswissen erzeugen. Der verlorene Gehalt kann zwar nicht mehr Erkenntnisinhalt werden, aber die Richtung, in der noch zu suchen wäre, ist noch visierbar.«

Hans Joachim Schoeps: Theologische Motive in der Dichtung Franz Kafkas. In: Die Neue Rundschau 62 (1951) H. 1. S. 21. – Mit Genehmigung von Julius H. Schoeps, Meerbusch.

Schoeps versucht zunächst mit diesem Schlüssel die Erzählung *In der Strafkolonie* zu dechiffrieren, in der einem »Rechtsbrecher oder Gesetzesübertreter das Delikt mit feinen Nadeln einer Egge auf den Leib« geschrieben wird, »bis er im Erkennen den Geist aufgibt und von der Egge aufgespießt wird« (S. 27).

»Ohne die Voraussetzung einer vom Gesetz verlorenen Schöpfungswelt, wie sie aus einer unheilvollen Wendung jüdischer Offenbarungslehre entstand, wäre dies alles unverständlich. Es bleibt der Phantasie des Lesers überlassen, wo diese Strafkolonie zu suchen ist.
Ähnliche Dinge begegnen im Prozeßroman, in dem der von einem imaginären irdisch-unirdischen Gericht angeklagte Joseph K. die Schuld, um deren willen er belangt wird, den ganzen Roman hindurch vergeblich festzustellen sucht. Er nimmt sich Advokaten, deren Hauptfunktion es ist, durch ihre Tätigkeit und guten Beziehungen die einzelnen Anklagepunkte zu ›erraten‹. Denn die Anklageschrift ist dem Angeklagten selbst und seiner Verteidigung unzugänglich. ›Und aus den Verhören auf die ihnen zugrunde liegenden Schriften zu schließen, – ist sehr schwierig.‹ Gleichwohl ist dies die Aufgabe der Advokaten, die aus dem Berichten der

Angeklagten über ihre Verhöre vor Gericht versuchen, das für die Verteidigung Taugliche zu entnehmen. Und weil nichts Sicheres zu entnehmen ist, stellt sich der Aberglaube ein. ›Ein solcher Aberglaube ist zum Beispiel, daß viele aus dem Gesicht des Angeklagten, insbesondere aus der Zeichnung der Lippen, den Ausgang des Prozesses erkennen wollen.‹ Der Mann, der dies dem Angeklagten K. erzählt, eröffnet ihm auch die Meinung von ›Leuten‹, die behaupten, er würde, nach seinen Lippen zu schließen, gewiß und bald verurteilt werden. Diese Meinung trügt dann auch nicht. Es kommen Schergen, die ihn zur Hinrichtung abführen, denn die unbekannt gebliebene Schuld existiert und hat wie in der Strafkolonie einen unerbittlich präzisen Mechanismus in Bewegung gesetzt. Die Verurteilung erfolgt, indem ihm ein Messer in das Herz gestoßen wird, für eine Schuld, die bis zum Ende nicht genannt wird, die aber nach den Straftarifen des von der Welt verlorenen Gesetzes offenbar unwiderruflich die Todesstrafe erfordert hat.
[...]
Aber aus allem Unheil und aller Verlorenheit der Kafkaschen Welt springt mit einer geradezu elementaren Gewalt die Grundgesinnung *jüdischer* Religiosität auf, die gerade an der hoffnungslosesten Negativität sich am leidenschaftlichsten entzündet und die Kafkas großer Leidensqual doch noch eine letzte Verklärung gibt: die *messianische* Hoffnung.«

Ebd. S. 28, 36.

Die Pluralität der Meinungen zu Kafkas Roman deutet sich schon dadurch an, daß in derselben Nummer der Zeitschrift, wo der Artikel von Schoeps abgedruckt wurde, auch eine Interpretation des *Proceß* im Sinne des Existentialismus enthalten war. Der Verfasser Karl Heinz Volkmann-Schluck wurde für diesen Beitrag[14] Zielscheibe von ironisch-polemischen Kommentaren Friedrich Beissners:

14 Karl Heinz Volkmann-Schluck, »Bewußtsein und Dasein in Kafkas ›Prozeß‹«, in: *Die Neue Rundschau* 62 (1951) H. 1, S. 38–48.

»Die sonderbare Interpretations-›Methode‹ sei durch das bloße Zitat der hermeneutischen Grundsätze gekennzeichnet: ›Eine Interpretation will sich zwar niemals an die Stelle des Werkes selbst setzen und dieses überflüssig machen, sondern sie dient dem Werk, indem sie den Raum eröffnet, in welchem das Werk als es selbst zu erscheinen vermag. Aber eben deshalb muß sie zu dem Werk etwas Eigenes dazu tun. Dagegen taugt eine Interpretation nichts, wenn sie nichts Eigenes mitbringt.‹ – Schlechthin frappant ist dann, nach einigen allgemeinen Ausführungen, durch die Josef K. ›vorgestellt‹ werden soll, der den ›Raum‹ solchermaßen ›eröffnende‹ Satz: ›Aber eines Morgens, am Morgen seines dreißigsten Geburtstages, ist er verhaftet, nämlich dem Bewußtsein.‹«

Friedrich Beißner: Der Erzähler Franz Kafka. (1951.) In: F. B.: Der Erzähler Franz Kafka und andere Vorträge. Mit einer Einf. von Werner Keller. Frankfurt a. M.: Suhrkamp, 1983. S. 47. – Mit Genehmigung des Suhrkamp Verlags, Frankfurt a. M.

Beißner greift besonders den Versuch an, ein zeitgenössisches Denksystem gewaltsam auf Kafkas Werke aufzupressen; er streicht das »Modische« der existentialistischen Interpretationen heraus, die offenbar bei Eingeweihten und Gleichgesinnten eine lustvolle Gänsehaut hervorrufen sollten; er fragt, wie der Leser »guten Mut« bewahren soll, »wenn er als Quintessenz einer ›philosophischen‹ Interpretation des ›Prozesses‹ liest: › . . . es ist gerecht, daß jemand, der nicht im Besitz der Befugnis zum Aufenthalt ist, auch nicht zum Aufenthalt befugt ist‹? Ob es wirklich Leute gibt, denen bei solcher Offenbarung existentialistische Schauder der Geworfenheit über den rippelsamtumhüllten Rücken rieseln? Wir anderen unterdrücken nur mühsam das Gelüst zu einer Parodie des kostbaren Satzes, welche die Befugnis des undisziplinierten Philosophen in Frage stellen müßte, mit derlei Weisheiten den Lesern angesehener Zeitschriften die Zeit zu stehlen.« (S. 23)

Was an vielen existentialistischen Deutungen auffällt, ist nicht nur der Jargon, den Beißner schon kritisiert, sondern auch ein gewisser Ausschließlichkeitsanspruch, den die Autoren explizit oder implizit erheben. So behauptet HEINZ IDE in seinem 1957 erschienenen Aufsatz »Existenzerhellung im Werke Kafkas«, »daß das von Kafka Bezeichnete [...] außerhalb des dichterischen Worts nur erhellt werden kann mit den von der Seinsphilosophie erarbeiteten Begriffen« (S. 69). Ide glaubt, daß eine evidente Parallele zwischen Kafkas Denken und dem Martin Heideggers bestehe, beidem liege »die gleiche, das Denken unseres Jahrhunderts beunruhigende Erfahrung zugrunde« (ebd.). Folglich interpretiert Ide die Werke Kafkas mit Hilfe der von Heidegger entwikkelten Begriffe, vor allem denen des »Seins« und des »Daseins«:

»Immer ist das Dasein, wie das Beispiel des Mäusevolkes[15] erwies, beunruhigt und fühlt sich bedroht von einer unbekannten Gewalt. [...] Man kennt dieses Gefühl des Bedrohtseins vor allem aus dem ›Prozeß‹-Roman. Nichts anderes als dies stellt nämlich der Prozeß gegen K. dar. Dem Prozeß gegenüber sucht das Dasein nach Sicherungen und nach Beweisen für seine Unschuld, statt sich – im Bild des Romans – im Anerkennen seiner Schuld der unbekannten Macht hinzugeben. Von K. gilt, was vom Volk der Mäuse gesagt wird, er ›kann sich nicht bedingungslos hingeben‹. Dergleichen wie diese Forderung, sich bedingungslos hinzugeben, pflegt man nun in der Kafka-Interpretation als religiöses Moment zu deuten, während es als Existential verstanden sein will. Das Dasein nimmt den Anspruch des Seins nämlich nicht so auf, wie er vom Sein ausgeht, als Forderung nach bedingungsloser und schutzloser Preisgabe, als rückhaltloses Sich-Öffnen, sondern versteht ihn im Sinne der innerweltlichen Gegebenheiten als Angeklagtsein, als Vorwurf, gegen ein Gesetz verstoßen zu haben. Würde K. die Einsicht gewin-

15 Anspielung auf Kafkas Erzählung *Josefine die Sängerin oder das Volk der Mäuse*.

nen, die ihm der Priester im Dom vergeblich zu vermitteln sucht, so würde sich ihm der als Gesetzesmaschinerie mißverstandene Prozeß in das Nichts auflösen, das er in diesem Sinne ist. Statt dessen versucht er, Kenntnis der Prozeßakten und Gesetze zu erwerben.

Der metaphysischen Drohung begegnet das Dasein mit dem vergeblichen Versuch, in den Besitz des Gesetzes zu kommen. Wer das Gesetz kennt, weiß sich zu orientieren und glaubt sich im Befolgen dieser Gesetze gesichert. Gerade in diesem Suchen verschließt er sich, wie der ›Prozeß‹-Roman entwickelt, der wirklichen Forderung. Kafka analysiert mithin das ethische und religiöse Denken und enthüllt es als die sublimste Erscheinungsform der Flucht in die Seinsferne. Am klarsten läßt sich das an Hand der Skizze ›Zur Frage der Gesetze‹ und der Türhüter-Parabel entwickeln.

Die Skizze gibt sich als Abhandlung eines Schreibers über die in seiner Heimat herrschenden Auffassungen von den Gesetzen. Das Volk weiß sich von einem unbekannten Fordernden beunruhigt, d. h. von Gesetzen beherrscht, die – wie der Bericht auseinandersetzt – als Geheimnis einer regierenden Adelsgruppe ihm verhüllt bleiben. Wie aber kann der Einzelne sein Leben im Sinne des ihn zur Rechenschaft ziehenden Gesetzes führen, solange er es nicht kennt? So scheint nichts selbstverständlicher zu sein, als daß sich seit den ältesten Zeiten alle Anstrengungen auf das eine Ziel versammeln, die Kenntnis des Gesetzes zu erwerben. Offenbar begegnet dieses Mühen aber unüberwindlichen Schwierigkeiten, denn die Gesetze können überhaupt nur vermutet werden. ›Es ist eine Tradition, daß sie bestehen . . ., aber mehr als alte und durch ihr Alter glaubwürdige Tradition ist es nicht und kann es nicht sein, denn der Charakter dieser Texte verlangt auch das Geheimhalten ihres Bestandes.‹ Obwohl also der innere Sinn der Gesetze ihr Verschlossensein notwendig fordert, versucht das in Rede stehende Volk, sie sich durch Beobachtung der Handlungen des Adels und durch ununterbrochene Auslegungen zu entschleiern.

Wie ist dieses Fragen nach den Gesetzen zu verstehen? Das

menschliche Dasein empfindet sich als in sich selbst richtungs- und sinnlos; die Frage nach den Gesetzen ist die Frage nach der Sinngebung des menschlichen Lebens.

[...]

Das Sein ist [...] das einzig zweifellose Gesetz des Daseins, doch nicht in der Weise, wie das Meinen glaubt, daß es sich als innerweltliche Verordnung verfügbar machen möchte. Der wirkliche Anspruch des Seins lautet: Nicht Selbstbehauptung, sondern Vergehen des Daseins im Sein.

Der Mensch täuscht sich also über das wahre Wesen des Gesetzes – es beherrscht, es bestimmt ihn, es macht den innersten Kern seines Seins aus, aber anders als er es sich vorstellt. Die berühmte Türhütererzählung ›Vor dem Gesetz‹ erläutert diese Täuschung. Man muß das unterstreichen: es wird von der Täuschung geredet. Eine Interpretation, die glaubt, in dieser Parabel werde vom Gesetz gesprochen, geht vom Ausgangspunkt an irre; es wird von der Täuschung des Menschen über das Gesetz gehandelt. ›‚Täusche dich nicht', sagte der Geistliche. ‚Worin sollte ich mich denn täuschen?' fragte K. ‚In dem Gericht täuschst du dich', sagte der Geistliche, ‚in den einleitenden Schriften zum Gesetz heißt es von dieser Täuschung:'‹.

Der Gefängniskaplan erzählt K. also darum die Geschichte, um ihm seine Täuschung über das Wesen des Gerichtes zu erklären. Gericht und Gesetz – beide sind anderer Art, als der Mensch sie sich vorstellt. K. glaubt, das Gericht sei ein solches, das um schuldig oder unschuldig prozessiere, um freizusprechen oder Strafen zu verhängen, während der Geistliche ihn belehrt: ›Das Gericht will nichts von dir. Es nimmt dich auf, wenn du kommst, und es entläßt dich, wenn du gehst.‹ Und er sagt ihm dies: ›Du mißverstehst die Tatsachen, das Urteil kommt nicht mit einemmal, das Verfahren geht allmählich in das Urteil über.‹ Das Leben ist das Verfahren und der Tod das Urteil, aber nicht in der Weise eines Jüngsten Gerichts, sondern als die letzte existentielle Entscheidung des Daseins im Sich-Öffnen oder Sich-Verschließen vor dem Sein. Das Gericht ist also nicht, wie der die Tatsachen Mißverstehende vermeint, eine fremde Instanz, sondern der Wesenskern des Daseins. Wieder aber gilt es, ein mögliches Mißverstehen abzuwehren: Das Gericht ist nicht Symbol für das Gewissen, sondern Strukturform des Daseins, in ihm und gleichzeitig außer ihm, wodurch die Täuschung ermöglicht wird. Unter ›Gericht‹ und ›Gesetz‹ ist nicht Gleiches verstanden, doch wird unter beiden Metaphern vom Wirken des Seins in das Dasein gesprochen. Das Anwesen des Seins in ihm versteht das Dasein als Gericht; das Sein, von dem nicht im Hinblick auf seine Wesenheit des An-wesens, sondern als das Sein als solches gehandelt wird, begreift es als Gesetz.«

Heinz Ide: Existenzerhellung im Werke Kafkas. In: Jahrbuch der Wittheit zu Bremen 1 (1957) S. 77 f., 81 f.

In seinem Forschungsbericht von 1974 stellt PETER BEICKEN zu Ides Aufsatz die Fragen:

»Was berechtigt, den Maßstab Heideggers an ein Werk anzulegen, das zudem von dem modischen Gerede der existentiellen Entscheidung nicht im Geringsten handelt? Was sonst als Mode erlaubt, mit Allgemeinstbegriffen wie Sein und Dasein solche Kafkaschen Probleme wie die Kritik am Einfluß der sozialen Sphäre auf das subjektive Bewußtsein erfassen zu wollen?«

Peter Beicken: Franz Kafka. Eine kritische Einführung in die Forschung. Frankfurt a. M.: Fischer, 1974. S. 344. – Mit Genehmigung von Peter Beicken, Maryland (USA).

Beicken kennzeichnet die Situation, in die Kafka-Kritik in den fünfziger Jahren geriet, folgendermaßen:

»Im Vergleich mit den Frühphasen der Kafka-Rezeption zeigen sich [die unterschiedlichen] Positionen als Produkte eines fortgeschrittenen ideengeschichtlichen Zerfallsprozesses, bei dem die anfängliche Ganzheit eines umfassenderen

Verstehens nun in konträre Aspekte zerfällt, ohne daß sich die verschiedenen Teilverständnisse zu einer Einheit integrieren lassen.«

Ebd. S. 54.

Eine dieser alle anderen ausschließenden Positionen ist seiner Meinung nach auch die »formalistische« Friedrich Beißners, die aber wohl eher als Bemühung zu verstehen ist, dem völligen Zerfall der Meinungen durch eine bewußte Beschränkung entgegenzuwirken.
1993 merkt Peter Beicken rückblickend brieflich zu diesem Problemkreis an: »Vor zwanzig Jahren hatte die Zurückweisung der Beanspruchung Kafkas für eine ganz bestimmte philosophische Position vielleicht größere Dringlichkeit als heute. Die Vorbehalte gegenüber den ›philosophischen‹ und anderen Kommentaren, die in der ersten Nachkriegsrezeption so verbreitet waren und die seinerzeit von literaturwissenschaftlicher Seite, vor allem von Friedrich Beißner und Martin Walser, aber auch von Heinz Politzer, als unzulässige ›Übersetzungen‹ zurückgewiesen wurden, hatten in den frühen siebziger Jahren noch Aktualität. Die Anwendung philosophischer Fragestellungen erschien und erscheint mir jedoch berechtigt, obwohl alles davon abhängt, wie vorgegangen wird, welche methodische Absicherung erfolgt. Letzten Endes sollte es kritischen Leser(inne)n überlassen bleiben, ob eine bestimmte philosophische Annäherung an Kafka über bloße Beanspruchung oder gar Vereinnahmung hinaus einen Überzeugungswert besitzt. Ides Ausführungen erscheinen auch heute noch problematisch, weil sie Kafka eher einem (damals modischen) philosophischen Gerede unterwerfen als einen originären Versuch machen, eine philosophische Grundlage der Interpretation zu erarbeiten.«
Friedrich Beissner hielt in den Jahren 1951 und 1957 zwei – später in überarbeiteter Form publizierte – Vorträge, deren Titel schon sein ›Programm‹ ankündigen: »Der Erzähler Franz Kafka« und »Kafka der Dichter«. Beißner wendet sich gegen die große Flut von Versuchen, dem Werk Kafkas

von außerliterarischen Standpunkten aus näherzukommen, und stellt in dem ersten Vortrag fest: »Es hat [. . .] beinahe den Reiz der Neuheit, nach dem *Dichter* Kafka zu fragen« (S. 23). Beißner analysiert die Texte Kafkas als das, was sie zunächst und primär sind: als sprachliche Kunstwerke; er untersucht vor allem die »Erzählerhaltung«, die seiner Meinung nach im modernen Roman von »Standortlosigkeit« geprägt ist, die auf eine gewisse Desorientiertheit oder auch Verunsicherung des Schriftstellers selbst angesichts der Komplexität der Welt, in der er lebt, zurückzuführen ist. »Diese Standortlosigkeit wird nicht selten offenbar durch Verwechslung der beiden möglichen Erzählformen, der berichtenden nämlich und der szenischen Form« (S. 25). Eine solche Verwechslung komme bei Kafka aber nie vor, seine Erzählhaltung sei stets einheitlich; der Grund dafür:

»Kafka [. . .], der die Verlegenheit des Erzählers um seinen Standort in einer auseinandergebrochenen und gottverlassenen Welt ohne Ordnung und gültiges Gesetz ebenso, nein: viel schmerzlicher empfindet als die Theoretiker der ›Darstellung‹, wendet sich ganz von dieser Welt der äußeren Wirklichkeit ab. Es ist ihm nicht gegeben, aus der Not eine Tugend zu machen, statt der verlorenen Einheit nun eben die Vielheit, die bunte Vielheit der Aspekte zu preisen und seinen Stil danach einzurichten, in einem Durcheinander der Darstellungsmittel also das Durcheinander seines Gegenstandes sich spiegeln zu lassen. [. . .] Er wendet sich also von der Welt der äußeren Wirklichkeit ab und entdeckt den inneren Menschen als Gegenstand epischer Kunst, eine Welt von nicht geringer Ausdehnung und voller Möglichkeiten, und dazu eine Welt, deren Einheit und Einheitlichkeit unzerstörbar ist – unzerstörbar freilich unter der Voraussetzung, daß der Erzähler sie ernst nimmt und nicht als draußen bleibender ›Psychologe‹ sich für das Innenleben aller seiner Gestalten interessiert, es ohne Umstände und ohne Scham bloßlegt, aus einer Seele in die andere schlüpft und so erzählt, wie es niemand erfahren haben kann. Kafka erzählt, was anscheinend bisher nicht bemerkt worden ist, stets einsinnig, nicht nur in der Ich-Form, sondern auch in der dritten Person. Alles, was in dem Roman ›Der Verschollene‹ [...] erzählt wird, ist von Karl Roßmann gesehen und empfunden; nichts wird ohne ihn oder gegen ihn, nichts in seiner Abwesenheit erzählt, nur seine Gedanken, ganz ausschließlich Karls Gedanken und keines anderen, weiß der Erzähler mitzuteilen. Und ebenso ist es im ›Prozeß‹ und im ›Schloß‹. [...] Ist nun die innere Welt mit all ihren Erfahrungen, Einsichten, Wünschen, Träumen, Gedanken, Freuden und Kränkungen der Gegenstand Kafkaischen Erzählens und steht der Erzähler nicht als kalt beobachtender Psychologe draußen, so bleibt ihm kein anderer Platz als in der Seele seiner Hauptgestalt: er erzählt sich selbst, er verwandelt sich in Josef K. und in den Landvermesser K. – man hat längst bemerkt, daß diese Namensgebung auf Kafkas eigenen Namen hindeutet, daß auch der Vorname des ›Verschollenen‹, Karl Roßmanns, nicht zufällig mit einem K. beginnt.«

Friedrich Beißner: Der Erzähler Franz Kafka. (1951.) In: F. B.: Der Erzähler Franz Kafka und andere Vorträge. Mit einer Einf. von Werner Keller. Frankfurt a. M.: Suhrkamp, 1983. S. 36–38. – Mit Genehmigung des Suhrkamp Verlags, Frankfurt a. M.

Beißner zitiert zur Stützung seiner These einen Eintrag, den Kafka am 6. August 1914 – also kurze Zeit vor Beginn der Arbeit an *Der Proceß* – in seinem Tagebuch vornahm: »Von der Litteratur aus gesehen ist mein Schicksal sehr einfach. Der Sinn für die Darstellung meines traumhaften innern Lebens hat alles andere ins Nebensächliche gerückt und es ist in einer schrecklichen Weise verkümmert und hört nicht auf zu verkümmern« (KKAT 546). Auf diese Tagebucheintragung kam Beißner auch in späteren Ausführungen immer wieder zurück. In dem Vortrag »Der Schacht von Babel« (1962) wiederholte er:

»[Kafka] war sich [...] darüber klar geworden, daß es allein der Sinn für *die Darstellung seines ›traumhaften inneren*

Lebens‹ sei, was ihn überhaupt noch ›zufriedenstellen‹ könne; er spürt, daß ihm die ›Kraft für jene Darstellung‹ zu Gebote steht – wenigstens zeitweilig; aber es braucht uns hier nicht zu kümmern, daß diese für das Kafka-Verständnis kardinale Einsicht in die beglückend vorhandene Kraft für die Darstellung seines traumhaften innern Lebens hier verquickt erscheint mit selbstkritischen, ängstlichen Zerknirschungen und Anfechtungen [. . .].«

Ebd. S. 97. – Mit Genehmigung des Suhrkamp Verlags, Frankfurt a. M.

Dieser Vortrag wurde 1963 gedruckt; im Anmerkungsteil überträgt Beißner seine Erkenntnisse explizit und nachdrücklich auf den »Proceß«-Roman:

»Ich behaupte nochmals: alle Personen und alle Vorgänge, die mit dem Prozeß zu tun haben, sind nur in K.s Träumen und Halbträumen vorhanden. Daß der Prügler mit seinen Opfern in einer Rumpelkammer der Bank erscheint und Josef K. ängstlich bemüht ist, diese Entdeckung vor den Dienern zu verbergen, ist ein besonders deutlicher Hinweis auf die traumhafte Einbildung. – K. will gegen jedermann das ihn quälende Geheimnis wahren. Sein Onkel Karl ist natürlich realiter existent; aber der Onkel, der da im sechsten Kapitel von dem Prozeß weiß, kommt nur in K.s Traum vor. (Der Brief Ernas, die ja auch nicht davon wissen konnte, ist eine nur im Traum verständliche Motivation.) Daß es vom Onkel heißt: er ›setzte sich auf den Tisch und stopfte unter sich, ohne hinzusehen, verschiedene Papiere, um besser zu sitzen‹, ist in seiner Skurrilität deutlich ein Traumeinfall, ebenso ›der Onkel als Kerzenträger – er balancierte die Kerze auf seinem Schenkel‹; der Advokat und Leni sind dann selbstverständlich auch nur Wahngebilde des Angsttraums. [. . .]

Im neunten Kapitel vollzieht sich der Übergang in die Traumsphäre spätestens mit dem telephonischen Anruf der (realiter ja nicht existenten) Leni. Doch schon vorher scheint

das Nachschlagen der italienischen Vokabel, das Auftreten des verhaßten Direktor-Stellvertreters im ungenauen Grenzbezirk zwischen den beiden Bereichen zu geschehen. Alles, was K. dann im Dom widerfährt, ist traumhaft-unwirklich.
Nach allem ist wohl die einsinnig von dem einzigen Blickpunkt des Josef K. aus durchgehaltene Perspektive zur Genüge deutlich, besonders und gerade darin, was das Gericht und den Prozeß betrifft. Bei genauerer Untersuchung wird mithin der Eindruck bestätigt, der schon beim ersten Anblättern des Romans entsteht durch die Überfülle der Wendungen, die K.s Blickrichtung als die einzig vorhandene überdeutlich bezeichnen: ›hörte er hinter sich sagen; wie K. jetzt erkannte; wie K. genau wußte; wie K. mit einem Seitenblick zu erkennen glaubte; und K. sah; schien es ihm‹ usw. usw. Von andern Personen wird ähnliches niemals gesagt.«

Ebd. S. 117 f.

1983 erschienen die Vorträge Beißners über Kafka in gesammelter Form. In seiner Einführung beurteilt der Herausgeber Werner Keller diese Arbeiten nicht unkritisch:

»Auch Beißner hatte die Mängel seiner ausgeprägten Vorzüge zu tragen. Seine verehrende Haltung gegenüber der Dichtung, die für ihn weniger im theoretischen als im interpretatorischen Umgang autonom war, hatte ihre Konsequenzen. Er konzentrierte sich auf Kafkas Erzählform, als sei diese der geschichtlichen und gesellschaftlichen Konditionen enthoben. Der Frage, wie ein Kunstwerk organisiert sei, galt sein Nachdenken; die Organisation der ›traumhaften‹ Wirklichkeit im Werk und ihr Verhältnis zur Realität interessierten dagegen nur wenig.
Pflegte Kafka ein geschichtsloses Erzählen? Schrieb er ohne Zeitbezug? Gewiß nicht. Die Realien seiner Biographie, die in den letzten Jahrzehnten zutage gefördert wurden – seine familiäre und berufliche Situation, sein Prager Judentum und

vieles andere – geben unentbehrliche Verständnishilfen für sein Œuvre.«

Ebd. S. 14 f. – Mit Genehmigung des Suhrkamp Verlags, Frankfurt a. M.

In seiner 1960 in der Zeitschrift *Akzente* erschienenen Studie über »Die Bilderwelt Kafkas« stellt WILHELM EMRICH fest, daß Kafka die »Grundlagen und Voraussetzungen, unter denen sich bisher dichterische Bildersprache entfaltet hatte«, zerstöre. Dies sei als Reaktion auf eine Zeit zu verstehen, in der der Mensch seiner Welt »entfremdet« werde, sich seine geistig-seelische Sphäre von den anderen Lebenssphären abspalte: »Die Namen, mit denen er die Dinge bezeichnet, die Bilder, unter denen er sie anschaut, werden gleichsam zufällig über die Dinge geschüttet, ohne ihre Wirklichkeit oder ihr Wesen zu treffen« (S. 287). Kafka unternehme »den Versuch, den Entfremdungsprozeß als ganzen in den Blick zu bekommen« (S. 296).

»Damit wird uns zugleich die Struktur der Kafkaschen Romane deutlich. In Kafkas Roman ›Der Prozeß‹ wird die Frage nach der Rechtfertigung unseres Lebens, die ewige Sinnfrage des Menschen gestellt. Diese geistige Frage aber überfällt den Helden Josef K. als etwas Fremdes, Unbegreifliches, grauenhaft Reales, das mitten in sein genormtes Berufsleben eindringt und es zerstört. Denn diese ewige Sinnfrage und in enger Verbindung mit ihr auch unsere innerseelische Welt, unser sog. Privatleben, läßt sich nicht mehr in Übereinstimmung bringen mit unserer genormten, spezialisierten Arbeitswelt. Eines hebt das andere auf. Der gleiche Konflikt erscheint in jedem vergangenen Bildungsroman seit Goethes ›Wilhelm Meister‹. Aber während Wilhelm Meister den Einbruch der geistig-seelischen Welt gerade als den Durchbruch seines ganz persönlichen Innenlebens empfindet, das nur ihm eigen ist und ihn in Gegensatz zum Kaufmannsberuf und seiner bürgerlichen Umwelt bringt, erlebt Josef K. diese ewige Frage nach dem letzten Sinn und der

Rechtfertigung seines Daseins als eine ihm fremde, unbegreifliche bedrohliche Macht in Gestalt einer rätselhaften Gerichtsbehörde, die ihn eines Morgens, als er in seine Bank gehen will, plötzlich überfällt und verhaftet, obgleich er sich nach wie vor frei in seinem alltäglichen Berufsleben bewegen kann. Der Prozeß, den er jetzt führen muß, bringt sein ganzes geistiges und seelisches Leben in Aufruhr, ja er ist nichts anderes als sein geistiges und seelisches Leben, aber in Gestalt eines unheimlichen, ihm selbst unverständlichen labyrinthischen Gerichtsverfahrens, das sowohl seine seelische, sog. private Welt, seine erotischen Beziehungen zu Fräulein Bürstner, aufweckt und umspannt, als auch seine geistige Welt, indem Josef K. sich nun plötzlich genötigt sieht, sich Rechenschaft über sein gesamtes Leben abzulegen und diese Rechenschaft schriftlich zu formulieren. ›Es kommt mir wie etwas Gelehrtes vor‹, sagt Frau Grubach in bezug auf K.s Prozeß. K. selbst aber steht diesem Prozeß fassungslos gegenüber. Verzweifelt und vergeblich wehrt er ihn ab. Er gibt zwar Frau Grubachs Deutung sofort recht, aber er fügt dann hinzu: ›ich ... halte es ... überhaupt für nichts.‹ Das Geistige wird für ein Nichts erklärt in einer Arbeitswelt, die dringlichere Sorgen zu haben scheint. Entsprechend spielt Josef K. diese moderne Berufswelt gegen den Prozeß aus.

›Ich wurde überrumpelt, das war es‹, fährt Josef K. fort, ›wäre ich gleich nach dem Erwachen ... aufgestanden ..., hätte ich vernünftig gehandelt, so wäre weiter nichts geschehen, es wäre alles, was werden wollte, erstickt worden. Man ist aber so wenig vorbereitet. In der Bank z. B. bin ich vorbereitet, dort könnte mir etwas Derartiges unmöglich geschehen, ich habe dort einen eigenen Diener, das allgemeine Telephon und das Bürotelephon stehn vor mir auf dem Tisch ... und vor allem bin ich dort immerfort im Zusammenhang der Arbeit, daher geistesgegenwärtig.‹

Aber sonntags oder abends und nachts setzt sich der Prozeß trotz K.s Flucht in den Beruf fort, in Hinterhöfen, stickigen Dachkammern, trümmerhaften Mietshäusern, wo der ganze

Schmutz, Unrat und Abfall, das Gerümpel, die Schmach und Schuld der menschlichen Gesellschaft sich angesammelt haben. Ja schließlich dringt der Prozeß auch in Josef K.s Bankhaus und Berufsleben ein: Man entsinne sich jenes Bildes von der Rumpelkammer im Bankhaus, wo die zwei Wächter Franz und Willem, die K. verhaftet hatten, auf grauenvolle Weise ununterbrochen Abend für Abend in derselben Stellung geprügelt werden, weil K. sich über sie beschwert hatte. ›Sofort warf K. die Tür zu und schlug noch mit den Fäusten gegen sie, als sei sie dann fester verschlossen.‹ Er schaltet das Entsetzliche einfach ab. Gewaltsam sucht er die Sphären zu isolieren. Das Grauen, das im Inneren unserer Gesellschaft und im Inneren Josef K.s selbst haust, darf nicht publik werden. Zwar

›K. hätte nicht gespart, es lag ihm wirklich daran, die Wächter zu befreien ... Aber in dem Augenblick, wo Franz zu schreien angefangen hatte, war natürlich alles zu Ende. K. konnte nicht zulassen, daß die Diener und vielleicht noch alle möglichen Leute kämen und ihn in Unterhandlungen mit der Gesellschaft in der Rumpelkammer überraschten. Diese Aufopferung konnte wirklich niemand von K. verlangen.‹

Daher schlägt K. die Tür der Rumpelkammer mit Gewalt zu, damit die Schreie nicht gehört werden.

Damit wird zugleich der Zusammenhang zwischen den Bildern Kafkas deutlich. Es handelt sich nicht etwa nur darum, daß die innere, geistig-seelische Welt des Subjektes Josef K. sich in verdinglichten Bildern manifestiert, sondern die Wahrheit, die im Inneren unserer modernen Gesellschaft selbst liegt, wird zugleich in diesen Bildern mitgestaltet. Denn nichts, was im Inneren eines modernen Menschen vorgeht, ist ablösbar von der äußeren Welt, in der er sich befindet. Die rätselhafte Gerichtsbehörde ist daher keineswegs nur eine rein geistige, oder gar göttliche Instanz, wie man sie oft gedeutet hat. Vielmehr spiegelt und enthüllt sie nichts anderes als den Ungeist unserer Epoche, aber unter einem Blickpunkt, der über unsere begrenzte menschliche Vorstellungswelt hinausgeht, unsere gewohnten Denk- und Anschauungsformen durchbricht, von ihnen aus nicht mehr verstanden und angeschaut werden kann.«

Zit. nach: Politzer. S. 297–299. – Mit Genehmigung des Anton Hain Verlags, Frankfurt a. M.

Während Emrich also in Kafkas Werken einen starken Reflex der gesellschaftlichen Bedingungen entdeckt, unter denen sie entstanden, wurden dieselben Werke in der DDR und in anderen sozialistischen Staaten lange Zeit als »realitätsfern« eingestuft und ihre Verbreitung lange Zeit durch die Doktrin des »sozialistischen Realismus« verhindert, der zufolge jegliche Form von Kunst die gesellschaftlichen Verhältnisse wahrheitsgetreu und volksnah darzustellen und das positive Wirken des Sozialismus aufzuzeigen habe. Die poetische Welt Kafkas erschien unter diesem Gesichtspunkt zu wenig auf eine politische und soziale Wirklichkeit bezogen zu sein. Kafkas Werke enthielten keine wie auch immer geartete Kritik der spätkapitalistischen Gesellschaft, in der sie entstanden, er schlage keine konkreten ›Lösungen‹ zur Überwindung der bestehenden Verhältnisse vor.

1963 forderte der österreichische Marxist Ernst Fischer in einem Vortrag, den er bei der Kafka-Konferenz in Liblice bei Prag hielt, ein ›Einreisevisum‹ für Kafka in die DDR und die anderen sozialistischen Länder. Er greift den Vorwurf, den man Kafka im Ostblock gemeinhin machte, auf, um ihn zu entkräften: »Der Vorwurf gegen Kafka reduziert sich schließlich darauf, daß er kein Marxist war, die Kraft der Arbeiterklasse, die Wirkung der sozialistischen Revolution unterschätzte. Dies aber wäre Thomas Mann und anderen Zeitgenossen Kafkas ebenso vorzuwerfen, und wäre ebenso ungeeignet, die Qualität ihrer Leistung zu würdigen. In einer Welt, in der so mannigfache Widersprüche ineinandergreifen, ist nicht nur eine Vielfalt künstlerischer Methoden unentbehrlich, sondern sind auch verschiedene soziale und individuelle Standpunkte unvermeidlich« (S. 376). Fischer weist die Auffassung von dem mangelnden Realitätsbezug Kafkas im allgemeinen und von seiner angeblichen Inaktualität in einer sozialistischen Gesellschaft im besonderen zurück:

»Ich möchte [...] der Behauptung entgegentreten, daß Kafka nur mehr eine historisch zu wertende Erscheinung sei, daß sein Werk der Vergangenheit angehöre. Kafka ist ein Dichter, der uns alle angeht. Die Entfremdung des Menschen, die er mit maximaler Intensität dargestellt hat, erreicht in der kapitalistischen Welt ein schauerliches Ausmaß. Sie ist aber auch in der sozialistischen Welt keineswegs überwunden. Sie Schritt für Schritt zu überwinden, im Kampfe gegen Dogmatismus und Bürokratismus, für sozialistische Demokratie, Initiative und Verantwortung, ist ein langwieriger Prozeß und eine große Aufgabe. Die Lektüre von Werken wie ›Der Prozeß‹ und ›Das Schloß‹ ist geeignet, zur Lösung dieser Aufgabe beizutragen. Der sozialistische Leser wird in ihnen Züge der eigenen Problematik wiederfinden, und der sozialistische Funktionär wird genötigt sein, in manchen Fragen gründlicher und differenzierter zu argumentieren. Anstatt Kafka als abgetan zu betrachten oder vor ihm Angst zu haben, sollte man seine Bücher drucken und dadurch eine Diskussion auf hohem Niveau heraufbeschwören.«

Ernst Fischer: Kafka-Konferenz. In: Franz Kafka aus Prager Sicht. Red. von Eduard Goldstücker [u. a.]. Berlin: Voltaire-Verlag, 1966. Zit. nach: Politzer. S. 365. – Mit Genehmigung von Louise Eisler-Fischer, Wien.

Unter Bezugnahme auf den ›Prozeß‹-Roman führt Fischer aus:

»Was Kafka [...] vor allem gestaltet, ist das Negative seines Zeitalters. Er selber schrieb: ›Ich habe von den Erfordernissen des Lebens gar nichts mitgebracht, so viel ich weiß, sondern nur die allgemeine menschliche Schwäche. Mit dieser – in dieser Hinsicht ist es eine riesenhafte Kraft – habe ich das Negative meiner Zeit, die mir ja sehr nahe ist, die ich nie zu bekämpfen, sondern gewissermaßen zu vertreten das Recht habe, kräftig aufgenommen. An dem geringen Positiven

sowie an dem äußersten zum Positiven umkippenden Negativen, hatte ich keinen ererbten Anteil . . .‹
Kein anderer Schriftsteller hat dieses Negative, die totale Entfremdung des Menschen, mit ähnlicher Intensität zur Sprache gebracht. Diese Intensität [. . .], diese Exaktheit des Entsetzens, hängt aufs engste mit dem Überwiegen des Negativen, mit der Einseitigkeit, dem Subjektivismus zusammen. Es gibt gesellschaftliche Situationen, in denen es noch nicht möglich ist, die neue Wirklichkeit in ihrer Totalität literarisch zu erfassen, und wäre es sogar möglich, so würde das abgerundete Bild an alarmierender Intensität verlieren. In solchen Situationen geht oft die Lyrik der Prosa voran – und wie viel unterirdische Lyrik tönt durch die harte Prosa Kafkas! Manches, was an Kafka als Schwäche getadelt wird, ist im Gegenteil eine Komponente seiner dichterischen Kraft. ›Die Buddenbrooks‹ sind nicht so tief in die Finsternis der spätkapitalistischen Welt eingedrungen wie der fragmentarische Roman ›Der Prozeß‹. Thomas Mann berichtet rückblickend von bürgerlicher Entwicklung (ohne Verständnis für die Arbeiterklasse), Kafka schaut voraus, entdeckt im Detail von heute das Inferno von morgen, steigert die Wirklichkeit zum vorwegnehmenden Angsttraum, zu der in ihr noch unausgereiften Möglichkeit. Greifen wir ein Detail heraus: die beiden Männer im ›Prozeß‹, die früh am Morgen kommen, um Josef K. zu verhaften, und jene andren beiden, die ihn holen, in den Steinbruch am Rande der Stadt, um ihn dort zu ›liquidieren‹. Auch damals schon, als Kafka diese Szenen entwarf, gab es das Klopfen an die Tür, das Zwillingspaar der Polizeibeamten; doch da es zumeist nur Kriminelle waren, die sie verhafteten, schien der Vorgang unerheblich. Kafka lebte nicht mehr, als diese beiden Männer wie Boten der Apokalypse durch die Welt gingen, leider nicht nur durch die kapitalistische. Im Detail die äußersten Möglichkeiten vorwegzunehmen, die düstere Verselbständigung von Machtapparaten vorauszuahnen, war nur ein Dichter von äußerster Sensibilität imstande, einer, der hinter dem Alltäglichen den ungeheuren Schatten künftiger Dinge sah.

[...] Es ist die Methode der phantastischen Satire, dieser bewußten Deformation ins Absurde, deren sich Kafka bedient. Durch die Absurdität der Übersteigerung wird der Leser bestürzt der Welt gewahr, in der er lebt, als einer durchaus nicht wohlgeratenen und annehmbaren, sondern als einer deformierten Welt. Das Erschreckende an dieser Satire, das über sie Hinausgreifende ist, daß der jeweils die Welt Erlebende ihr nicht gegenübersteht wie Gulliver, sondern sich als von ihr infiziert, als Mitschuldiger erkennt. Es kommt daher zu keinem reinigenden Gelächter. Das durchaus nicht fehlende Komische haftet in schwarzem Grauen. Nur ein schwarzes Lachen durchquert die zähe Finsternis. Auch der Satiriker Kafka erhebt sich nicht über die ihn bedrängende Welt. Er steckt mitten in ihr. Vielmehr: sie steckt mitten in ihm. Doch eben aus dieser Verstricktheit, aus diesem Unvermögen, die Welt als zornig Lachender zu bewältigen, dringt die durchbohrende Kraft der Darstellung. Hier ist also ein Dichter, der nicht vorgibt, allwissend zu sein, nicht ein alles zum Guten führender Gott, der auch im Scheitern seines Helden ein happy end ahnen läßt, in der Kreuzigung die Auferstehung, sondern einer, der vorwärtsirrt und nicht weiß, wie es enden soll.«

Ebd. S. 368–370.

Über die Konferenz in Liblice, von der man zunächst gehofft hatte, daß sie eine Wende in der Kulturpolitik der kommunistisch regierten Länder einleiten würde, wird zweiundzwanzig Jahre später in einer »Geschichte der Literatur der DDR« folgendes berichtet:

»Die internationale Kafka-Konferenz, 1963 in Liblice bei Prag abgehalten, bot Anlaß, revisionistischen Meinungen entgegenzutreten. Das Werk Franz Kafkas, in dem sich die Ohnmacht und Ratlosigkeit des Autors angesichts der imperialistischen Wirklichkeit widerspiegelt, wurde von einigen Kongreßteilnehmern als auch für die sozialistische Gesellschaft aktuell bezeichnet. Ernst Fischer, der Prager Literatur-

wissenschaftler Eduard Goldstücker und andere begründeten diese Aktualität damit, daß es auch im Sozialismus Erscheinungen von Entfremdung gäbe, wie sie Kafka gestaltet habe. Sie stützten sich dabei auf Diskussionen bürgerlicher und revisionistischer Ideologen über den von Marx analysierten Vorgang der kapitalistischen Entfremdung der Arbeit. Dabei war dieser Begriff verwässert und auf die unterschiedlichsten gesellschaftlichen Erscheinungen und schließlich auch auf die sozialistische Gesellschaft angewandt worden, in der die objektiven ökonomischen Ursachen der kapitalistischen Entfremdung der Arbeit beseitigt sind. Marxistisch-leninistische Theoretiker hatten eine solche Ausweitung des Begriffs verschiedentlich zurückgewiesen. In Liblice stellten marxistische Literaturwissenschaftler diese Aktualisierung Kafkas in Frage und forderten eine konsequent historische Betrachtungsweise, die allein der bedeutenden Leistung des Dichters gerecht wird. In der Sowjetunion und in der DDR war eine solche Auffassung schon früher in gründlichen literaturwissenschaftlichen Arbeiten dargelegt worden.
In der Deutschen Demokratischen Republik wurden die ideologischen Infiltrationsversuche des Gegners entschieden bekämpft.«

Autorenkollektiv: Geschichte der Literatur der DDR. Berlin: Volk und Wissen, 1985. S. 510.

MARTIN WALSER führte 1961 in einer Untersuchung, die den programmatischen Titel *Beschreibung einer Form* trägt, den Ansatz Beißners weiter aus.
Walser kommt bei seiner Untersuchung der Form zu dem Ergebnis, daß den Werken Kafkas eine gewisse »Gleichförmigkeit« eigne. Kafkas dichterische Welt sei ein »stereotypes Planetarium«, eine »geschaffene« Welt: und »die Geschaffenheit der Kafkaschen Welt ist die conditio sine qua non aller Wiederholbarkeit. Was einer vorhandenen Welt entnommen ist, [...] ist einmalig, unaustauschbar und unwiederholbar, weil es individuell ist« (S. 85).

Zu *Der Proceß* schreibt Walser:

»Drei Verlaufsreihen weist der Prozeß auf: die Pension, die Bank und das Gericht. Wir konnten hier nicht alle Verlaufsreihen auch nur andeuten; denn [. . .] die Konstruktion ist hier lückenlos; die drei Verlaufsreihen sind vielfältig ineinander verschlungen. Eine Bemühung folgt der anderen, ebenso notwendig eine Aufhebung der anderen. Die Pension, das Gericht, die Bank, es ist eigentlich gleichgültig, wo der Verlauf einsetzt, überall funktionieren die Figuren in der gleichen Weise. Der Rhythmus dieser Vorgänge ist kurzatmig, hart und schlagend. Es gibt keine Ruhepause, kein Abschweifen und keine Ausweichmöglichkeit. [. . .] wo K. auch immer ist, überall ist er im Prozeß. Wenn er auf der Straße geht, wird über ihm in den Fenstern gelacht, wenn er im Büro sitzt und über seinen Prozeß nachdenkt, tritt der Direktor-Stellvertreter lachend ein, wenn er abends heimkommt, glaubt er eine Wache vor dem Haus zu sehen . . .! Sein ganzes Denken ist eine ununterbrochene Bemühung um die Behauptung seiner Existenz; die Vorgänge, die eingeschaltet werden, heben diese Bemühung völlig automatisch auf. Natürlich fehlen hier auch alle Wendungen zum Guten, die in ›Amerika‹ die großen Intervalle bilden halfen.

Dank dieser atemlosen Rhythmik der Vorgänge hat man den ›Prozeß‹ immer wieder als ›dramatisch‹ bezeichnet und hat ihn auch auf die Bühne und in den Rundfunk gebracht[16]. [. . .] Trotz seiner scheinbaren Dramatik hat sich dieses Werk gegen jede Dramatisierung gesträubt. Und warum? Weil die Sprache episch ist und weil bei Kafka alles nur durch die Sprache konstituiert wird. Weil die Variationen der Leerform als Wiederholungen jeder Dramatik entbehren. Weil es in dieser Prosa keine Repräsentation des durch Schauspieler vollziehbaren Handelns gibt. Tätigkeit ist alles in diesem Werk, aber das Tun ist seines bewirkenden Charakters beraubt. Soweit es als Tun erscheint, ist es Diskussionsbeitrag in der Auseinandersetzung der Ordnungen. Das Tun ist

16 Siehe S. 198 f. des vorliegenden Bandes.

nicht mehr in der Sphäre des bloßen Handelns belassen, es fördert vielmehr, wie alles andere, das Denken in Ordnungen. Sobald aber diese Vorgänge aus dem sie allein dichterisch konstituierenden Medium des Wortes herausgerissen werden und durch das Medium der Gestalt, durch den Schauspieler auf der Bühne sichtbar gemacht werden, verliert die Konfrontierung der Ordnungen ihren eigentlichen Charakter. Die totale Vorstellung, die durch das Wort im Buch bewirkt wird, wird auf der Bühne zu einer mühsamen optischen Wahrnehmung, die schon darum jeder Kafkaschen Wirkung beraubt ist, weil sich kein Schauspieler dem charakteristischen Bewegungsmechanismus der einzelnen Figuren unterwerfen kann. [. . .]

Was den ›Prozeß‹ in die Nähe des Dramatischen zu stellen scheint, ist seine Geschlossenheit; als einziger der drei ›Romane‹ scheint er einen ›Schluß‹ zu haben. Wir haben dieses Schlußkapitel bisher völlig außer acht gelassen. Josef K. wird hingerichtet, die Variation der Vorgänge hört auf. Kafka konstruiert hier kein ironisches Schlußkapitel, er bleibt völlig in der von ihm geschaffenen Welt und trotzdem möchten wir behaupten, daß auch dieses Schlußkapitel kein echtes Ende ist. Um es überspitzt deutlich zu machen: hätte Kafka das Spiel der Ordnungen in Fadenspulen (wie Odradek) oder in Zelluloidbällen (s. Blumfeld)[17] konkretisiert, so wäre die Möglichkeit der unendlichen Wiederholbarkeit auch ›äußerlich‹ zum Ausdruck gekommen. So hat er aber neben die nichtendenmüssende Hierarchie der Behörde einen, sagen wir einmal, biologisch endlichen Menschen gesetzt. Dieser muß enden, aber das, was er als Ordnung ist (als Sein), kann nicht enden. Es besteht im ›Prozeß‹ keine Notwendigkeit, daß die Wiederholung der Vorgänge abbricht. Josef K. hört einfach auf, seine Behauptungen fortzusetzen, weil er einsieht, daß jeder Behauptung notwendig eine Aufhebung folgt. Er ist dieses Spiels müde geworden. Er

17 Gemeint sind die Texte *Die Sorge des Hausvaters* und *Blumfeld, ein älterer Junggeselle.*

will nicht ›begriffsstützig‹ sein: ›Soll man mir nachsagen dürfen, daß ich am Anfang des Prozesses ihn beenden wollte und jetzt, an seinem Ende, ihn wieder beginnen will?‹ fragt er sich. Er könnte also weiter prozessieren. Von Gericht aus ist kein Zwang zum Ende da. Im Gegenteil, man hat ihm zwei ›halbstumme, verständnislose Herren‹ geschickt, und hat es ihm ›überlassen‹, sich ›selbst das Notwendige zu sagen‹. Er bestimmt den Weg, die Herren gehorchen ihm; er könnte einen Polizisten zu Hilfe rufen, ja, der Polizist scheint von sich aus eingreifen zu wollen, da ›zog K. mit Macht die Herren vorwärts‹. Kurz vor seinem Ende überlegt K. noch: ›War noch Hilfe? Gab es *Einwände*, die man vergessen hatte? Gewiß gab es solche. Die Logik ist zwar unerschütterlich, aber einem Menschen der leben will, widersteht sie nicht.‹ Die ›Logik‹, daß der Prozeß nicht beendet werden kann, daß jeder Existenzbehauptung notwendig die Aufhebung folgt, diese Logik ist zwar unerschütterlich, aber der Lebenswille eines Menschen durchbricht sie insofern, als er das Leben trotz dieser Aussichtslosigkeit weiterlebt und seine Existenz trotz der immerwährenden Aufhebung weiter behauptet. Es gibt ja noch ›Einwände‹, das sind Existenzbehauptungen, die er noch nicht gemacht hatte, aber K. hat nicht mehr die Kraft, nicht mehr den Willen, sich weiter zu behaupten, deshalb liefert er sich gewissermaßen freiwillig ans Messer. Dieses Ende ist also willkürlich und nicht notwendig. Vielleicht hat Kafka dieses Ende einer Konvention zuliebe herbeigeführt, weil ein Roman eben ein Ende haben muß. [. . .]

Im ›Prozeß‹ lösen drei verschiedene Reihen von Vorgängen einander ab. Diese Kreise funktionieren ununterbrochen. Einen eigentlichen privaten Kreis, der für K. Ausruhemöglichkeit geboten hätte [. . .], hat Kafka zwar beabsichtigt, aber nicht vollendet. Und, so scheint es uns, das mit gutem Grund: die ›Fahrt zur Mutter‹ und die echte Freundschaft zum Staatsanwalt Hasterer hätten die Unabdingbarkeit des Prozesses geschwächt. Das von K. aus gesehen hoffnungslose Gleichgewicht von Existenzbehauptung und Aufhebung hätte gelitten. Mutter und Freund sind im Kreise dieser

funktionierenden Figuren Fremdkörper. K. hätte die Anstrengungen, die von diesem ›privaten‹ Kreis aus für ihn gemacht worden wären, der Intention des Werkes gemäß, selbst aufheben müssen, so, wie er die Bemühungen des Onkels aufhebt. Im Falle des Onkels ist es noch einigermaßen durch Leni gerechtfertigt, weil er sie für seine Zwecke einsetzen will und darum den Onkel vernachlässigt; aber schon hier deutet sich ein fataler Zug an, daß K. immer zu seinem eigenen Schaden handelt. Dieser Zug ist, der Konstruktion des Werkes gemäß, nur berechtigt, wenn er durch seine Behauptung stört und die Aufhebung verursacht. Würde er aber dem Freund und der Mutter gegenüber ebenso handeln, so würde das ›ideale‹ Verhältnis (im Sinne des Ausdrucks) K.s zur Behörde mißkreditiert werden, weil er dann selbst den Beweis liefern müßte, daß er auch seinen engsten Helfern gegenüber so handelt, daß er stört und aufgehoben werden muß oder sich selbst aufhebt. Daß Mutter und Freund zu wirklichen Helfern werden könnten, ist überhaupt nicht denkbar; das würde dem Werk in seiner ganzen Anlage widersprechen. Wirkliche Hilfe gibt es für K. nicht; er muß seine Existenz allein behaupten; wer sich ihm zur Seite stellt, wird mit aufgehoben (wie die Frau des Gerichtsdieners) oder schadet ihm (wie Leni).
Kafka beschränkt sich also auf die drei genannten Kreise, die er in ihrem Zusammenwirken gegen K. zeigt.«

Martin Walser: Beschreibung einer Form. Versuch über Franz Kafka. Frankfurt a. M.: Suhrkamp, 1993. S. 95–100. – Mit Genehmigung des Suhrkamp Verlags, Frankfurt a. M.

Auf Walsers Studie nahm Jost Schillemeit 1966 in einem Aufsatz Bezug. Einleitend stellt Schillemeit fest, daß der Interpret meist von einem Vorbegriff dessen ausgeht, was Wirklichkeit heißt, und diesen Vorbegriff mit dem Werk vergleicht: »Ja, mehr noch: er unterstellt, die Wirklichkeit, wie er sie begreift, sei das Thema Kafkas gewesen« (S. 578). Als

Ergebnis eines solchen Vergleichs werde meist eine Verzerrung der Realität (d. h. der Realität des Interpreten) in den Werken Kafkas konstatiert. Schillemeit weiter: »Die Frage ist aber offenbar die, ob Kafkas Dichtung überhaupt eine solche ›feststehende‹ Wirklichkeit als ihren ›Gegenstand‹ hat. Wenn aber nicht, ob es in ihr in irgendeinem anderen Sinn um Wirklichkeit geht« (S. 579). Walser habe diese Frage mit seiner These von der »Geschaffenheit« von Kafkas Welt beantwortet; es sei aber »zu prüfen, ob nicht auch in diesem Konzept gewisse ontologische Prämissen stecken, die die Interpretation von der reinen Entsprechung zum Werk abbringen.«

»Ich beschränke mich [...] auf Walsers Interpretation des ›Prozesses‹ und setze an bei einer kleinen, vielleicht belanglos erscheinenden Unstimmigkeit in bezug auf das Schlußkapitel des Werks. Dieses Schlußkapitel, meint Walser, sei ›kein echtes Ende‹, kein ›notwendiges‹, sondern ein ›zufälliges‹. [...] ›Hätte Kafka‹, schreibt Walser, ›das Spiel der Ordnungen in Fadenspulen (wie Odradek) oder in Zelluloidbällen (s. Blumfeld) konkretisiert, so wäre die Möglichkeit der unendlichen Wiederholbarkeit auch ›äußerlich‹ zum Ausdruck gekommen. So hat er aber neben die nichtendenmüssende Hierarchie der Behörde einen, sagen wir einmal, biologisch endlichen Menschen gesetzt. Dieser muß enden, aber das, was er als Ordnung ist (als Sein), kann nicht enden. Es besteht im ›Prozeß‹ keine Notwendigkeit, daß die Wiederholung der Vorgänge abbricht. Josef K. hört einfach auf, seine Behauptungen fortzusetzen, weil er einsieht, daß jeder Behauptung notwendig eine Aufhebung folgt. Er ist dieses Spiels müde geworden.‹

Dazu ist zunächst zu sagen, daß diese Sätze offenbar einen Widerspruch zu der Grundthese der Walserschen Interpretation und überhaupt des von Walser exemplarisch vorgeführten Interpretationstyps enthalten, einen Widerspruch nämlich zu der These, daß Kafkas Dichtungen ihre ›Ausdruckselemente nicht einer vorhandenen Welt‹ entnehmen. Hier, im Schlußkapitel *wäre* also, nach diesen Sätzen, ein ›der vorhandenen Welt entnommenes‹ Element, nämlich die Tatsache, daß der Mensch ›enden muß‹. Walser läßt es sogar der biologischen Realität entnommen sein, mit einem ›sagen wir einmal‹ allerdings, das eine gewisse Verlegenheit in Hinsicht auf die Herkunft dieser Tatsache ausdrückt. Man könnte sagen – im Sinne dieser Sätze – diese ›Entnahme‹ betreffe ja nur das Schlußkapitel des Romans und hänge damit zusammen, daß dieses kein notwendiges Ende sei, sondern ein im künstlerischen Sinne zufälliges, ja, in dieser Entnahme bestehe eben gerade der zufällige Charakter dieses Schlußkapitels, zu dem es nicht gekommen wäre ohne diese Rücksichtnahme auf das ›biologische‹ Endenmüssen des Menschen. Aber es ist doch nun zu fragen, ob dieses Schlußkapitel wirklich angemessen interpretiert ist als eine solche Rücksichtnahme auf die Tatsache, daß der Mensch ein ›biologisch endliches‹ Wesen ist, oder ob nicht vielleicht mit dieser Erklärung dem Werk ein Wirklichkeitsverständnis, insbesondere ein Verständnis menschlicher Wirklichkeit zugetraut wird, das ihm fremd ist, ein Wirklichkeitsverständnis, das vielleicht diesem Interpretationsverfahren überhaupt inhärent ist und das nur hier gleichsam an den Tag kommt. Es wäre also zunächst zu fragen: Ist wirklich das Erlahmen des Helden, sein Des-Spielsmüde-geworden-Sein, wie Walser will, der Grund für dieses Ende?

Josef K. selbst zumindest versteht es anders. Er versteht es nicht als das Ende seiner Kräfte, sondern als das Ende seines Prozesses. ›Soll man mir nachsagen dürfen‹, so sagt er sich, ›daß ich am Anfang des Prozesses ihn beenden wollte und jetzt, an seinem Ende, ihn wieder beginnen will?‹ Freilich – was heißt das: ›das Ende seines Prozesses‹? Gewöhnlich steht am Ende eines Prozesses das Urteil. Ein solches wird hier, im Unterschied zu der etwa zwei Jahre vorher entstandenen Erzählung Kafkas, die ›Das Urteil‹ heißt, nicht gesprochen, zumindest wird es dem Angeklagten nicht mitgeteilt. Man könnte allerdings auch sagen: gerade dies, daß ihm sein Urteil nicht mitgeteilt wird, sondern ihm nur diese ›halbstummen, verständnislosen Herren‹ geschickt werden, gerade dies zeigt ihm, daß er verurteilt ist. Gerade daß man ihn keiner Mitteilung würdigt, ist Urteils*spruch* genug. So verstanden, als Mitteilung, daß keine Mitteilung mehr gemacht wird, ist das Erscheinen der beiden ›Herren‹ offenbar durchaus kein Vorgang innerhalb einer unendlichen Kette gleicher Vorgänge, sondern im Gegenteil ein schlechthin einmaliger Vorgang, wenn das Wort einer Steigerung fähig wäre, müßte man sagen: ein Vorgang von äußerster Einmaligkeit.

Wie steht es dann aber um die früheren Begegnungen K.s mit dem Gericht? Gewiß wird man nicht bestreiten können, daß sich in ihnen vieles wiederholt. Besonders deutlich wird das an den Reden des Advokaten Huld, von denen es einmal ausdrücklich heißt: ›In solchen und ähnlichen Reden war der Advokat unerschöpflich. Sie wiederholten sich bei jedem Besuch. [. . .]‹. Aber erscheint nicht gerade diese ständige Wiederholung des Gleichen ohne jeden sichtbaren Fortschritt, dieses Auf-der-Stelle-Treten, als ein Zeitverlust, da zu gleicher Zeit, wie es einmal heißt, der ›Prozeß weiterrollt‹, weiter – das heißt: seinem *Ende* zu? Ist es nicht gerade dies, daß die Wiederkehr des Gleichen wegen der Endlichkeit des Prozesses keine unendliche sein kann, was K. zu immer neuer eiliger Tätigkeit veranlaßt? Zumindest aber wird man doch sagen müssen, daß, sofern hier immer wieder von Josef K.s Prozeß die *Rede* ist, auch immer wieder von seinem Ende die *Rede* ist – einfach deshalb, weil eben von einem ›Prozeß‹ die Rede ist, und zwar nicht von einem physikalischen ›Prozeß‹ oder einem ›Prozeß‹ im Sinne der Geschichtsphilosophie, sondern von einem ›Strafprozeß‹, wie K. den seinigen einmal nennt. Auch explizit ist oft genug vom Ende des Prozesses die Rede. Das Wort ›Ende‹, in Verbindung mit dem Prozeß gebraucht, ist sogar eins der am häufigsten wiederkehrenden des ganzen Werkes.«

Jost Schillemeit: Zum Wirklichkeitsproblem der Kafka-Interpretation. In: Deutsche Vierteljahrsschrift für Literaturwissenschaft und Geistesgeschichte 40 (1966) S. 580–583. – Mit Genehmigung von Jost Schillemeit, Braunschweig.

Günter Heintz kritisiert in der Einleitung zu einem von ihm herausgegebenen Band mit Interpretationen zu Franz Kafka, in dem anhand ausgewählter Beispiele die unterschiedlichen Methoden der Kafka-Deutung dokumentiert werden, die traditionelle Kafka-Forschung, weil sie sich »als abhängig von der Kompetenz des gebildeten Lesers erweist, Assoziationen zwischen isolierten Werkdaten und erinnertem Wissen herzustellen: Kriterium der Deutung wird so die kulturhistorische Kompetenz des Exegeten (der durchaus nicht Philologe zu sein braucht), nicht aber das Werk selbst als geschlossenes System« (S. 8).

Um zu illustrieren, daß man auf diese Weise der Reihe von Interpretationen beliebig viele weitere, in sich plausible, das Werk selbst aber mißachtende anfügen kann, entwirft Heintz folgende Deutung des »Proceß«-Romans:

»Warum sollte man den Roman [. . .] eines aus dem humanistischen Gymnasium hervorgegangenen Autors nicht auch als Paraphrase antiker Mysterienkulte begreifen, zumal es im Text dafür Anhaltspunkte dergestalt gibt, daß Episoden [. . .] nach dem Muster antiker Vorlagen geformt zu sein scheinen? Der Myste, der in den Isis-Kult eingeführt wurde, läßt sich in des Apuleius Roman so vernehmen:

›Nun war der Tag der Einweihung da. Sobald sich die Sonne gen Abend neigte, flossen von allenthalben her die Leute zusammen und verehrten mir, nach altem gottesdienstlichen Brauche, allerhand Geschenke. Darauf mußten sich alle und jegliche Profanen entfernen. Ich wurde mit einem groben, leinenen Gewande angetan, und der Hohepriester führte mich bei der Hand in das innerste Heiligtum des Tempels ein.

Vielleicht fragst Du hier neugierig, geneigter Leser, was nun gesprochen und vorgenommen worden? – Wie gern wollte ich's sagen, wenn ich es sagen dürfte! Wie heilig solltest Du es erfahren, wenn es Dir zu hören erlaubt wäre! Allein Zunge und Ohr würden gleich hart für den Frevel zu büßen haben!

Doch es möchte Dir schaden, wenn ich Deine fromme Neu-

gier so auf die Folter spannte; so höre denn und – glaube, traue! es ist wahrhaftig.
Ich ging bis zur Grenzscheide zwischen Leben und Tod. Ich betrat Proserpinens Schwelle, und nachdem ich durch alle Elemente gefahren, kehrte ich wiederum zurück. Zur Zeit der tiefsten Mitternacht sah ich die Sonne in ihrem hellsten Lichte leuchten; ich schaute die unteren und oberen Götter von Angesicht zu Angesicht und betete sie in der Nähe an.‹[18]

Man mache sich die verblüffende Übereinstimmung dieser Episode mit der gestrichenen Partie des unvollendeten Kapitels ›Das Haus‹ klar und tue ein übriges, indem man sich die bei Kafka zu einem Privattopos geratenden Momente transzendierender Erkenntnis, die in der Tatsache der physischen Defizienz des Erlebenden ihr Tertium comparationis besitzen, und die sie ankündigenden erzählerischen Signale vergegenwärtigt. Erkennt man hier nicht eine ›Quelle‹ und zugleich ein Deutungskriterium des Romans / des Werkes, ist nicht Josef K. der Myste, die Abgesandten des Gerichts die Mystagogen und der Roman insofern späte Paraphrase antiker Mysterientexte? Und darf man eine Bestätigung dieser Vermutung nicht gerade darin sehen, daß Kafka die besagte Passage streicht, kennt man doch sein ängstliches Bestreben, Stellen zu tilgen, die seine Intention zu deutlich werden lassen könnten? Aber da gibt es, ebenfalls im ›Prozeß‹, einen weiteren gestrichenen, weil ›sprechenden‹ Ausdruck, das Wort von der ›sozialistische[n] Versammlung‹[19], als die K. das Publikum der ersten Gerichtsszene identifizieren zu sollen glaubt. Warum könnte man von hierher den Roman nicht, wie geschehen ([Ernst] Fischer etc.), als einen politisch ambitionierten Beitrag zur Zeitgeschichte deuten.
Also: das Assoziationsvermögen des Lesers, das Funktion

18 Apuleius, *Der goldene Esel*, aus dem Lat. übers. von August Rode, Berlin ²1923, S. 302 f.
19 P 37; vgl. Anm. zu 41,20.

seines Wissens ist, wird zum Kriterium der literarischen Urteilfindung erhoben.«

Günter Heintz: Einleitung. In: G. H. (Hrsg.): Zu Franz Kafka. Stuttgart: Klett-Cotta, 1979. (LGW-Interpretationen. 42.) S. 8 f. – Mit Genehmigung von Günter Heintz, Mülheim.

Heintz fordert – wie schon zuvor Beißner und Walser – eine Rückbesinnung auf den Roman als in sich geschlossenes selbständiges sprachliches Gefüge, an das nicht von vornherein außerhalb von ihm liegende Kriterien zur Deutung herangetragen werden sollten; er bedient sich dabei des von Ferdinand de Saussure entwickelten Instrumentariums:

»Es ist spätestens seit de Saussure anerkannt, daß sich der semantische Wert eines Zeichens / eines Lexems aus seiner Stellung im Zusammenhang seines Systems ergibt, nicht aber aus der Beziehung zu einer außerhalb seiner liegenden, von einem akustischen Zeichen etikettierten Sache. Die ›valeur‹ eines sprachlichen Elements ist demnach Resultante des autonomen sprachlichen Gefüges. Dazu, daß das einzelne Element vorrangig Bestandteil eines sekundären (sprachlichen) Systems ist, also in einer Bedeutungsbeziehung steht und erst in zweiter Linie in einer Bezeichnungsbeziehung, gibt es eine Analogie im *literarischen* (tertiären) System ›Text‹. Wie etwa das sprachliche Feld bildet der Text ein geschlossenes System und somit sein eigenes semantisches Universum. Statt von Lexemen mag man nun von Textlexemen oder -figuren sprechen. Als solche können für den ›Prozeß‹ genannt werden: die Gerichtssphäre – die Frauen – Titorellis Malerei – die Szene im Dom – die Kanzleien – die Momente transzendierender Erkenntnis – die Tatsache von K.'s permanentem Kampf und Scheitern. Damit sind vorfindliche Textgegebenheiten erhoben, ohne daß bereits etwas über ihre Bedeutung ausgesagt wäre. Sie ergibt sich aus der Untersuchung des Systemzusammenhanges, innerhalb dessen die einzelnen Elemente oder Textlexeme ihre semantische Rolle spielen; die kritisierten Deutungsversuche ignorieren eben diesen Gesichtspunkt. Indem sie nach Korrespondenzen zwischen den einzelnen Textfigurationen und möglichen außerliterarischen Bezugsgrößen fragen, thematisieren sie statt der Bedeutungs- die Bezeichnungsdimension der fraglichen textinternen Einheiten. Sie identifizieren beispielsweise Gerichtssphäre und Kanzleien mit gewissen Gegebenheiten zur Zeit der Romanentstehung oder der auf sie folgenden Zeit und gelangen zur ›Deutung‹ des Romans als einer Satire auf den k.u.k. Beamtenapparat oder als einer Vorwegnahme faschistischer Praktiken; sie nehmen die zahlreich im Roman begegnenden Frauengestalten zum Anlaß zu einer Interpretation im Sinne der Psychoanalyse; Titorellis Malerei, an die Ikonenmalerei erinnernd, könnte ebenso zu einer theologischen Deutung veranlassen, wie die Szenen transzendierender Erkenntnis eine Würdigung im Sinne der Mysterienparaphrase nahelegen könnten. Oder: Kafkas Helden kämpfen und werden gerade deshalb schuldig; die Vermutung einer späten Variante des klassischen Dramenhelden böte sich an.

Das methodologisch problematische Vorwissen des Lesers / Interpreten ist bereits mit seiner Sprachlichkeit gegeben. An der Rede vom ›Gericht‹ sei das veranschaulicht: Bestandteil unserer sprachlichen Kompetenz, weist das Wort scheinbar zweifelsfrei und selbstverständlich in *den* Sachbereich, der in seiner alltagssprachlichen Bedeutung aufgehoben ist. Man scheint also nicht umhinzukönnen, beim Wort ›Gericht‹ an den vermeintlich denotierten Bereich seiner Erfahrung zu denken. Dessen ungeachtet ist dieser sprachlich motivierte Ausbruch aus dem tertiären System ›Text‹ nicht legitim, weil der Text selbst als maßstabsetzender Zusammenhang die vertraute Setzung neu valorisiert. ›Gericht‹ ist prinzipiell nicht das Gericht der sprachlichen Kompetenz, sondern die sich aus dem neuen Bezugssystem ergliedernde und neu valorisierende Größe, die nur noch die Klanggestalt, de Saussures ›image acoustique‹ mit dem Element unseres Lexikons gemeinsam hat. Das vom ›Gericht‹ Gesagte gilt prinzipiell für alle Textlexeme. [. . .] Angesichts dessen ist es zu verstehen, wenn gesagt wird: Der ideale Leser Kafkas ist der nicht-

wissende Leser, der gezwungen ist, den Text zu entschlüsseln, und das nur durch strenge und konsequente Induktion leistet.
Zeichentheoretisch defizitär, handelt das kritisierte Vorgehen insofern gegen das Werk, als es durchgehend bestrebt ist, von *einem* als ergiebig erkannten Ansatz her die *Gesamtheit* des Textes und der mit ihm gesetzten Probleme zu erfassen. So kommt es zu *der* theologischen, *der* soziologischen, *der* biographistischen etc. Deutung. Das dabei immer entstehende Gefühl des Ungenügens, daß alle diese Ansätze nur *Teile* des Werkes erfassen können, während andere als nicht in die Deutung passend übrigbleiben, ist charakteristisch für die Lektüre der Kafka-Sekundärliteratur.«

Ebd. S. 10 f.

Als Beispiel für die von ihm postulierte Untersuchungsmethode hat Heintz in seine Sammlung einen Beitrag von Gotthard Oblau über »Erkenntnis- und Kommunikationsfunktion der Sprache in Franz Kafkas ›Der Prozeß‹« aufgenommen. Oblau leiht sich – wie er zu Beginn seines Artikels anführt – bei Ludwig Wittgenstein und Algirdas Julien Greimas das Begriffspotential aus, mit dessen Hilfe er – wie es mit charakteristischer Zurückhaltung formuliert ist – eine »interpretatorische Aufhellung« des Romans versuchen will. Im folgenden ein Auszug aus dem Abschnitt über Kafka und Wittgenstein:

»Soll Wittgenstein [...] für die Kafka-Interpretation fruchtbar gemacht werden, so muß sich uns beides in den Blick stellen: Josef K. in seiner sprachlichen Apperzeption der Umwelt und in seiner sprachlichen Kommunikation mit seinen Kontrahenten. Dementsprechend soll es in der Auseinandersetzung mit Wittgenstein um zweierlei gehen: zunächst um die Beziehung zwischen Sprache und Realität, die für die Kafka-Interpretation Grundsätzliches aufhellt, sodann um den kommunikativen Aspekt, bei dem der Begriff des Sprachspiels relevant sein wird. [...]

Die Welt an sich stellt sich uns [...] vorsprachlich als eine amorphe Masse von Sinneseindrücken dar, die erst in der sprachlichen Beschreibung strukturiert wird. Die Art und das Maß der Genauigkeit dieser Strukturierung richtet sich je nach der Zweckmäßigkeit des Sprachgebrauchs. Hat sich über die Wirklichkeit aber erst einmal eine bestimmte sprachliche Struktur gelegt, so ist es unsagbar schwer, die außersprachliche Welt von ihrem sprachlichen Prägestempel zu trennen. Sprache wird dem Erkennenden zum Gefängnis (vgl. PU 101–104, 114 f., 119)[20]. Die Reflexion auf die Sprache, nicht auf eine ideale, sondern auf die tatsächlich verwendete Alltagssprache, kämpft für die Befreiung aus diesem Gefängnis: ›Die Philosophie ist ein Kampf gegen die Verhexung unsres Verstandes durch die Mittel unserer Sprache‹ (PU 109).

Diese Verhexung spielt im ›Prozeß‹-Roman eine entscheidende Rolle. Bereits im ersten Kapitel finden sich deutliche Hinweise darauf, daß das Problem des Prozesses das Problem seiner sprachlichen Perspektivierung ist. So spricht Josef K. gegenüber Fräulein Bürstner von einer ›Untersuchungskommission‹, die ihn aufgesucht habe. Wenig später sagt er: ›Was ich weiß, habe ich Ihnen schon gesagt. Sogar mehr als ich weiß, denn es war gar keine Untersuchungskommission, ich nenne es so, weil ich keinen anderen Namen dafür weiß.‹ Die Vorgänge der Verhaftung sind singulär und befremdend. Erst indem die Vorgänge versprachlicht werden, sind sie verstehbar und anderen Erlebnissen und Geschehenstypen zuzuordnen. Dabei besteht jedoch die Gefahr der Verzeichnung der Wirklichkeit. Auf diese Gefahr versucht Frau Grubach aufmerksam zu machen: ›Sie sind zwar verhaftet, aber nicht so wie ein Dieb verhaftet wird. Wenn man wie ein Dieb verhaftet wird, so ist es schlimm, aber diese Verhaftung –‹. Das heißt: ›Verhaftung‹ ist nicht dasselbe wie ›Verhaftung‹; gleichlautende sprachliche Ausdrücke garan-

20 *PU* steht für: Ludwig Wittgenstein, *Philosophische Untersuchungen*, Frankfurt a. M. [3]1975; die Ziffern bezeichnen die Paragraphen.

tieren nicht die Gleichartigkeit der durch sie bezeichneten Geschehnisse.
Diese beiden Hinweise mögen zunächst genügen, um anzudeuten, worin das innere Kraftfeld des Romans besteht: in der Verarbeitung der Realität zu sprachlichen Sachverhalten und den damit verbundenen Täuschungen, Mißverständnissen und Widersprüchen.«

Gotthard Oblau: Erkenntnis- und Kommunikationsfunktion der Sprache in Franz Kafkas »Der Prozeß«. In: Günter Heintz (Hrsg.): Zu Franz Kafka. Stuttgart: Klett-Cotta, 1979. (LGW-Interpretationen. 42.) S. 212 f. – Mit Genehmigung von Gotthard Oblau, Wuppertal.

»[...] noch eine methodologische Bemerkung: Kafka hat nicht dasjenige literarisch dargestellt, was Wittgenstein in seinen ›Philosophischen Untersuchungen‹ meinte. Ginge der Interpret von der gegenteiligen These aus, würde er den schon so oft begangenen Fehler wiederholen, Kafkas Werk für irgendeine Fachwissenschaft zu vereinnahmen und aus der literarischen Konkretion nur das herauszulesen, was er an fachwissenschaftlicher Abstraktion hineinliest. Statt dessen können Wittgensteins Begriffe nur als Hilfsinstrumente der Interpretation dienen. Nichts entbindet den Interpreten von der exakten Beobachtung des literarischen Werkes. Bei der Beobachtung des ›Prozesses‹ fällt dann aber auf, daß trotz aller einsinnigen Perspektive der Hauptfigur auch Kommunikation stattfindet. Die sprachlichen Äußerungen der Gegenspieler Josef K.s bieten durchaus die Möglichkeit, die absolute Sprachwelt K.s zu relativieren und dem Leser aus der sprachlichen Monoperspektive K.s herauszuhelfen. Für die Analyse der sprachlichen Kommunikation innerhalb des Romans kann dann der Sprachspielbegriff fruchtbar gemacht werden.
Um zu sehen, was Wittgenstein unter einem Sprachspiel versteht, wollen wir zunächst noch einmal Wittgensteins Überlegungen folgen:
Wie sich die Funktion der Sprache nicht in der Abbildung

der Welt erschöpft, so dient Sprache auch nicht allein der Deskription. Sprache ist primär eine menschliche Aktivität, sie ist eine von vielen Lebensformen. Damit wird für das Verständnis der Sprache der pragmatische Kontext konstitutiv. Sprache existiert in ihrem Gebrauch, und dieser ist eine menschliche Tätigkeit. Nun lassen sich in der Vielzahl der Handlungsabläufe charakteristische Typen erkennen, die in bestimmten Variationen immer wieder vorkommen. Dementsprechend gibt es auch mehr oder weniger festgelegte Sprachmuster, die mit gewisser Regelmäßigkeit Verwendung finden. Für typische Situationen gibt es typische Kommunikationsabläufe. Diese nennt Wittgenstein ›Sprachspiele‹ (PU 23). So viele Lebensformen und Handlungskontexte vorkommen, so viele verschiedene Sprachspiele gibt es auch. Die Regelmäßigkeit von Handlungssituationen und Sprachspielen ermöglicht die Verständigung, nicht etwa ein im Gedächtnis der Sprachteilnehmer vorhandenes Lexikon.

Der Gebrauch der Wörter ist entscheidender als ihre äußere Erscheinung. Trotz äußerer Gleichartigkeit haben die Wörter in verschiedenen Sprachspielen unterschiedliche Funktion (PU 11). Der Vielfalt praktischer Verwendungsweisen entspricht die Vielfalt semantischer Funktionen. Wittgensteins Sprachspielbegriff richtet sich gegen die Bedeutungstheorie der realistischen Semantik, für die die Grundstruktur der Bedeutung in der Zuordnung zwischen einem Ausdruck und einem Ding oder Lebewesen besteht. Diese Art der Zuordnung liegt in der Tat bei den Eigennamen vor. Doch die Bezeichnungsfunktion aller anderen Nomina erschöpft sich darin nicht. Dem Namen als *nomen proprium* steht der Begriff als *nomen appellativum* gegenüber. ›Tisch‹ ist nicht der Name für ein nur einmal vorkommendes Möbelstück. Als Begriff hat er dem Namen seinen kategorialen Status voraus. ›Tisch‹ bezeichnet nicht einen einmaligen Tisch, sondern den jeweils vorkommenden Tisch und darüber hinaus die Gesamtheit der Tische, also eine ganze Gattung von Möbelstücken. ›Tisch‹ steht dann für das, was allen Tischen gemeinsam ist, für eine geistige Abstraktion, für die Idee des Tisches. Charakteristisch für die realistische Semantik ist dabei ihre platonisierende Konzeption: Sie hält die Gliederung der Welt in geistig-begriffliche Gattungen für real, d. h. sprachunabhängig.

Dagegen wendet sich Wittgenstein: Es gibt keine sprachunabhängige Gemeinsamkeit aller Tische, kein Wesen des Tisches schlechthin. Diese Abstraktion wird von der Sprache nicht nachgezeichnet, sondern überhaupt erst gebildet. Die Sprache ist es, die die bunten und vielfältigen Eindrücke der Welt zweckmäßig ordnet und zusammenfaßt. Die Sprache spiegelt uns daher eine Gemeinsamkeit aller Tische vor. Die Sprache täuscht uns (PU 96, 115–117). So haben z. B. die Dinge und Handlungen, die wir als ›Spiele‹ bezeichnen, nicht alle eine gemeinsame Eigenschaft (PU 66). Nur das gemeinsame Wort suggeriert uns ein gemeinsames Wesen. (Genau dies versucht ja Frau Grubach dem Josef K. am Begriff ›Verhaftung‹ klarzumachen.) Im Grunde – und dies ist das Entscheidende bei Wittgenstein – gibt es gar keine Bedeutung als eigenständige Größe. Es gibt nicht zweierlei: hier die Wörter – dort die Bedeutungen (PU 120). Sondern Bedeutung hat ein Wort dadurch, daß es eine Rolle spielt in einer Reihe von geregelten menschlichen Verhaltensweisen (PU 43, 560), daß es in einem Sprachspiel eine bestimmte Funktion übernimmt und zu einem bestimmten Zweck verwendet wird. Wittgenstein richtet sich gegen die Gegenstandstheorie von Bedeutung. Nach ihm gibt es keine Bedeutung als hypostasierte oder metaphysische Größe neben dem Wort. Was zum Verständnis und zum Funktionieren von Sprache genügt, ist dies: Wörter, Situationen, Regelmäßigkeiten. Wittgenstein macht dies einsichtig am Beispiel des Pfeiles als Wegweiser (PU 454): Das Zeichen des Pfeiles hat keine Bedeutung. Es hat lediglich eine Form, und es erfüllt eine Funktion (indem Reisende seiner Richtung folgen). Würden die Reisenden das Wegweiserspiel nicht mitspielen und folgten einer Richtung nicht, dann hätte das Zeichen darüber hinaus keine Bedeutung an sich selber.

Daß Bedeutung keine Abbildung der Realität ist und keine eigenständige Größe außerhalb der Sprache, verdeutlicht Wittgenstein weiterhin am Beispiel der Ausdrücke für private Empfindungen. Die Bedeutung des Wortes ›Schmerz‹ ist nicht das, was allen Schmerzempfindungen gemeinsam ist – wer wollte das Gemeinsame ausfindig machen (PU 302, 305)? Denn jeder kann nur seinen eigenen Schmerz fühlen, Schmerz kenne ich nur als *meinen* Schmerz. In Fällen fremder Schmerzen habe ich kein Vergleichskriterium. Es kann also sein, daß verschiedene Personen, wenn sie von ›Schmerzen haben‹ reden, etwas völlig Verschiedenes meinen. Wittgensteins Antwort: Von diesem ›Meinen‹ ist das Gelingen der Kommunikation überhaupt nicht abhängig. Zum Sprachverhalten gehört überhaupt kein ›Meinen‹. Der Akt des ›Meinens‹ ist, wenn es ihn überhaupt gibt, sprachlich irrelevant. Sprache ist ihrem Wesen nach Sprachgebrauch und somit intersubjektiv ausgerichtet. Beim Gebrauch des Wortes ›Schmerz‹ geht es also um das, was intersubjektiv von Bedeutung ist, etwa das natürliche Schmerzverhalten. Die Bedeutung von ›Schmerz‹ ist nichts hinter oder neben dem Wort, sondern sein Gebrauch. Das Wort ist kommunikabel, weil es eine gewisse Regelmäßigkeit seiner Anwendungsfälle gibt, die das Verhalten der kommunizierenden Subjekte miteinschließen. Der Gebrauch eines Wortes funktioniert also unabhängig von der außersprachlichen Sache. Zur Beschreibung dieses Umstandes bringt Wittgenstein folgendes Modell:

(PU 293:) ›Angenommen, es hätte Jeder eine Schachtel, darin wäre etwas, was wir ‚Käfer' nennen. Niemand kann je in die Schachtel des Andern schaun; und Jeder sagt, er wisse nur vom Anblick *seines* Käfers, was ein Käfer ist. – Da könnte es ja sein, daß Jeder ein anderes Ding in seiner Schachtel hätte. Ja, man könnte sich vorstellen, daß sich ein solches Ding fortwährend veränderte. – Aber wenn nun das Wort ‚Käfer' dieser Leute doch einen Gebrauch hätte? – So wäre er nicht der der Bezeichnung eines Dings. Das Ding in der Schachtel gehört überhaupt nicht zum Sprachspiel; auch nicht einmal

als ein *Etwas*: denn die Schachtel könnte auch leer sein. – Nein, durch dieses Ding in der Schachtel kann ‚gekürzt werden'; es hebt sich weg, was immer es ist.‹
Von hier aus ist der Sprung zu Kafka nicht weit: Das Kafkasche Gericht ist ein Wittgensteinscher Käfer! Und nicht nur das Gericht, sondern alles, was mit den Wörtern des juridischen Sinnbezirks ›gemeint‹ sein könnte. Die Bedeutung des Gerichts, das Wesen des Prozesses, die Art der Verhaftung, alles dies, was den Interpreten seit jeher soviel Kopfzerbrechen bereitet hat, kürzt sich weg. ›Wegkürzen‹ bedeutet hier: Die Beantwortung dieser Fragen ist nicht die *conditio sine qua non* für eine Interpretation, sofern man den Gebrauch der Sprache innerhalb des Romans als Sprachspiel versteht.
[...]
Josef K. und die übrigen Personen benutzen nun Wörter aus dem juridischen Sinnbezirk, kommunizieren mit ihnen und verhalten sich in bestimmter Weise. Definitionen dessen, was ›Gericht‹, ›Verhaftung‹ etc. bedeuten, was die einzelnen Sprecher mit ihnen meinen, kommen nicht vor. Alles, was zutage liegt, sind Handlungskontexte und Verwendungsweisen dieser Wörter. Der Interpret kann sich nur von Wittgenstein dahingehend helfen lassen, daß er seine Interpretationsbemühungen nicht mit der Frage einsetzen läßt, was eigentlich mit den Wörtern des juridischen Sinnbezirks gemeint sei. Denn würden wir nicht durch Wittgenstein ermutigt, unsere vertraute Vorstellung von einer Bedeutung als geistig-metaphysische Größe neben den Wörtern fahren zu lassen, so müßten wir fragen, was Kafka mit dem ›Gericht‹ usw. meine. Der Versuch einer Beantwortung dieser Frage würde jedoch nur auf spekulative Abwege führen. Davor werden wir nun bewahrt, indem wir ganz einfach die Sprache beobachten und nicht etwas Dahinterliegendes suchen. Es geht nicht um geheimnisumwitterte Begriffshypostasen, sondern um die schlichte Sprachoberfläche. Es gilt also zunächst, den Gebrauch der juridischen Wörter zu beobachten. Dabei sollen gewisse Regelmäßigkeiten der Ver-

wendungsweise, also die Regeln der Sprachspiele, mit den juridischen Wörtern untersucht werden.
Die These ist nun, daß Josef K. einerseits und die am Gericht beteiligten Personen andererseits verschiedene Regelhaftigkeiten anwenden, also verschiedene Sprachspiele spielen. Das heißt, sie benutzen die juridischen Wörter in unterschiedlicher Weise, reagieren unterschiedlich darauf und stellen sie in verschiedene Kontexte. Wichtig ist dabei, auf die ganz konkrete Verwendung des Wortes abzuzielen. Man kann nicht sagen, beide Seiten stellten sich unter dem Gericht etwas anderes vor oder sie meinten etwas Unterschiedliches mit diesem Wort. Dieses Gemeinte läßt sich aus der Sprachverwendung gar nicht erheben. Dem entspricht, daß das Gericht bis auf die untersten Behörden im Roman selbst nie auftaucht. Nirgendwo im Roman wird auf etwas gezeigt mit der Erläuterung: Dieses ist das Gericht. Es wird nur darüber gesprochen, und es setzt Handlung in Bewegung. Ebenso ist es mit dem Gesetz in der Parabel ›Vor dem Gesetz‹. Das Gesetz ist der innere Mittelpunkt der gesamten Handlung, ohne jemals zu erscheinen oder definitorisch festgelegt zu werden. Es gibt auch keine eigentliche Verhaftung als klar ausgrenzbarer Vorgang, dem nachträglich das Etikett ›Verhaftung‹ angeheftet wird. Vorfindbar ist lediglich eine befremdliche Situation und der mehrfache Gebrauch des Wortes ›Verhaftung‹ durch die Wächter und durch Josef K. Dabei lassen sich auf beiden Seiten unterschiedliche Regelhaftigkeiten feststellen.
Die Doppelheit der Sprachspiele bildet das innere Kraftfeld des gesamten Romans.«

Ebd. S. 215–218.

Elias Canetti versucht in seinem 1969 erschienenen Essay über Kafkas Briefe an Felice, die Vorlagen für entscheidende Episoden des »Proceß«-Romans in Vorkommnissen während der Zeit der ersten Verlobung des Autors aufzuspüren. Besonders zwei Ereignisse, die sich entgegen Kafkas Wunsch in »peinlichster Öffentlichkeit« (S. 60) abgespielt hätten, seien in dem Roman verarbeitet. Das erste sei die offizielle Verlobung am 1. Juni 1914, das zweite die Entlobung am 12. Juli des Jahres. Die Verlobung habe quasi die Vorlage für die Verhaftungsszene – also das Anfangskapitel –, die Entlobung, die Kafka ja selbst mit einer Gerichtsverhandlung verglichen habe, die für die Exekution im Schlußkapitel geliefert. Was die Verhaftung anbelangt, so sei es wichtig, daß diese in einer Josef K. vertrauten Umgebung, in seinem eigenen Zimmer oder genauer in seinem eigenen Bett stattfinde. Dadurch, daß in diesem wohlbekannten Ambiente plötzlich ein Unbekannter vor K. stehe, werde das Unverständliche des Geschehens noch betont. Die eigentliche Verhaftung finde dann aber in einem Zimmer – dem Frl. Bürstners – statt, wo keiner der Anwesenden, einschließlich K., etwas zu suchen habe. Merkwürdig sei weiterhin, daß K. sich auch nach der Verhaftung weiter frei bewegen dürfe.

Diese verschiedenen sonderbaren Umstände erinnerten an die offizielle Verlobung. Kafka habe sich bei dieser Gelegenheit, die sich eigentlich in einem privaten Bereich hätte abspielen sollen, ebenfalls mit Fremden konfrontiert gesehen, und zwar einmal Menschen, die er wirklich nicht kannte (Mitgliedern der Familie Bauer), aber auch mit solchen, die ihm plötzlich unter dem Druck der Ereignisse fremd geworden waren: »Was [. . .] seine eigenen Angehörigen betrifft, so ist es, als hätte er die Fähigkeit, sie zu erkennen verloren, weil sie sich an einer Art von Gewaltakt gegen ihn beteiligten« (S. 61). Kafka habe sich also bei seiner Verlobung wie gefesselt und unter Fremden gefühlt.

Bei der Verhaftung K.s, so bemerkt Canetti, sei keine Frau anwesend; die weiße Bluse im Zimmer Fräulein Bürstners sei jedoch ein »Stellvertreter«. K. werde durch Informationen, die Frau Grubach ihm über Fräulein Bürstners Privatleben gebe, aufgereizt. Unter dem Vorwand, sich bei ihr für das Eindringen in ihr Zimmer entschuldigen zu wollen, suche K. die Nachbarin später auf, um dann – wie es im Roman heißt – wie ein »durstiges Tier« über sie herzufallen. Canetti meint, daß Fräulein Bürstner in diesem Kontext für Grete Bloch steht, der Freundin Felicens, nach der Kafka damals ein starkes Verlangen verspürt habe und deren Anwesenheit bei der Verlobung er sich herbeigewünscht hatte. Canetti: »Die komplexe und beinah unentwirrbare Situation, in der Kafka sich bei der Verlobung befand, ist so von ihm im ersten Kapitel des ›Prozeß‹ auf berückend klare Weise auseinandergesetzt worden« (S. 63).

JÜRGEN BORN beurteilt in einem 1985 erschienenen Aufsatz Canettis biographische Deutung recht skeptisch und fordert einen differenzierteren Umgang mit den im Roman zu entdeckenden »Realitätspartikeln«:

»Es ist gewiß sinnvoll, einzelne Realien aufzuzeigen, die in die Prozeß-Dichtung Eingang fanden, die Prager Topographie in den verschiedenen Kapiteln nachzuweisen und anderes mehr. Solche Realitätspartikel [...] bleiben aber von begrenztem Erkenntniswert, wenn sie nicht – durch ihre Bedeutsamkeit in den Augen des Autors – gleichsam einen Anspruch darauf haben, in der Interpretation zum Tragen zu kommen. Daß sich, wie uns Max Brod berichtet, in einigen Partien des Prozeß-Romans das seltsame Verhältnis Kafkas zu seinem Chef in der Arbeiter-Unfallversicherung widerspiegelt, ist für die Deutung kaum von Belang. [...] Auch die Übereinstimmung zwischen dem Alter Kafkas zur Zeit der Niederschrift des Romans und dem Josef K.s bleibt zunächst nur ein Realitätspartikel, das lediglich auf die Nähe des Autors zu seinem Helden verweist; doch erst durch die in den Tagebüchern und Briefen mehrmals wiederholten Selbstvorwürfe des Autors angesichts seines Alters gewinnt diese Übereinstimmung für die Deutung an Gewicht.
So bemerkenswert denn auch einige Realitätspartikel in der Dichtung sein mögen, für die Interpretation werden erst die mit der Biographie des Autors kongruenten *Themenkomplexe* bedeutsam: das soziale Verhalten, mitmenschliche Beziehungen, Selbstverantwortlichkeit.

Mit Recht haben daher Max Brod und eine Reihe anderer Interpreten auf das – freilich schon vom Autor des Prozeß-Romans hervorgehobene – Versagen Josef K.s gegenüber seinen Mitmenschen hingewiesen. Briefe und Tagebücher Kafkas lassen uns leicht die Verbindung zwischen der ›Lieblosigkeit‹ (M. Brod) Josef K.s und jener mangelnden Teilnahme erkennen, die Kafka immer wieder an sich selbst zu beobachten glaubte. Weniger augenscheinlich ist im Prozeß das Versagen des Helden speziell gegenüber der Frau. Wir erfahren im ersten Kapitel, daß Josef K. einmal in der Woche eine Weinstubenkellnerin namens Elsa aufsucht, die bis spät in die Nacht in einem Restaurant bedient und tagsüber nur vom Bett aus Besuche empfängt. In Fräulein Bürstner, seiner Zimmernachbarin in der Pension, begegnet ihm freilich ein anderer Typ Frau. Sie achtet er, und von ihr scheint er mehr zu erwarten als eine flüchtige Liebesbeziehung. Aber bei dem Versuch, sich ihr zu nähern, versagt er als Mensch, und sie entzieht sich ihm. Mehrmals versucht er, ›an sie heranzukommen, sie aber wußte es immer zu verhindern‹. Ein Wort Fräulein Bürstners aber, das sie an jenem Abend in der Pension gesprochen hatte, hat sich ihm eingeprägt: Sie könne für alles, was in ihrem Zimmer geschehe, ›die Verantwortung tragen, und zwar gegenüber jedem‹.

Hier ergibt sich eine wörtliche Übereinstimmung: Von der ›Verantwortung‹ hatten Kafka und Felice im Frühjahr 1913 in ihrem Briefwechsel gesprochen. Anfang März schrieb er ihr, er habe auf seine ›scheinbare Wiedergeburt pochend geglaubt, vor jedem die Verantwortung dafür übernehmen zu können‹, daß er versuchte, sie zu sich ›herüberzuziehn‹ (F 322). Während seines ersten Besuchs in Berlin (Ostern 1913) hatte Felice zu ihm gesagt, sie nehme ›die Verantwortung für alles‹ auf sich (F 349). In einem etwa zwei Monate später geschriebenen Brief teilt ihr Kafka mit, er könne ›die Verantwortung nicht tragen‹, denn er sehe sie für zu groß an; seine Eltern und Freunde rieten ihm, was er ja offen genug wolle, ›alle Verantwortung zu tragen‹ (F 388–389). Darin hatte sie ihn beschämt: Sie, die Frau, hatte die Verantwortung für alles auf sich nehmen wollen; er, der Mann, konnte sich nicht dazu entschließen, glaubte sich nicht stark genug für eine Ehe. Es war dieses Wort, das in Kafka so sehr nachklang, daß es hier in die Dichtung, den Prozeß-Roman, Eingang fand. Aber nicht das Wort allein, das Thema war von so nachhaltiger Wirkung.«

Jürgen Born: ›Leben und Werk‹ im Blickfeld der Deutung. In: J. B.: »Daß zwei in mir kämpfen ...« und andere Aufsätze zu Kafka. Wuppertaler Broschüren zur Allgemeinen Literaturwissenschaft. Nr. 2. 1988. (Bergische Universität – Gesamthochschule Wuppertal.) S. 126 f. – Mit Genehmigung von Jürgen Born, Wuppertal.

1974 erschien in Frankreich *Kafka. Pour une littérature mineure* von dem Philosophen Gilles Deleuze und dem Psychoanalytiker Félix Guattari. Der Titel geht auf eine Tagebucheintragung Kafkas vom 25. Dezember 1911 zurück, die »Schema zur Charakteristik kleiner Literaturen« überschrieben ist. Kafka benutzt den Terminus »kleine Literatur« eindeutig für die jiddische Literatur, insbesondere für die im ›Jargon‹ verfaßten Theaterstücke, die er 1911 in Prag kennenlernte. Deleuze/Guattari verstehen den Ausdruck anders: »Eine kleine oder mindere Literatur ist nicht die Literatur einer kleinen Sprache, sondern die einer Minderheit, die sich einer großen Sprache bedient« (*Kafka. Für eine kleine Literatur*, übers. von Burkhart Kroeber, S. 24). Ihrem Verständnis nach ist Kafka eine Minderheit in zweifachem Sinn: als deutschsprachiger Jude im vorwiegend von tschechischen Katholiken bewohnten Prag. Er benutze eine große Sprache – das Deutsche –, verwende es jedoch in einer besonderen Weise, indem er nicht versuche, die Perfektion der Kultursprache zu erreichen, sondern die kleinen Unregelmäßigkeiten und Defekte des ›Pragerdeutschen‹ betone und weiterentwickele. Seine Intention sei es gewesen, »dem Pragerdeutschen all jene unterentwickelten Momente [zu] entreißen, die es vor sich selber verbergen will«; es »aufschreien [zu] lassen in einem ganz nüchternen und strengen

Schrei [...]. Die Sprache langsam, schrittweise in die Wüste [zu] führen. Die Syntax zum Schreien benutzen, dem Schrei eine Syntax geben« (S. 37).

Jede ›mindere‹ Literatur sei revolutionär: »Groß und revolutionär ist nur das Kleine, das ›Mindere‹. Haß gegen alle Literatur der Herren. Hinwendung zu den Knechten, zu den kleinen Angestellten [...]. Das Interessanteste ist hier wieder die Möglichkeit, die *eigene* Sprache, auch wenn sie einheitlich und großartig ist oder war, wie eine kleine Sprache zu benutzen. *In* der eigenen Sprache wie ein Fremder leben« (S. 37 f.).

Kafka sei ein revolutionärer, das heißt ein eminent ›politischer‹ Autor: »Schreiben, der Primat des Schreibens, heißt bei Kafka nur eins: nicht ›Literatur‹, sondern Ausdruck, der ganz mit dem Verlangen verschmilzt, jenseits aller Gesetze, Staaten und Regime. Gleichwohl stets selber geschichtlicher, politischer und gesellschaftlicher Ausdruck. Eine Mikropolitik, eine Politik des Verlangens, die alle Instanzen in Frage stellt. Nie gab es einen Autor, der aus der Sicht des Verlangens lustiger und fröhlicher war; nie einen, der in dem, was er sagte, politischer und inniger auf Gesellschaftliches bezogen war. Alles bei ihm ist Lachen, angefangen mit dem ›Prozeß‹. Alles bei ihm ist Politik, angefangen mit den Briefen an Felice« (S. 58 f.).

Aus dieser Sichtweise heraus werden auch die Romane interpretiert, in denen Kafka gesellschaftliche »Verkettungen« darstelle und sie demontiere. Über den *Proceß* heißt es mit gleichzeitiger scharfer Zurückweisung der traditionellen Deutungsversuche:

»Negative oder Absenz-Theologie, Transzendenz des Gesetzes und Apriori der Schuld sind geläufige Themen in zahlreichen Kafka-Deutungen. Die berühmten Texte im ›Prozeß‹ [...] präsentieren das Gesetz als reine Leerform, ohne jeden Inhalt und ohne erkennbaren Gegenstand: Es erscheint nur als Urteilsspruch, und dieser wird nur in der Strafe erkennbar. Niemand kennt das Innere des Gesetzes. [...] In dem Kurztext ›Zur Frage der Gesetze‹ heißt es direkt: ›Es ist doch etwas äußerst Quälendes, nach Gesetzen beherrscht zu werden, die man nicht kennt‹, aber ›der Charakter dieser Gesetze verlangt auch das Geheimhalten ihres Bestandes‹ (E 314). Kant entwickelte die aufgeklärte Theorie von der Umkehrung der griechischen Gesetzesauffassung zur jüdisch-christlichen: Ihm zufolge entspringt das Gesetz nicht mehr einem präexistenten Guten, das ihm Inhalt verliehe, sondern es ist nur noch reine Form, die das Gute als solches bestimmt: Gut ist, was das Gesetz verkündet, und zwar in denselben formalen Bedingungen, unter denen es sich selbst verkündet. Man könnte nun meinen, Kafka sei dieser Umkehrungstheorie gefolgt. Allerdings bezeugt der Humor, den er in sie hineingelegt hat, eine ganz andere Absicht: Es ging ihm weniger um Abbildung des transzendenten und unerkennbaren Gesetzes als um ›Demontage des Mechanismus‹ einer ganz anderen Maschine, die ein solches Bild von Gesetzen nur braucht, um ihr Räderwerk zu justieren und ihr Getriebe ›vollsynchronisiert‹ funktionieren zu lassen [...]. Man muß den ganzen Roman ›Der Prozeß‹ als eine Art wissenschaftliche Untersuchung betrachten, als Protokoll über experimentelle Forschungen zur Funktionsweise einer Maschine, in der das Gesetz fast nur die Rolle eines äußerlichen Gerüstes spielt. Daher darf man die einzelnen Texte (z. B. die Parabel ›Vor dem Gesetz‹) auch nur mit großer Vorsicht benutzen, nur nach Auseinandersetzung mit dem Problem ihres jeweiligen Stellenwerts und vor allem ihrer Stellung innerhalb des Romans, den Max Brod so hergerichtet hat, daß er seiner Theorie einer negativen Theologie als Stütze dient.

Problematisch ist hauptsächlich die Stellung des kurzen Schlußkapitels mit K.s Exekution und die des vorletzten Kapitels (›Im Dom‹) mit der Parabel über den Türhüter vor dem Gesetz. Nichts beweist schließlich, daß Kafka das letzte Kapitel zuletzt geschrieben hat; es ist durchaus möglich, daß er es gleich zu Beginn niederschrieb, als er noch ganz unter dem Eindruck des Bruchs mit Felice stand. Es ist ein abruptes, angehängtes, verunglücktes Ende. [...]

Die Geschichte vom Türhüter vor dem Gesetz bleibt recht vieldeutig, und K. bemerkt selbst, daß der Geistliche, der sie erzählt, ein Mitglied des Justizapparats ist, ein Gefängniskaplan, also einer, der in einer Reihe mit anderen steht, ohne jedes Privileg, da ja nicht einzusehen ist, wieso die Reihe gerade bei ihm enden sollte. [...]
Unter der Annahme einer Transzendenz muß das Gesetz tatsächlich in einer notwendigen Beziehung zur Schuld, zur Nichterkennbarkeit, zum Urteilsspruch oder zur Urteilsverkündung stehen. Die Schuld muß in der Tat das Apriori sein, das der Transzendenz des Gesetzes entspricht. Wenn das Gesetz keinen Inhalt hat, sondern reine Form ist, kann es nicht zum Bereich der Erkenntnis gehören, sondern nur und ausschließlich zu dem der praktischen Notwendigkeit. So sagt der Geistliche im Dom, man müsse nicht alles, was der Türhüter sagt, für wahr halten, ›man muß es nur für notwendig halten‹ (P 188). Und wenn das Gesetz kein Gegenstand der Erkenntnis ist, bestimmt es sich schließlich nur durch seine Verkündung, und es verkündet sich nur im Akt der Bestrafung: Urteilsspruch direkt als Urteilsvollstreckung, unmittelbar auf den Körper, ins Fleisch geschrieben, praktische Urteilsverkündung, die sich jeder spekulativen Setzung entgegenstellt. All diese Themen sind im ›Prozeß‹ durchaus gegenwärtig. Doch sie sind Gegenstand einer minutiösen *Demontage*, ja Demolierung, die K. mit einer langen Versuchsreihe vornimmt. Der erste Aspekt dieser Demontage besteht darin, ›von vornherein jeden Gedanken an eine mögliche Schuld abzulehnen‹, da diese ja selbst ein Bestandteil der Anklage ist: Die Schuld ist immer nur Scheinbewegung, auf die euch die Richter und sogar noch die Anwälte festlegen wollen, damit ihr euch nicht wirklich bewegt, damit ihr eure Interessen nicht selber wahrnehmt. Zweitens merkt K. ziemlich bald, daß die Undurchschaubarkeit des Gesetzes nicht etwa daher rührt, daß es sich in eine Transzendenz zurückgezogen hätte, sondern einfach daher, daß es überhaupt kein Inneres hat und niemals ›hier‹ ist: Es ist immer im Büro nebenan, immer hinter einer Tür [...]. Und schließlich ver-

kündet sich das Gesetz nicht etwa kraft seiner angeblichen Transzendenz, sondern es ist beinahe umgekehrt: Der Urteilsspruch, die Urteilsverkündung schafft das Gesetz, und zwar kraft einer immanenten Macht dessen, der das Urteil verkündet. Das Gesetz vermengt sich mit den Worten des Türhüters, und die Schrift – weit davon entfernt, notwendiger und abgeleiteter Ausdruck des Gesetzes zu sein – *geht dem Gesetz voran.*«

Gilles Deleuze / Félix Guattari: Kafka. Für eine kleine Literatur. Übers. von Burkhart Kroeber. Frankfurt a. M.: Suhrkamp, 1976. S. 60–62.

In einem Vortrag von 1977 resümiert THEO ELM fünfzig Jahre Kafka-Forschung: »Dem ›unprofessionellen‹ Leser, der sich von der Germanistik ein wenig Hilfe für die eigene Kafka-Lektüre erhofft, drohen inzwischen rund 11000 Experten-›Meinungen‹, die sich – Charakteristikum der Kafkaliteratur – allesamt den Anspruch der Kompetenz streitig machen. Ein Blick etwa auf den ›stehenden Sturmlauf‹ der Interpretationen zum ›Prozeß‹ vermittelt *so* kontradiktorisch gesetzte Thesen, daß dem Hilfesuchenden als Fazit nur noch Zweifel bleiben« (S. 31).

»[. . .] Die hier skizzierte Situation der Kafka-Interpretation veranlaßt die Frage, ob bei einem Autor, für den Dichtung ›Expedition nach der Wahrheit‹, Wahrheit aber ›das Geheimnis, das Dunkel‹ ist, *darstellungs*ästhetische Deutungen, die allein von der objektiven Gültigkeit, der Wahrheitskundgabe des Textes ausgehen, überhaupt angemessen sind. Oder ob gerade die Problematisierung des Erkenntnisweges, auf dem das Ziel, die Wahrheit, nicht erreicht werden kann, als Thema des Kafka-Werks auch zur Grundlage seiner Rezeption werden müßte. Eine *rezeptions*ästhetische Interpretation, die am Text nicht dessen scheinbare Wahrheit, sondern die hermeneutischen Schwierigkeiten des Lesers nachzuweisen und zu verstehen versucht, entginge vielleicht der ›Verzweiflung‹, da sie sich nicht an der ›Unveränderlichkeit‹ der ›Schrift‹ stößt, sie nicht auf faßliche Wahrheiten reduziert, sondern lediglich den Sinn der *Deutungsproblematik*, die der Text veranlaßt, verstehen will.«

Theo Elm: Die unveränderliche Schrift und die verzweifelten Meinungen. Zur Deutungsproblematik des Romans »Der Prozeß«. In: Türen zur Transzendenz. Internationales Kafka-Symposion, 1.–11. Dezember 1977 in der Evangelischen Akademie Hofgeismar. Hofgeismar 1978. S. 32. – Mit Genehmigung von Theo Elm, Effeltrich.

Elm weist dem Roman eine »dynamische Deutungsoffenheit« zu, »die sich immer wieder aus neuen, das Gesagte relativierenden Einzelheiten des Geschehens konstituiert«. Weiter heißt es:

»So sammelt der Text als Leerform letztlich das Bewußtsein seiner Leser, das für sie freilich existentiell unverzichtbar ist. Daher die in den Deutungen auffällige Apodiktik der Thesen und Egozentrik der Interpreten, die weltanschauliche Bedingungslosigkeit und unendliche Variation der Meinungen. Nie steht das Werk im Mittelpunkt der Rezeption, sonst bliebe seine Eigentümlichkeit, der Widerspruch von rationaler Zweckhaftigkeit und gleitender Sinnenttäuschung gewahrt, sondern die schematisierende Meinung seiner Leser, – provoziert von der Rezeptionsstruktur des Textes. [...] Die wirkungsästhetische Bedeutung dieser Provokation steht im Zusammenhang mit dem formalen Charakteristikum des Romans, der personalen Erzählsituation, die jede Aussage der Erzählperson Josef K. zu überantworten scheint. Obgleich auch hier nicht konsequent, so doch in radikaler Überspitzung ausgeführt ist dieses erzähltechnische Verfahren an einigen Stellen, wo das Erzählgeschehen, der Fortgang der Handlung, von der Subjektivität des ›Helden‹ gar expressis verbis abhängig gemacht und das kategoriale Schema von Ursache und Wirkung demonstrativ entwertet wird: K. erkundigt sich bei der Suche nach dem Gerichtssaal aufs Geratewohl nach dem Tischler Lanz, – und

es wird ihm der Weg gewiesen; K. setzt sich selbst willkürlich den Gerichtstermin, – und wird vom Richter zu eben dieser Zeit erwartet; als K. am Ende feierlich schwarz gekleidet in seiner Wohnung Besuch erhofft, klopfen sogleich die Abgeordneten des Gerichts an die Tür.
W. Kudszus[21] hat freilich wiederholt darauf hingewiesen, daß zumal die Kapitel- und Szenenanfänge des Romans scheinbar auktorial konzipiert sind, wie aus der traditionellen Perspektive des ›allwissenden‹ Erzählers in den Romanen des 18. und 19. Jahrhunderts. Vermittelt die ›notwendige‹ Feststellung etwa des Romanbeginns tatsächlich diesen Eindruck, so erweist sich doch im nachhinein, wenn sich die Kommentierung des Geschehens als Ergebnis K.scher Reflexion zu erkennen gibt, die einleitende These als erlebte Rede, als personal erzählter, nur subjektiv bedingter, nur vorläufig gültiger Standpunkt, mit dem der Schein absoluter Aussageverläßlichkeit zerbricht.
Die Entwicklung der Erzählsituation bleibt nicht ohne Auswirkung auf die Rezeption des Romans. Die Entwertung der vorgetäuschten Souveränität der Kapitel- und Szenenanfänge wird vom Leser offenbar als ›Unbestimmtheits‹- oder ›Leerstelle‹ empfunden, die durch rationalisierende Erklärungen aufzufüllen ist. [...] Die willkürlich behaupteten Deutungen vermitteln dem Leser geradezu das Erlebnis absoluter Gewißheit, die der Text gleichwohl nicht hat.«

Ebd. S. 34 f.

1990 stellte Detlef Kremer in einem Vortrag über die »selbstreferentielle Struktur« von *Der Proceß* die These auf, daß Kafka in dem Roman den hermeneutischen Verstehenskomplex darstelle: »Kafka hat die Möglichkeit der Verständigung und des Verstehens in seinen Texten nicht eben hoch eingeschätzt, zwar ist die Position des Lesers im ›Pro-

21 Winfried Kudszus, »Erzählperspektive und Erzählgeschehen in Kafkas ›Prozeß‹«, in: *Deutsche Vierteljahrsschrift für Literaturwissenschaft und Geistesgeschichte* 44 (1970) H. 2, S. 306–317.

zeß‹ [. . .] besetzt, aber eher um die Vergeblichkeit seines Bemühens vor Augen zu führen, zumindest um eine vorschnelle Festschreibung des Sinnes zu verhindern.«

»In der Nachfolge Flauberts hat Kafka seine schreibende ›Expedition nach Wahrheit‹ als Folter und Selbstqual beschrieben, die aber zu lustvoll ist, als daß er sich ihr entziehen könnte. K.s Hoffnung, ›außerhalb des Prozesses‹ zu leben (KKAP 291), bleibt für den Roman ›Der Proceß‹ einholbar, für den Autor Kafka und den Prozeß des Schreibens gilt dies mitnichten, denn er überlagert sich mit dem Prozeß des Lebens, der das Außen allenfalls als Tod zuläßt.
Kafka hat sein Interesse, ja seine innere Affinität zu Imaginationen der Folter und der Qual des öfteren bereitwillig mitgeteilt. Als Milena J. ihm ihre Übersetzung einer Passage aus Upton Sinclairs ›Jimmy Higgins‹ schickt, in der es um eine Folterszene geht, da ist Kafka begeistert: ›Es deutet doch auf eine Geschmacksähnlichkeit hin, daß Du gerade diese Stelle übersetzt hast. Ja, das Foltern ist mir äußerst wichtig, ich beschäftige mich mit nichts anderem als mit Gefoltert-werden und Foltern.‹ (M 304) Kafkas Begründung für seine Lust an der Folter verweist erneut auf einen sprachlichen, d. h. für Kafka schriftlichen Zusammenhang: ›Warum? Aus einem ähnlichen Grund wie Perkins und ähnlich unüberlegt, mechanisch und traditionsgemäß; nämlich um aus dem verdammten Mund das verdammte Wort zu erfahren.‹ (ebd.)
Aus dem Text der ›Strafkolonie‹ wissen wir, daß dieses verdammte Wort nicht in ›Schönschrift für Schulkinder‹ (E 107) geschrieben, sondern in den blutenden Körper eingraviert wird. Von hier wissen wir auch, daß es durchgängig mit Schmutz und Peinlichkeit konnotiert ist. Seine erotische Motivation, die im Zweiklang von Qual und Lust immer schon vorgegeben ist, formuliert Kafka im ›Proceß‹-Roman stärker aus. Von Fräulein Bürstner, der K. so gerne die Gurgel küßt, über die ›verdorbene‹ (KKAP 77) Waschfrau, die sich bei der ersten Untersuchung mit einem Studenten auf der Erde wälzt und sich später auch K. ›anbietet‹, die anrüchigen geschminkten Mädchen, die das Bett Titorellis umla-

gern und bei jeder Gelegenheit die ohnehin zu kurzen Röcke heben, bis hin zu den eitlen Richtern selbst, die nichts anderes als ›Frauenjäger‹ sind, entfaltet der ›Proceß‹ eine Art erotisches Zwangsuniversum, dem K. sich nur durch seine Exekution entziehen kann. Mich interessiert in diesem Zusammenhang nur derjenige erotische Aspekt des ›Proceß‹-Romans, der Vorstellungen der Qual und Selbstqual und den Vorgang des Schreibens betrifft. Daß die alten abgegriffenen, sehr schmutzigen Gesetzbücher u. a. ›unanständige Bilder‹ und einen Roman mit dem Titel ›Die Plagen, welche Grete von ihrem Manne Hans zu erleiden hatte‹ enthalten, ist bekannt. Ich übergehe hier auch die signifikante Funktion der Schürze, mit der übrigens auch die Waschfrau die Gesetzbücher abwischt. Ich werde mich auf zwei Szenen beschränken, aus dem fünften und siebten Kapitel, beide sind durch mein Thema der Selbstreferenz vorgegeben.

Im ›Prügler‹-Kapitel öffnet K., von Seufzern neugierig gemacht, eine Tür, die einen Blick in eine Rumpelkammer öffnet. Ein Prügler in sadistischer Lederkleidung schlägt mit einer Rute auf die Wächter Willem und Franz ein. Eine solche Kurzzusammenfassung gibt die Strafszenerie einigermaßen korrekt wieder und unterschlägt doch ein ganz zentrales Detail in Kafkas Aufbau der Szene. Der erste Blick in die Rumpelkammer trifft nicht auf den ledernen Folterknecht, sondern auf Chiffren des Schreibens: ›Unbrauchbare alte Drucksorten, umgeworfene leere irdene Tintenflaschen lagen hinter der Schwelle.‹ (KKAP 108) Daß die Folterszene von Schreibrequisiten flankiert wird, kann man spätestens dann nicht mehr als Zufall oder Beiläufigkeit abtun, wenn sich tags darauf auch beim zweiten Blick in die Rumpelkammer das Szenario haargenau wiederholt. Wieder fallen zunächst ›Drucksorten und Tintenflaschen‹ in die Augen, bevor Prügler und Delinquenten auftauchen. (Vgl. KKAP 117) Unter der Prügel stößt der Wächter Franz einen Schrei aus, der – so wörtlich – ›nicht von einem Menschen, sondern von einem gemarterten Instrument zu stammen‹ schien. (P 113) Es hilft aber nichts, der Prügler prügelt wei-

ter, Franz wälzt sich am Boden und die ›Spitze‹ der Rute schwingt sich über ihm ›regelmäßig auf und ab.‹ (Ebd.)
Immer dann, wenn Kafka ein Folterinstrument sich ›regelmäßig auf und ab‹ bewegen läßt, dann meint er auch das regelmäßige Auf und Nieder der Spitze seiner Schreibfeder auf dem unnachgiebigen Papier, dann meint er nicht nur die Folterung irgendeines Verurteilten auf der fiktiven Handlungsebene, sondern auch die lustvolle Selbstqual des Schreibers Franz Kafka am Schreibtisch. ›Weißt Du wenn ich so etwas hinschreiben will wie das folgende, nähern sich schon die Schwerter, deren Spitzen im Kranz mich umgeben, langsam dem Körper, es ist die vollkommenste Folter; [. . .].‹ (M 229) Was Kafka Milena Jesenská im Jahre 1920 beichtet, stellte schon eines der Zentren des ›Prozeß‹-Romans und der ›Strafkolonie‹ aus den Jahren 1914/15 dar. Inmitten einer sorgenvollen Reflexion darüber, ob er sich nicht vollständig auf seinen Prozeß konzentrieren und seinen Beruf wenigstens vorübergehend aufgeben solle – ›es handelte sich doch um einen ganzen Proceß, dessen Dauer unabsehbar war‹ (KKAP 177) –, inmitten dieser Überlegungen kreuzen sich K. erneut die ›Schriften dieses Processes‹ mit ›Folter‹. Ort dieser Folter ist wiederum der ›Schreibtisch‹: ›Er sah auf den Schreibtisch hin. – Jetzt sollte er Parteien vorlassen und mit ihnen verhandeln? Während sein Proceß weiterrollte, während oben auf dem Dachboden die Gerichtsbeamten über den Schriften dieses Processes saßen, sollte er die Geschäfte der Bank besorgen? Sah es nicht aus, wie eine Folter, die vom Gericht anerkannt, mit dem Proceß zusammenhieng und ihn begleitete?‹ (KKAP 177 f.)
Wenn man zusätzlich noch die Aussage des Malers bedenkt, daß nicht nur die verlockend verdorbenen Mädchen, sondern eben einfach ›alles zum Gericht gehört‹ (KKAP 202), dann liegt es nahe, den ›Proceß‹ als eine von erotischen Obsessionen und Machtimaginationen inspirierte universale Form zu lesen, deren durchgängig selbstreferentieller Status Sinnzuweisungen auch wieder nur als Prozesse zuläßt, keineswegs als endgültige Festschreibungen. Der ›Proceß‹

beschreibt das formale Gerüst und die immanente Dynamik eines jeden grundlegenden Lebensvorgangs. Er folgt einem Begehren, das so gut der Erotik wie dem Strafen oder der Macht gilt, das aber ebenso auf Vorgänge der Erkenntnis und des Schreibens ausgeht. Der Prozeß des Bankangestellten Josef K. stellt die Grundstrukturen eines jeden möglichen Prozesses: er ist Lebensprozeß so gut wie Erkenntnisprozeß nach einer Wahrheit, die nur bei der Annäherung existent ist und sich jeder Fixierung entzieht, er beschreibt im gleichen Maße eine Liebesbeziehung und einen bürokratischen Akt, er nimmt die Formen eines Strafprozesses oder einer katastrophalen Verlobungsbeziehung an, wie er sich selbst immer auch als Prozeß des Schreibens in Erinnerung ruft. Letztendlich muß Kafkas ›Proceß‹ auch als indifferenter Spiegel herhalten, der genau jene Sinnmotive getreu, aber teilnahmslos zurückwirft, die man ihm anbietet. Der ›Proceß‹ beschreibt eine Form, eine Schreibform, die beinahe jede inhaltliche Spezifikation dankbar aufnimmt, die aber auch jede ebenso schnell wieder abwirft. Wir müssen den Schluß- und Kernsatz des Gefängnisgeistlichen ernst nehmen: ›Das Gericht will nichts von Dir. Es nimmt Dich auf wenn Du kommst und es entläßt Dich wenn Du gehst.‹ (KKAP 304) Kafka beschreibt einen Prozeß, in dem der Göttin der Gerechtigkeit Flügel an den Fersen wachsen, also dort, wo auch den antiken Schutzbefohlenen des Verstehens, wo auch Hermes Flügel zierten. Die hermeneutische Umformulierung des Satzes lautet dann: ›Der Text will nichts von Dir. Er nimmt Dich auf wenn Du kommst und er entläßt Dich wenn Du gehst.‹ (KKAP 304) Als poetische Erzählbewegung bietet der *Proceß* unablässig mehr oder minder versteckte Sinnfolien an, ohne sie konsequent zu entfalten. Den Schlüssel zum abschließenden Verständnis des *Processes* gibt es ebensowenig wie den, der das *Schloß* aufschließen könnte. Es wäre auch nicht richtig, mit Walter Benjamin zu meinen, der Schlüssel sei verlorengegangen, denn in diesem Singular hat es ihn niemals gegeben. Für den *Proceß* existieren bereits, um noch einen Augenblick im Bild zu bleiben, so viele Schlüssel, daß eine Rede von *dem* Schlüssel fragwürdig ist. Die Metapher vom ›geschlossenen‹ Text und seinem passenden Sinn-Schlüssel gehört zudem einer hermeneutischen Tradition an, die für Kafkas Texte kaum mehr angemessen ist. Wiederum der Geistliche formuliert unter Berufung auf die Schrifttradition die Hermeneutik der Aporie: ›Die Erklärer sagen hiezu: Richtiges Auffassen einer Sache und Mißverstehn der gleichen Sache schließen einander nicht vollständig aus.‹ (KKAP 297) Das entspricht in etwa der Aporie des Schreibers Franz Kafka, einem Leser zu verstehen zu geben, daß er niemals verstehen wird, allenfalls sich selbst und seinen eigenen Prozeß.«

Detlef Kremer: Franz Kafka, »Der Proceß«. In: Hans Dieter Zimmermann (Hrsg.): Nach erneuter Lektüre: Franz Kafkas »Der Proceß«. Würzburg: Königshausen & Neumann, 1992. S. 195 bis 199. – Mit Genehmigung von Detlef Kremer, Bielefeld.

V. *Der Proceß* als Ausgangspunkt für Drama, Film und Werke der bildenden Kunst

Kafkas Schriften insgesamt haben Künstler, die mit und in anderen Medien arbeiten, zu eigenen Werken inspiriert. Die drei großen Romane sind mehrfach verfilmt worden, Erzählungen wie *Die Verwandlung* und *Bericht für eine Akademie* haben als Vorlage für Theaterstücke gedient, einzelne Szenen aus längeren und kürzeren Prosatexten sind von zahlreichen Malern und Grafikern ›ins Bild gesetzt‹ worden. Allgemein gilt, daß die Geschichte dieser anderen Kunstschöpfungen, die auf Kafka zurückgehen, »zunächst Teil einer Geschichte der Kafka-Deutung« (Wunderlich, S. 825) ist, d. h. es handelt sich bei diesen Werken um Rezeptionszeugnisse einer besonderen Art.

Auffallend ist, daß *Der Proceß* häufiger und auch früher als die übrigen Texte von anderen Künstlern auf ihre Weise rezipiert worden ist.

Schon 1942 faßten der französische Schriftsteller André Gide und der Schauspieler und Regisseur Jean-Louis Barrault den Plan zu einer szenischen Bearbeitung des Romans, die dann 1947 realisiert wurde. Wieder war zu bemerken, daß diesem Roman eine bestimmte Art von Zeitlosigkeit – und damit immerwährender Aktualität – zugesprochen wurde, daß er stärker als andere Kafka-Texte zur Identifikation mit der Hauptperson aufforderte. »Josef K. verkörperte ihr eigenes Schicksal, sie waren ›alle Brüder Josef K.s‹« (Wunderlich, ebd.). Josef K. wurde in der Bearbeitung von Gide und Barrault als eine Art ›Jedermann‹ herausgestellt. Im Programmheft der Berliner Aufführung am Schloßpark-Theater von 1950 war als Ort der Handlung angegeben: »Überall«, und als Zeit: »Immer«.

Das Stück wurde in den fünfziger Jahren von zahlreichen Bühnen – auch in Deutschland – aufgeführt, verlor aber mit den sich wandelnden politischen und gesellschaftlichen Bedingungen allmählich an Anziehungskraft: »Daß der Er-

folg des Stückes und das Interesse, die Verständnisbereitschaft und -fähigkeit des Publikums zusammenhingen mit [der] historischen Situation, wurde deutlich in den Reaktionen auf die Wiederaufnahme des Stückes in Paris vierzehn Jahre später: Der berühmte Kafkasche vertige (Schwindel), so hieß es, verdrehe nicht mehr die Köpfe; Schuld, Angst und Absurdität seien keine beunruhigenden Themen mehr.« (Wunderlich, S. 826.)
Von einer die allgemeine existentielle Problematik hervorhebenden Bearbeitung des Werks, die der Stimmung der Nachkriegszeit entgegenkam und von dieser ausgelöst wurde, wandte sich 1962 der amerikanische Filmregisseur Orson Welles entschieden ab. Welles gibt sich in seiner Verfilmung – *Le procès*, eine französisch-deutsch-italienische Koproduktion – deutlich als autonomer »Nachschöpfer« zu erkennen; am Schluß des Films hört man seine Stimme: »Der Film basiert auf dem Roman Franz Kafkas [. . .] ich spielte den Advokaten Hastler, schrieb das Drehbuch und führte Regie. Mein Name ist Orson Welles.«[1] Welles hat sich die Freiheit genommen, den Romantext zu verändern, wo er sich seiner Interpretation entgegenstellte. Er deutet den Text in erster Linie als politisches Werk, in dem der Untergang eines Einzelnen beschrieben werde, dessen »Schuld« darin bestehe, daß er sich einem gesellschaftlichen System anpasse und nur – quasi pro forma – einige halbherzige Versuche der Rebellion gegen die Gesellschaft unternehme. Eine Aktualisierung fand vor allem auf der Ebene des Bildes statt; der Zuschauer wurde in seine eigene Zeit, d. h. die des Jahres 1962, versetzt. Die Schauplätze waren: »öde Vorstadtfelder mit Beton-Wohnblocks, Mammutbüros mit Hunderten von Stenotypistinnen an ratternden Schreibmaschinen, riesige Gewölbe, Säle, Treppen, Gänge des Gerichts – das in der verlassenen Pariser Gare d'Orsay untergebracht war –, endlose Korridore mit Schlangen von wartenden Angeklagten, die wie Häftlinge in den Konzentrationslagern der Nationalsoziali-

1 Zit. nach der Filmrezension von Wolfgang Werth in der *Deutschen Zeitung* vom 10. April 1963, S. 14 (vgl. S. 201 f. des vorliegenden Bandes).

Anthony Perkins als Josef K. in Orson Welles' Verfilmung des »Proceß« von 1962

sten Schilder mit Registriernummern um den Hals tragen.« Aber: »Auch der Dialog ist an zahlreichen Stellen ›modernisiert‹ worden: In der ersten Szene zum Beispiel spricht Josef K. die Vermutung aus, die Wächter suchten bei ihm subversive oder pornographische Literatur. Fräulein Bürstner ist nicht Schreibmaschinistin, sondern sie arbeitet in einem Nachtclub. Bei seinem Besuch in der Bank rät der Onkel Josef K., Daten in den Computer zu speichern, um Aufkläung über die Ursache seiner Verhaftung zu erhalten. In der Schlußszene wird Josef K. nicht ›wie ein Hund‹ mit einem Messer getötet, sondern durch eine Ladung Dynamit.« (Wunderlich, S. 826 f.)

Die mangelnde ›Treue‹ gegenüber dem mittlerweile als Meisterwerk der deutschsprachigen Literatur anerkannten Roman wurde Welles in vielen Rezensionen vorgeworfen. »Nicht von Kafka«, mit diesem ›Urteil‹ überschrieb Wolfgang Werth eine Besprechung, die im April 1963 in der *Deutschen Zeitung* erschien:

»›Der Prozeß‹ auf der Leinwand: Ist die Kinematographie, die Kunst der optischen Täuschung, nicht am besten geeignet, Kafkas Visionen als Visionen wiederzugeben? Sind die Szenen des Romans nicht schon Filmszenen, Projektionen einer bewegten inneren Welt ins Äußere, Sichtbare? Der Roman enthält das Drehbuch. Die Möglichkeit, den ›Prozeß‹ werkgetreu zu adaptieren, scheint erfolgversprechender zu sein, als es die Versuche an vielen anderen literarischen Objekten waren, deren sich der Film bemächtigt hat. In der Tat findet man im Film ›Der Prozeß‹ eine Reihe von Szenen und Bildern genauso vor, wie sie sich beim Lesen dem inneren Auge gestellt haben. Es gibt wortwörtlich übernommene Dialoge, und Figuren treten auf, die man als Bekannte grüßen könnte. Trotzdem ist dieser ›Prozeß‹ nicht Kafkas ›Prozeß‹.

[...] Welles wollte nicht ›nachgestalten‹. Der Frage aber, warum er es anders gemacht habe als Kafka, möchte er ausweichen. ›Stellen Sie keine Fragen. Lösen Sie keine Rätsel‹, rät er dem Publikum an. ›Denken Sie, daß Sie einen Traum erleben, der von einer Traumlogik erfüllt ist.‹ Soll das zur bloßen Hinnahme des Gezeigten verleiten? Doch wohl kaum. Traumlogik ist ja keine Alogik, sondern eine höhere Konsequenz, die vor den Grenzen, die dem Verstand gesetzt sind, nicht haltmacht. Wird der wache Zuschauer mit ihr konfrontiert, so muß (oder soll) er erkennen, daß das Gesetz, dem Josef K. unterworfen ist, auch für ihn selbst gilt und von ihm ebensowenig durchschaut werden kann wie von K. Würde Welles das mit seinem Film erreichen, so entsprächen seine Intentionen durchaus denen von Kafka. Doch das ist nicht der Fall.

Der Regisseur sieht das Verhältnis des Josef K. zu seinen anonymen Richtern nur als einen äußeren Prozeß. Das Gericht ist für ihn nicht die hierarchische Institution, die über die metaphysische Schuld des Menschen befindet, ist keine nach außen projizierte innere Instanz, sondern eher eine mächtige, aber anrüchige Terror-Organisation (als die sie auch Kafkas Josef K. zunächst glaubt ansehen zu können), die vom Josef K. des Films nur insofern anerkannt wird, als er versucht, sich ihrer zu erwehren. Die schwarze (oder rote) Hand auf den Filmplakaten, die Liquidation durch Sprengstoff evozieren Parallelen zu den Praktiken zeitgenössischer Untergrundbewegungen. Von hier aus erklärt sich, warum Anthony Perkins mit dem Josef K. des Romans überhaupt nicht identisch sein kann. Der Film-K. hat kein Schuldgefühl. Die Zersetzung seiner bürgerlichen Existenz von innen heraus findet nicht statt. Seine Verhaftung ist ein illegitimer Akt, seine Hinrichtung ist die Mordtat von Dunkelmännern. Die Stationen seines Weges liegen alle auf derselben Ebene, er absolviert sie, ohne sich dabei zu verändern. Die Schwindelanfälle in der Kanzlei oder im Atelier des Malers Titorelli sind keine metaphysischen Schauder, sondern körperliche Unpäßlichkeiten. Auch die Personen, denen er begegnet, haben, so sehr einige den Kafka-Typen entsprechen, in bezug auf Josef K. nur zufälligen, auswechselbaren Charakter. Mit Ausnahme des Advokaten (Orson Welles), der – im Gegensatz zum Roman – auch in der Domszene auftritt und an Stelle des Geistlichen die Parabel vom Tor des Gesetzes interpretiert. [...] Dieser Advokat könnte möglicherweise Josef K. retten, wenn der nicht taub für alle Warnungen wäre (und wenn seine Rettung nicht dem im Äußeren befolgten Gang der Romanhandlung widerspräche). Trotz der befremdenden, weil simplifizierenden Motivierung, die aus dem ›Prozeß‹ eine Folge alptraumhafter Terrorakte einer totalitären Organisation macht und den Film damit weit vom Roman entfernt, ist Welles' Film sehenswert. In der visuellen Ausdruckskraft ist er dem Roman gleichwertig. Es ist erstaunlich, in welch hohem Maß es dem Regisseur und seinem Kameramann Edmond Richard gelungen ist, vorgefundene Wirklichkeit zu ›surrealisieren‹. Die in unserer Umwelt aufgenommenen Objekte – es handelt sich um Bauten in Zagreb und um die Pariser Gare d'Orsay – haben sich so sehr aus ihrer alltäglichen Funktion gelöst, daß man meinen möchte, erst ihre filmische Verwertung und Verwendung enthülle ihre tatsächliche Bedeutung. Die Dinge erzählen von ihrer Menschenfeindlichkeit. Der Mensch, das wird hier deutlich, ist der Erzeuger seiner Ängste. In drei großartig arrangierten Szenen zeigt Welles drei Daseinsformen der Masse, die im Grunde die gleichen sind. Sie tritt als ferngelenktes, gleichgerichtetes Publikum auf, als bewegungsloses stummes Heer numerierter Häftlinge oder Verurteilter, als Apparat, dessen genormte Einzelteile (bei Welles sind es Bürokräfte) auf anderen Apparaten die Schreckenssymphonie der verwalteten Welt ertönen lassen. Diese Szenen wie auch die Konfrontation des Menschen mit der von ihm geschaffenen und ihn selbst bedrohenden Umwelt zeigen viel deutlicher als das Schicksal des Josef K., daß und wie weit der Mensch selbst zu seiner auf Vernichtung zielenden Entindividualisierung beigetragen hat. Es sind bedrückende Visionen, in denen sich Erfahrungen unseres Jahrhunderts verdichten, die für Kafka noch Vorahnungen waren.«

Wolfgang Werth: Nicht von Kafka. Orson Welles verfilmt den Roman »Der Prozeß«. In: Deutsche Zeitung. Nr. 85. 10. April 1963. S. 14. – Mit Genehmigung von Wolfgang Werth, München.

In einer Rezension zu der »Proceß«-Verfilmung von David Jones (Großbritannien 1992) bricht BODO FRÜNDT eine Lanze für das Recht des (Film-)Regisseurs, eine literarische Vorlage gestalterisch zu interpretieren. Dem Streit um die Werktreue, den die Kritik dreißig Jahre zuvor um die Version von Orson Welles austrug – die inzwischen als filmisches Meisterwerk gilt –, will er ausdrücklich kein neues Kapitel hinzufügen. Vielmehr schildert er den Interpretationsansatz der neuen Film-Adaption:

»Nun also der Brite Jones, der nach einem Drehbuch von Harold Pinter der Erzählung des Romans sehr streng und geradlinig folgt. Die Interpretation ergibt sich, im Kino stets evident, zur Hälfte bereits aus der Besetzung. Den Josef K., der am Morgen seines 30. Geburtstages von zwei ungebetenen Besuchern um sein Frühstück gebracht wird, verkörpert der energische Amerikaner Kyle MacLachlan. [...] MacLachlan reagiert auf die Bedrohung seines Alltags durch anonyme, seelenlose Gesellschaftsmächte mit der Empörung eines naiv aufrechten US-Demokraten, der seine konstitutionellen Rechte kennt. Nur hilft ihm das wenig. Mit energischen Schritten stürmt er wie ein Action-Held von heute, also im Grunde schon von gestern, durch eine unübersichtliche Handlung und manövriert sich des öfteren an den Rand der Lächerlichkeit. ›Wie ein Hund‹ stirbt er am Ende dennoch. Das selbstbestimmte Individuum ist im Zeitalter von Massenmedien, Klimakatastrophe, Gen-Manipulation und Telekom am Ende. Kafka muß es geahnt haben.

Regisseur Jones [...] nimmt Kafka schlicht beim Wort, inszeniert keine existentialistischen, psychoanalytischen oder gar religiösen Aspekte der Kafkaschen Prosa, sondern erzählt den ›Prozeß‹ mit entwaffnender Selbstverständlichkeit. Wer aus diesem Film kommt, der wundert sich nicht mehr, wenn es an seiner Wohnungstür klopft. Ebenso direkt handelt der Film die erotischen Aspekte ab. Fräulein Bürstner (Juliet Stephenson), Leni, die Anwaltsgehilfin (Polly Walker), und die Waschfrau erliegen dem linkischen Charme des Josef K., der seinen Blick von keinem Seidenstrumpf wenden kann.«

Bodo Fründt: Josef K. in der Telekom-Zeit. David Jones' neue Verfilmung von Kafkas »Prozeß«. In: Süddeutsche Zeitung. Nr. 112. 17. Mai 1993. S. 12. – Mit Genehmigung von Bodo Fründt, München.

Mit seiner Bühnenbearbeitung von *Der Proceß* wählte Peter Weiss 1975 einen betont ›weniger freien‹ Ansatz. In einer »Vorbemerkung« schreibt er:

»Der Ausgangspunkt meiner Dramatisierung war der Versuch, mich so nah wie möglich an den Originaltext zu halten. Es schien mir sinnlos, Übertragungen vorzunehmen, die den Stoff auf eine Ebene versetzten, die den Ausschweifungen meiner eigenen Erfindungen oder der Anpassung an irgendwelche ›zeitgemäßen‹ Erscheinungen entsprächen. In früheren Dramatisierungen des Werkes, und auch in Verfilmungen, fanden solche Abänderungen statt, die die Hauptfigur K entweder als den anonymen kleinen Mann oder den Menschen im Räderwerk der Technik oder Politik kennzeichneten.

Der Dramatiker stellt sich hier ganz hinter die Schöpfung Kafkas und sucht nur nach szenischen Mitteln, die dem Inhalt des Buchs gerecht werden können. Textliche Hinzufügungen, wenn solche für den Handlungsverlauf notwendig waren, wurden Kafkas Tagebüchern, Briefen und kurzen Prosastücken entnommen. Die einzige Erweiterung des Themas, die ich unternahm, war die Einordnung der Geschehnisse in einen bestimmten historischen Rahmen, auch diese nur in äußerst sparsamer Anwendung, und begründet in Kafkas eigener Biographie.

Der Zeitraum, in dem nach Kafkas Entwicklungsgeschichte der Prozeß stattfindet, ist die Periode vom 3. Juli 1913 bis zum 2. Juli 1914, beginnend mit seinem 30., endend mit dem Vorabend seines 31. Geburtstags. Diese Daten entsprechen dem Ausbruch des 2. Balkankriegs und der Zeit um den

Mord in Sarajewo, der zur Auslösung des 1. Weltkrieges beitrug. Die Versetzung des Dramas in diesen klar umrissenen Zeitrahmen entspricht der Bemühung, dem Inhalt größere Konkretion zu verleihen.«

Peter Weiss: Stücke II/2. Frankfurt a. M.: Suhrkamp, 1977. S. 522.

Weiss merkt an, daß es seine Hauptaufgabe gewesen sei, das was wir als Leser »bei der Lektüre eingeflüstert bekommen«, ins »Handgreifliche zu übertragen« (ebd.). Seine ›Übertragung‹ gibt folgende Tendenz zu erkennen: K. wird als Repräsentant einer bestimmten sozialen Schicht erfaßt, der des Kleinbürgertums zu Beginn des Jahrhunderts. »Die Menschen in seiner nächsten Umgebung, deren Beurteilung er ausgesetzt ist, sind Kleinbürger. Ihnen gegenüber will er sich behaupten, von ihnen will er anerkannt, ihren Forderungen will er gerecht werden. Er hat nichts anderes im Sinn, als ein Mitglied dieser Gesellschaft zu sein, und sich hier, in seiner Lebenshaltung, in seinem Beruf, an seinem Wohnort, und vor den zuständigen Ämtern und Behörden zu bewähren. Anfangs steht er noch selbstsicher in der Hierarchie der Konventionen. Wenn er dann, unter anwachsendem Druck, mit den Aufgaben nicht mehr zurechtkommt, versucht er nicht, mit all den Geboten zu brechen, im Gegenteil: nun will er erst recht in ihren Sinn eindringen. Auch da er ihre Unmenschlichkeit erkennt, revoltiert er nicht. Er unterwirft sich, bis zur Selbstauslöschung.« (S. 523 f.)

Im folgenden wird, mit geringfügigen Auslassungen am Beginn, das 4. ›Bild‹ des 1. Aktes, »In der Bank«, wiedergegeben.

»DIREKTOR-STELLVERTRETER Eine Frage – möchten Sie am Sonntag eine Partie auf meinem Segelboot mitmachen? Es wird eine größere Gesellschaft sein. Ich habe auch Ihren Bekannten schon eingeladen, Herrn Hasterer –

Er wendet sich zurück nach oben, wo eben der Staatsanwalt erschienen ist. Dieser kommt mit schnellen Schritten hinunter.

K Herr Staatsanwalt!

Der Staatsanwalt tritt auf K zu, begrüßt ihn freundschaftlich.

DIREKTOR-STELLVERTRETER Nun – wollen Sie kommen? Kommen Sie doch!

K Vielen Dank – aber ich habe leider morgen keine Zeit. Ich habe schon eine Verpflichtung.

DIREKTOR-STELLVERTRETER Schade.

Der Direktor-Stellvertreter geht schon ab. K hält ihn zurück.

K *sich entschuldigend:* Ich bin eben antelephoniert worden, ich soll irgendwohin kommen, aber man hat vergessen, mir zu sagen, zu welcher Stunde.

DIREKTOR-STELLVERTRETER Fragen Sie doch noch einmal an.

K Es ist nicht so wichtig.

DIREKTOR-STELLVERTRETER Dann können Sie doch –

K Nein, es ist unmöglich. Ich muß unbedingt –

DIREKTOR-STELLVERTRETER *abgehend:* Dann auf ein andres Mal –

Der Staatsanwalt legt den Arm um K. Er ist breit, kräftig. Das Haar pomadisiert, in der Mitte gescheitelt. Kleiner bürstenartiger Schnurrbart.

DER STAATSANWALT Ich hoffe, ich störe Sie nicht, Herr Kollege.

K Aber bitte, bitte –

DER STAATSANWALT Ich muß mich wieder einmal aussprechen. Mit einem verständnisvollen Menschen.

K vollzieht eine wegwerfende Handbewegung. Entzieht sich der Umarmung des Staatsanwalts. Bleibt dann, leicht vorgebeugt, ihm gegenüber stehn.

DER STAATSANWALT *mit gepreßter Stimme, mit den Armen seitwärts ausholend, als wolle er eine Last vor sich herwälzen:* Da laufe ich von Verhandlung zu Verhandlung und versuche, alle Verstellung und Lüge unter wirksame Anklage zu setzen. Ich arbeite die Nächte hindurch. Das Material, all diese Schriftsätze, Zeugenaussagen, Verhandlungsprotokolle, Entscheidungsgründe – von fast undurchdringlicher Fülle! Zehnmal, zwanzigmal schreibe ich meinen Antrag. Jedesmal denke ich, jetzt wird dir endlich Genugtuung zuteil werden. Und dann, wenn ich vor dem Angeklagten stehe – wo kommt er denn her, aus welcher Unterwelt kommt er denn herauf – dann, sehn Sie, dann zerplatzt plötzlich der gesamte Tatbestand, verpufft, verflüchtigt sich – meine Beurteilung wird zu etwas Nebensächlichem, ich müßte völlig neu beginnen –

K Und doch –

DER STAATSANWALT Und doch?

K Und doch! Das Gericht, das Sie vertreten ist greifbar! Was Sie aufgefunden haben, kann nicht zurückgenommen werden.

DER STAATSANWALT Wie meinen Sie das?

K Mit Ihrem Rechtsspruch – selbst wenn Sie ihn für unzureichend halten – und er muß immer unzureichend sein – gliedern Sie den Angeklagten in eine Ordnung ein. Auch wenn Sie ihm die härteste Strafe beimessen, begnadigen Sie ihn. Das ist Ihre Genugtuung!

DER STAATSANWALT Gut, wir haben unsere Normen, daran müssen wir festhalten, wo kämen wir denn sonst hin. Wir haben unsre Grundsätze, schön, sehr schön. Aber dann, wenn wir eine Schuld aufgezeigt und eine Sühne gefordert haben, und plötzlich diese anderen Mächte auftreten, diese Mächte, für die wir nicht mehr zuständig sind, was dann? Da greift etwas um sich, da stehn Massen auf, der einzelne Fall entzieht sich, da setzt etwas Dumpfes, Gewaltsames ein –

K *emphatisch:* Sie dürfen den Angeklagten nicht im Stich lassen!

DER STAATSANWALT Andre machen sich jetzt zu Richtern –

K Wie, wenn es kein Verständnis mehr gäbe? Wenn sich nichts Gemeinsames mehr finden ließe?

Der Staatsanwalt ist einige Schritte hin und hergegangen. Er bleibt stehn, mit machtlos erhobenen Armen.

DER STAATSANWALT Über diese Dinge wollte ich gar nicht mit Ihnen sprechen. Sondern über Helene. Sie haben sie getroffen, zu Hause bei mir. Was denken Sie von ihr?

K *gepeinigt:* Herr Staatsanwalt, es steht mir nicht zu –

DER STAATSANWALT Sagen Sie es nur!

K *stotternd:* Vielleicht ihre Kleidung – etwas zu auffallend –

DER STAATSANWALT Sie ist zu fett für den tiefen Ausschnitt im Rücken. Dieses alte Ballkleid! All die Fransen! Ich weiß, Sie wagen es nicht einmal, sie anzusehn! Den ganzen Tag liegt sie im Bett. Liest diese Fortsetzungsromane. Gähnend, ungepflegt, schamlos erwartet sie mich. Nie kämmt sie ihr Haar. Wie verklebt diese schwarzen Locken sind!

K Herr Staatsanwalt! Denken Sie, wie verloren wir wären, wenn jede Anklageschrift fehlte, und wenn auch keine Verteidigung mehr erbracht werden könnte, weil es unmöglich ist, zu urteilen, unmöglich überhaupt, zu leben –

DER STAATSANWALT *wieder auf K zutretend, seine Schultern fassend:* Das sagen Sie, Josef? Als nüchternen Geschäftsmann kenne ich Sie! Als einen Menschen der Pflicht! Der nach einem erfüllten Leben trachtet!

K Ich bin ein elender, unfähiger –

DER STAATSANWALT *K wieder umarmend:* Josef! Nenne mich Herbert! Mach dich frei, mein Freund! Komm morgen! Stell dir vor – dahinsegeln auf dem Fluß – hinaus in die Sonne – an den Weinbergen entlang!

K entzieht sich ihm, schüttelt den Kopf.

DER STAATSANWALT *beim Abgehn:* Wir erwarten dich!

Der Staatsanwalt verschwindet im Hintergrund. K bleibt reglos stehn. Die Geräusche in den Büroräumen wachsen an.

Rabensteiner, Kullich, Kaminer kommen herbei. Sie ordnen die Papiere auf dem Schreibtisch, rücken die Stühle zurecht, füllen frisches Wasser in die Kanne auf dem Waschtisch, entleeren die Schüssel in einen Eimer, tragen den Eimer hinaus. Während ihrer Handhabungen wenden sie sich an K.

KAMINER Sie haben die Adresse erhalten?

K blickt fragend auf.

KAMINER Man hat Ihnen die Nummer des Hauses genannt?

K Was wollen Sie?

RABENSTEINER Wir wissen, wohin Sie morgen sollen. Zu einer ersten kleinen Untersuchung in Ihrer Angelegenheit.

KULLICH Immerhin rücksichtsvoll, die Verhandlung auf den Sonntag zu legen. Da stört man Sie nicht in der beruflichen Arbeit.

RABENSTEINER Es wäre ja auch in der Nacht möglich. Aber da wären Sie wohl nicht frisch genug.

KULLICH Am besten, Sie sind gleich um neun Uhr früh da.

KAMINER In der Juliusstraße. Es ist ein langer Weg. In der Vorstadt, beim Güterbahnhof.

K scheucht die Beamten mit einer Armbewegung zurück. Steht dann, als sei er bereit zu einem Sprung.«

Ebd. S. 542–546.

Weiss hat seiner Formulierung vom ›Handgreiflichen‹, dessen ein Bühnenstück im Unterschied zum Roman bedarf, schon auf ein Hauptproblem aller Übertragungen von *Der Proceß* in ein Medium, das auch mit visuellen Mitteln arbeitet, hingewiesen. Das, was der Leser sich in seiner Phantasie selbst erarbeitet, wird dem Zuschauer schon als etwas ›objektiv‹ Existierendes gezeigt. Mit Blick auf den Roman heißt das, daß eine Art Engführung stattfindet, daß die Vielfalt von Gefühlen, Gedanken, Assoziationen usw., die der gelesene Text auslöst, eingeschränkt wird. In noch stärkerem Maß trifft dies natürlich für Kunstwerke zu, die auf das Wort überhaupt verzichten: »Die Illustrierung von Dichtungen Kafkas muß von vornherein als überaus problematisch gel-

ten: Was bei Kafka mehrschichtig, vieldeutig, komplex ist, der Ausdeutung durch den Leser nahezu unbegrenzten Spielraum läßt, wird in der Bildkunst eindeutig und verfälscht dadurch den Autor zwangsläufig. Denn der visuelle Künstler trifft ständig Entscheidungen zugunsten einer bestimmten, alle übrigen Möglichkeiten ausschließenden Form. Kafkas Texten ist solche Festlegung auf jeweils eine von – theoretisch – unendlich vielen Formgestalten wesensfremd, ja geradezu konträr.« (Rothe, »Illustrationen und Porträts«, S. 841.)
Von einer solchen Prämisse aus ist der Schritt zu einem negativen Urteil über die meisten Werke bildender Künstler, die sich an Kafkas Dichtungen inspirieren, nicht weit: »Die Resultate ihrer Versuche einer optischen Realisierung bleiben [. . .] an geistiger Evidenz fast immer weit hinter den Textvorlagen zurück, ja dünken nicht selten in einer den Autor verfehlenden Weise eindimensional, eng, oberflächlich, was die Erfassung des Gehalts des betreffenden Werkes anlangt« (Rothe, ebd.). Man hat den Eindruck, daß hier ein Kompetenzstreit vorliegt, daß Malern und Grafikern die Berechtigung abgesprochen wird, sich auf ihre Weise mit dem Werk Kafkas auseinanderzusetzen. Vor allem sind echte Illustrationen, die einer Kafka-Ausgabe beigegeben werden, also den Text sozusagen erläutern sollen und eine ›dienende‹ Funktion haben, zu unterscheiden von autonomeren Kunstwerken, in denen der jeweilige Künstler eine betont subjektive ›Idee‹, die ein Kafka-Text in ihm ausgelöst hat, zum Ausdruck bringt.
»Kunst zu Kafka« war der Titel einer umfangreichen Bilddokumentation und einer Ausstellung, die 1974/75 in verschiedenen europäischen Städten zu sehen war: »Wohl kaum ein Dichter hat so viele zeitgenössische Künstler zu Illustrationen, besser gesagt, zu freien eigenschöpferischen Bildvisionen angeregt wie Kafka«, konstatierte damals ein Rezensent.[2] Als Stammvater dieser langen Reihe von Künstlern gilt

2 »gi« in der *Schwäbischen Zeitung* vom 29. Oktober 1978.

allgemein Hans Fronius, der schon in den zwanziger Jahren Zeichnungen und Grafiken zu Kafka vorlegte. Bei Fronius macht sich die Tendenz bemerkbar, die Texte Kafkas als autobiographisch beeinflußt zu interpretieren. So erklärt sich die große Ähnlichkeit zwischen seinen zahlreichen Kafka-Porträts und dem Josef K. des »Proceß«-Romans, wie er ihn darstellte.

In anderer Richtung interpretatorisch tätig wurde Georg Salter, der die amerikanische Ausgabe des Romans von 1930 illustrierte. Salter stellte jedem Kapitel eine Zeichnung voran, die eine der Kernstellen dieses Kapitels wiedergab. Durchgehend führte er dabei die Figur des Josef K. mit sehr starkem und kräftigem Strich aus, während alle anderen Figuren durch einen vergleichsweise schwachen Strich in den Bereich des Irrealen oder Traumhaften relegiert wurden (siehe Abb. S. 213). Er suggeriert also, daß es im Roman verschiedene Realitätsebenen gibt.

Silvia Friedrich-Rust schreibt zu ihrer Federzeichnung mit dem Titel »Im Dom« (s. Abb. S. 214):

»In der zentralen Szene im Dom erfährt Josef K. eine Zusammenführung und konkrete Koppelung seiner bisherigen Alltagsrealität an die Totalität des Gerichts-Alptraums in der Gestalt des Gefängniskaplans. Die Perspektive im Text ist immer die des Protagonisten Josef K. Das kalkuliert die Illustration durch einen identischen Standpunkt von Josef K. und Betrachter mit ein. Das Spannungsfeld zwischen Josef K. und dem Kaplan, sichtbar gemacht durch marionettenhafte Verstrickung, weist indessen über diesen selbst hinaus. Auch er bleibt nur funktionalisiertes, zwischengeschaltetes Instrument, was in dem System übergreifender gotischer Formen und der Überlagerung der Bildschichten eine Metapher findet.« (Briefliche Mitteilung an den Autor des vorliegenden Bandes vom Mai 1989.)

Kafka selbst interessierte sich nicht nur sehr für Malerei und Grafik, er zeichnete auch gerne und häufig. In einem Brief an Felice Bauer vom 11./12. Februar 1913 beurteilte er seine Fähigkeiten allerdings sehr selbstkritisch: »[. . .] ich war ein-

Zeichnung zum Kapitel »Im Dom« von Georg Salter in der amerikanischen Ausgabe des »Proceß« von 1937

Zeichnung zum Kapitel »Im Dom«
von Silvia Friedrich-Rust

mal ein großer Zeichner, nur habe ich dann bei einer schlechten Malerin schulmäßiges Zeichnen zu lernen angefangen und mein ganzes Talent verdorben« (F 294).

In Kafkas Nachlaß sind eine ganze Reihe von Zeichnungen überliefert, von denen einige auch in Beziehung zu seinen dichterischen Texten zu stehen scheinen, d. h. nicht im eigentlichen Sinne Illustrationen sind, aber doch gewisse Kernszenen veranschaulichen. Brod hat ein Blatt veröffentlicht, auf dem sechs Figurinen zu sehen sind, die von der Forschung mit dem »Proceß«-Roman in Verbindung gebracht wurden. So hat man die Darstellung eines über einen Tisch gebeugt sitzenden Mannes als ›Josef K. bei der Ausarbeitung seiner Verteidigungsschrift‹ gedeutet, während eine Darstellung desselben Mannes, der vor einem Gitter oder einer Schranke steht, als ›Josef K. bei seiner Anhörung‹ interpretiert worden ist (s. Abb. S. 31).

VI. Literaturhinweise

1. Ausgaben

Der Prozeß. Roman. Nachw. von Max Brod. Berlin: Verlag Die Schmiede, 1925. (Die Romane des XX. Jahrhunderts.) [Ohne die Fragmente und längeren gestrichenen Stellen.]

Der Prozeß. Roman. Berlin: Schocken, 1935. (Gesammelte Schriften. Hrsg. von Max Brod. Bd. 3.) [Enthält im Anhang die unvollendeten Kapitel und vom Autor gestrichenen Stellen, sowie ein zusätzliches Nachwort von Brod.]

Der Prozeß. Roman. New York: Schocken, 1946. (Gesammelte Schriften. Hrsg. von Max Brod. Bd. 3.) [Mit einem zusätzlichen Nachwort von Brod.]

Der Prozeß. Roman. Frankfurt a. M.: S. Fischer, 1950. (Gesammelte Werke in Einzelausgaben. Hrsg. von Max Brod. Lizenzausgabe von Schocken Books New York.) – Tb.-Ausg.: Ebd. 1983. (Gesammelte Werke in 7 Bänden.) [Zit. als: P.]

Der Prozeß. Roman. Mit einem Nachw. von Walther Killy und einer biographischen Notiz von Klaus Wagenbach. Frankfurt a. M. / Hamburg: S. Fischer, 1960. (Fischer Bücherei. Exempla classica. 3.)

Die Romane. Amerika. Der Prozeß. Das Schloß. Frankfurt a. M.: G. B. Fischer, 1965.

Erzählungen. Der Prozeß. Das Schloß. Mit einem Nachw. von Klaus Hermsdorf. [Berlin:] Rütten & Loenig, 1965.

Schriften. Tagebücher. Briefe. Kritische Ausgabe. Hrsg. von Jürgen Born, Gerhard Neumann, Malcolm Pasley und Jost Schillemeit. Frankfurt a. M.: S. Fischer, 1982 ff.
– Der Proceß. Hrsg. von Malcolm Pasley. Textband. 1990. [Zit. als: KKAP.] Apparatband. 1990. [Zit. als: KKAP, Apparatband.]

Der Proceß. Roman. In der Fassung der Handschrift. Hrsg. und mit einem Nachw. vers. von Malcolm Pasley. Frankfurt a. M.: S. Fischer, 1990. [Textidentisch mit der Kritischen Ausgabe.] – Tb.-Ausg.: Frankfurt a. M. 1993.

Der Proceß. Roman. In der Fassung der Handschrift. Nach der Kritischen Ausgabe hrsg. von Hans-Gerd Koch. Frankfurt a. M.: S. Fischer, 1994.

Der Proceß. Roman. Stuttgart: Reclam, 1995. [Textidentisch mit der Kritischen Ausgabe. Die Seiten- und Zeilenangaben des vorliegenden Kommentars beziehen sich auf diese Ausgabe.]

2. Andere Werke, Tagebücher und Briefe

Sämtliche Erzählungen. Hrsg. von Paul Raabe. Frankfurt a. M.: S. Fischer, 1970. [Zit. als: E.]

Hochzeitsvorbereitungen auf dem Lande und andere Prosa aus dem Nachlaß. Hrsg. von Max Brod. Frankfurt a. M.: S. Fischer, 1953. – Tb.-Ausg.: Ebd. 1983. (Gesammelte Werke in 7 Bänden.) [Zit. als: H.]

Amerika. Roman. Hrsg. von Max Brod. Frankfurt a. M.: S. Fischer, 1953. – Tb.-Ausg.: Ebd. 1983. (Gesammelte Werke in 7 Bänden.) [Zit. als: A.]

Das Schloß. Roman. Hrsg. von Max Brod. [Frankfurt a. M.:] S. Fischer, [1951]. – Tb.-Ausg.: Ebd. 1983. (Gesammelte Werke in 7 Bänden.) [Zit. als: S.]

Schriften. Tagebücher. Briefe. Kritische Ausgabe. Hrsg. von Jürgen Born, Gerhard Neumann, Malcolm Pasley und Jost Schillemeit. Frankfurt a. M.: S. Fischer, 1982 ff.
– Das Schloß. Roman. Hrsg. von Malcolm Pasley. Textband. 1982. [Zit. als: KKAS.] Apparatband. 1982.
– Der Verschollene. Roman. Hrsg. von Jost Schillemeit. Textband. 1983. [Zit. als: KKAV.] Apparatband. 1983.
– Tagebücher. Hrsg. von Hans Gerd Koch, Michael Müller und Malcolm Pasley. Textband. 1990. [Zit. als: KKAT.] Apparatband. 1990. Kommentarband. 1990.

Ein Landarzt und andere Prosa. Hrsg. von Michael Müller. Stuttgart: Reclam, 1995.

Das Urteil und andere Prosa. Hrsg. von Michael Müller. Stuttgart: Reclam, 1995.

Die Verwandlung. Nachw. von Egon Schwarz. Stuttgart: Reclam, 1995.

Briefe an Felice [Bauer] und andere Korrespondenz aus der Verlobungszeit. Hrsg. von Erich Heller und Jürgen Born. Mit einer Einl. von Erich Heller. Frankfurt a. M.: S. Fischer, 1967. – Tb.-Ausg.: Ebd. 1976 [u. ö.]. [Zit. als: F.]

Briefe an Milena [Jesenská]. Erw. und neu geordnete Ausg. Hrsg. von Jürgen Born und Michael Müller. Frankfurt a. M.: S. Fischer, 1982. [Zit. als: M.]

Max Brod. Franz Kafka. Eine Freundschaft. Briefwechsel. Hrsg. von Malcolm Pasley. Frankfurt a. M.: S. Fischer, 1989. [Zit. als: BKB.]

Brief an den Vater. Hrsg. und komm. von Michael Müller. Stuttgart: Reclam, 1995.

3. Dokumente, Forschungsberichte, Handbücher

Beicken, Peter U.: Franz Kafka. Eine kritische Einführung in die Forschung. Frankfurt a. M. 1974. (Fischer Athenäum Taschenbücher Literaturwissenschaft. 2014.) [S. 273–286.]

Binder, Hartmut: Kafka-Kommentar zu den Romanen, Rezensionen, Aphorismen und zum Brief an den Vater. München 1976. S. 160 bis 261.

– (Hrsg., unter Mitarb. zahlreicher Fachwissenschaftler): Kafka-Handbuch in zwei Bänden. Bd. 2: Das Werk und seine Wirkung. Stuttgart 1979. [Theo Elm: Der Prozeß. S. 420–441.]

Born, Jürgen / Dietz, Ludwig / Pasley, Malcolm / Raabe, Paul / Wagenbach, Klaus: Kafka-Symposion. 2., veränd. Aufl. Berlin 1966.

Born, Jürgen (Hrsg., unter Mitw. von Herbert Mühlfeit und Friedemann Spicker): Franz Kafka. Kritik und Rezeption zu seinen Lebzeiten. 1912–1924. Frankfurt a. M. 1979.

– (Hrsg., unter Mitw. von Elke Koch, Herbert Mühlfeit und Mercedes Treckmann): Franz Kafka. Kritik und Rezeption 1924–1938. Frankfurt a. M. 1983. [Zit. als: Born.]
[Enthält die zitierten oder erwähnten Rezensionen von Willy Haas, Ernst Weiß, Kurt Tucholsky, Will-Erich Peuckert, Hans Sochaczewer, Hermann Hesse und Otto Stoessl.]

Brod, Max: Über Franz Kafka. Franz Kafka, eine Biographie. Franz Kafkas Glauben und Lehre. Verzweiflung und Erlösung im Werk Franz Kafkas. Frankfurt a. M. / Hamburg 1966. [Zit. als: FK.]

Dietz, Ludwig: Franz Kafka. Die Veröffentlichungen zu seinen Lebzeiten (1908–1924). Eine textkritische und kommentierte Bibliographie. Heidelberg 1982.

Politzer, Heinz (Hrsg.): Franz Kafka. Darmstadt 1973. [3]1991. (Wege der Forschung. 322.) [Zit. als: Politzer.]
[Enthält die zitierten oder erwähnten Beiträge von Margarete Susman, Hellmuth Kaiser, Klaus Mann, Edmund Wilson, Wilhelm Emrich und Ernst Fischer.]

Unseld, Joachim: Franz Kafka. Ein Schriftstellerleben. Die Geschichte seiner Veröffentlichungen. Mit einer Bibliographie sämtlicher Drucke und Ausgaben der Dichtungen Franz Kafkas 1908–1924. München 1982.

Wagenbach, Klaus: Kafka in Selbstzeugnissen und Bilddokumenten. Reinbek bei Hamburg 1964.

4. Forschungsliteratur

Abraham, Ulf: Mose »Vor dem Gesetz«. Eine unbekannte Vorlage zu Kafkas »Türhüterlegende«. In: Deutsche Vierteljahrsschrift für Literaturwissenschaft und Geistesgeschichte 57 (1983) S. 636 bis 650.

- Der verhörte Held. Verhöre, Urteile und die Rede von Recht und Schuld im Werk Franz Kafkas. München 1985.

Allemann, Beda: Kafka. »Der Prozeß«. In: Der Deutsche Roman. Hrsg. von Benno von Wiese. Bd. 2. Düsseldorf 1963. S. 234–290, 439–441.

Anderson, Mark: Kafka's Clothes. Ornament and Aestheticism in the Habsburg Fin de Siècle. Oxford 1992.

Arendt, Hannah: The Jew As Pariah: A Hidden Tradition. In: Jewish Social Studies 6 (1944) S. 99–122.

Beißner, Friedrich: Der Erzähler Franz Kafka und andere Vorträge. Mit einer Einf. von Werner Keller. Frankfurt a. M. 1983.

Benjamin, Walter: Benjamin über Kafka. Texte, Briefzeugnisse, Aufzeichnungen. Hrsg. von Hermann Schweppenhäuser. Frankfurt a. M. 1981.

Binder, Hartmut: Parabel als Problem. Eine Formbetrachtung zu Kafkas »Vor dem Gesetz«. In: Wirkendes Wort 38 (1988) S. 39–61.

Born, Jürgen: Kafka's Parable »Before the Law«. Reflections towards a Positive Interpretation. In: Mosaic 3 (1969–70) Nr. 4. S. 153–162.

– Kafkas Roman »Der Prozeß«. Das Janusgesicht einer Dichtung. In: Was bleibt von Kafka? Positionsbestimmung. Kafka-Symposion Wien 1983. Wien 1983. (Schriftenreihe der Franz Kafka-Gesellschaft. 1.) S. 63–78.

Brod, Max: Der Dichter Franz Kafka. In: Die Neue Rundschau. (Berlin.) Jg. 32. Bd. 2. H. 11. November 1921. S. 1210–16.

– [M. B.]: Eine Vision Franz Kafkas. In: Selbstwehr. (Prag.) Jg. 27. Nr. 48 (24. 11. 1933). S. 3.

Buber, Martin: Schuld und Schuldgefühle. In: Merkur 9 (1957) H. 8. S. 705–729. [Insbes. S. 722–727.]

Camus, Albert: Der Mythos von Sisyphos. Ein Versuch über das Absurde. Übers. von Hans Georg Brenner und Wolfdietrich Rasch. Reinbek 1959. (rowohlts deutsche enzyclopädie. 90.) [»Die Hoffnung und das Absurde im Werk von Franz Kafka«: S. 102–141.]

Canetti, Elias: Der andere Prozeß. Kafkas Briefe an Felice. München/Wien. Neuausg. 1984. (Edition Akzente.)

Deinert, Herbert: Kafka's Parable »Before the Law«. In: Germanic Review 39 (1964) Nr. 3. S. 192–200.

Deleuze, Gilles / Guattari, Félix: Kafka. Für eine kleine Literatur Übers. von Burkhart Kroeber. Frankfurt a. M. 1976.

Eisnerová, Dagmar: Bemerkungen zur ethischen Problematik in Kafkas Romanen und über den Prager Hintergrund im »Prozeß«. In Franz Kafka aus der Prager Sicht. Berlin 1966. S. 131–140.

Elm, Theo: Die unveränderliche Schrift und die verzweifelten Meinungen. Zur Deutungsproblematik des Romans »Der Prozeß«. In: Türen zur Transzendenz. Internationales Kafka-Symposion, 1.–11. Dezember 1977 in der Evangelischen Akademie Hofgeismar. Hofgeismar 1978. S. 31–51.

Emrich, Wilhelm: Franz Kafka. Das Baugesetz seiner Dichtung. Der mündige Mensch jenseits von Nihilismus und Tradition. Bonn / Frankfurt a. M. 1958.

– Die Bilderwelt Franz Kafkas. In: Akzente 7/1960, S. 172–191.

F. M.: Prozeß der Bürokratie. In: Der Ruf. Jg. 2. Nr. 12. 15. Juni 1947. S. 3.

Fickert, Kurt J.: The Window Metaphor in Kafka's Trial. In: Monatshefte für den Deutschunterricht 58 (1966) Nr. 4. S. 345–352.

Fingerhut, Karlheinz: Annäherung an Kafkas Roman »Der Prozeß« über die Handschrift und über Schreibexperimente. In: Nach erneuter Lektüre: Franz Kafkas »Der Proceß«. Hrsg. von Hans Dieter Zimmermann. Würzburg 1992. S. 35–65.

Fischer, Ernst: Kafka-Konferenz. In: Eduard Goldstücker [u. a.] (Red.): Franz Kafka aus der Prager Sicht. Berlin 1966. S. 157–168.

Haas, Willy: Kafkas letztes Werk. In: Das Tagebuch. (Berlin.) Jg. 7. H. 13. 28. März 1925. S. 460–463.

– Gestalten der Zeit. Berlin 1930. S. 172–200.

Hamburger, Käte: Erzählformen des modernen Romans. In: Der Deutschunterricht 4 (1959) S. 5–23. [Insbes. S. 16–19.]

Hansen-Löve, Aage A.: Vor dem Gesetz. In: Interpretationen. Franz Kafka. Romane und Erzählungen. Hrsg. von Michael Müller. Stuttgart 1994. S. 146–157.

Heintz, Günter (Hrsg.): Zu Franz Kafka. Stuttgart 1979. (LGW-Interpretationen. 42.)

Henel, Heinrich: Kafka meistert den Roman. In: Franz Kafka. Themen und Probleme. Hrsg. von Claude David. Göttingen 1980. S. 101–120.

Henel, Ingeborg: Die Türhüterlegende und ihre Bedeutung für Kafkas »Prozeß«. In: Deutsche Vierteljahrsschrift für Literaturwissenschaft und Geistesgeschichte 37 (1963) H. 1. S. 50–70.

– Die Deutbarkeit von Kafkas Werken. In: Zeitschrift für deutsche Philologie 86 (1967) S. 250–266.

Hesse, Hermann: Franz Kafkas Nachlaß. In: Berliner Tageblatt. Jg. 54. Nr. 427. 9. September 1925. Abend-Ausgabe.
Ide, Heinz: Existenzerhellung im Werke Kafkas. In: Jahrbuch der Wittheit zu Bremen 1 (1957) S. 66–104.
– Franz Kafka, »Der Prozeß«. Interpretation des ersten Kapitels. In: Jahrbuch der Wittheit zu Bremen 6 (1962) S. 19–57.
Jeziorkowski, Klaus: »Bei dieser Sinnlosigkeit des Ganzen«. Zu Franz Kafkas Roman »Der Proceß«. In: Franz Kafka. Hrsg. von Heinz Ludwig Arnold. München 1994. (Text und Kritik, Sonderband.) S. 200–217.
– Das Bett. In: Nach erneuter Lektüre: Franz Kafkas »Der Proceß«. Hrsg. von Hans Dieter Zimmermann. Würzburg 1992. S. 95–107.
Kaiser, Gerhard: Franz Kafkas »Der Prozeß«. Versuch einer Interpretation. In: Euphorion 52 (1958) H. 1. S. 23–49.
Kaiser, Hellmuth: Franz Kafkas Inferno. In: Imago. Zeitschrift für Anwendung der Psychoanalyse auf die Natur- und Geisteswissenschaften 17 (1931) S. 41–103.
Kowal, Michel: Kafka and the Emigrés: A Chapter in the History of Kafka Criticism. In: German Quarterly 41 (1966) Nr. 4. S. 291–301.
Kraft, Herbert: Kafka. Wirklichkeit und Perspektive. Bebenhausen 1972. (Thesen und Analysen. 2.)
Kremer, Detlef: Kafka, die Erotik des Schreibens: Schreiben als Lebensentzug. Frankfurt a. M. 1989. [Insbes. S. 80–92.]
Kudszus, Winfried: Erzählhaltung und Zeitverschiebung in Kafkas »Prozeß« und »Schloß«. In: Deutsche Vierteljahrsschrift für Literaturwissenschaft und Geistesgeschichte 38 (1964) H. 2. S. 192–207.
– Erzählperspektive und Erzählgeschehen in Kafkas »Prozeß«. In: Deutsche Vierteljahrsschrift für Literaturwissenschaft und Geistesgeschichte 44 (1970) H. 2. S. 306–317.
Kuepper, Karl J.: Gesture and Posture as Elemental Symbolism in Kafka's »The Trial«. In: Mosaic 3 (1969/70) Nr. 4. S. 143–152.
Mann, Klaus: Dank für die Kafka-Ausgabe. In: Die Sammlung. Literarische Monatsschrift. Unter dem Patronat von André Gide, Aldous Huxley, Heinrich Mann hrsg. von Klaus Mann. Jg. 2. H. 11. Juli 1935. S. 664.
Marson, Eric L.: Die »Prozeß«-Ausgaben: Versuch eines textkritischen Vergleichs. In: Deutsche Vierteljahrsschrift für Literaturwissenschaft und Geistesgeschichte 42 (1968). Sonderheft »Literatur des 20. Jahrhunderts«. S. 760–772.
Moser-Verrey, Monique: Zur Choreographie der Begegnungen in Kafkas Roman »Der Prozeß«. In: Seminar 23 (1987) S. 341–354.
Mueller, William R.: The Theme of Judgment: Franz Kafka's »The

Trial«. In: W. R. M.: The Prophetic Voice in Modern Fiction. New York 1959. S. 83–109.

Müller, Michael: Kafka und Casanova. In: Freibeuter 16 (1983) S. 67 bis 76.

– Wohin gehst du kleines Kind im Walde? Über »Erinnerungen an die Kaldabahn«. In: Nach erneuter Lektüre: Franz Kafkas »Der Proceß«. Hrsg. von Hans Dieter Zimmermann. Würzburg 1992. S. 75–84.

– Franz Kafka: Der Proceß. In: Interpretationen. Romane des 20. Jahrhunderts. Bd. 1. Stuttgart 1993. S. 101–127.

Neider, Charles: The Frozen Sea. A Study of Franz Kafka. New York 1948.

Neumann, Gerhard: Umkehrung und Ablenkung: Franz Kafkas ›Gleitendes Paradox‹. In: Deutsche Vierteljahrsschrift für Literaturwissenschaft und Geistesgeschichte 42 (1968). Sonderheft »Literatur des 20. Jahrhunderts«. S. 702–744.

Nicolai, Ralf. R.: Kafkas »Prozeß«. Motive und Gestalten. Würzburg 1986.

Oblau, Gotthard: Erkenntnis- und Kommunikationsfunktion der Sprache in Franz Kafkas »Der Prozeß«. In: Günter Heintz (Hrsg.): Zu Franz Kafka. Stuttgart 1979. (LGW-Interpretationen. 42.) S. 209–229.

Pasley, Malcolm: Two Literary Sources of Kafka's »Der Prozeß«. In: Forum for Modern Language Studies 3 (1967) S. 142–147.

– Der Proceß. Die Handschrift redet. In: Franz Kafka. Der Prozeß. Die Handschrift redet. Bearb. von M. P. Marbach 1990. (Marbacher Magazin. 52.) S. 5–40.

Pasley, Malcolm: Wie der Roman entstand. In: Nach erneuter Lektüre: Franz Kafkas »Der Proceß«. Hrsg. von Hans Dieter Zimmermann. Würzburg 1992. S. 11–33.

Peuckert, Will-Erich: Franz Kafka, »Der Prozeß«. Berlin 1925, Die Schmiede. In: Deutsche Rundschau. (Berlin.) Jg. 53. Bd. 210. Nr. 4. Januar 1927. S. 103 f.

Politzer, Heinz: Der Prozeß gegen das Gericht. Zum Verständnis von Franz Kafkas Roman »Der Prozeß«. In: Wort und Wahrheit 14 (1959) S. 279–292.

– Franz Kafka, der Künstler. Frankfurt a. M. 1965.

Richter, Helmut: Entwurf und Fragment. Zur Interpretation von Kafkas »Prozeß«. In: Zeitschrift für Deutsche Philologie 84 (1965). Sonderheft. S. 47–73.

Robertson, Ritchie: Kafka, Judaism, Politics, and Literature. Oxford 1985.

– »Von den ungerechten Richtern« – Zum allegorischen Verfahren

Kafkas im »Proceß«. In: Nach erneuter Lektüre: Franz Kafkas »Der Proceß«. Hrsg. von Hans Dieter Zimmermann. Würzburg 1992. S. 201–209.
– Der Proceß. In: Interpretationen. Franz Kafka. Romane und Erzählungen. Hrsg. von Michael Müller. Stuttgart 1994. S. 98–145.
Schillemeit, Jost: Welt im Werk Franz Kafkas. In: Deutsche Vierteljahrsschrift für Literaturwissenschaft und Geistesgeschichte 38 (1964) H. 2. S. 168–191.
– Zur Wirklichkeitsproblematik der Kafka-Interpretation. In: Deutsche Vierteljahrsschrift für Literaturwissenschaft und Geistesgeschichte 40 (1966) H. 4. S. 577–596.
Schoeps, Hans Joachim: Franz Kafka oder der Glaube in der tragischen Position. In: H. J. S.: Gestalten an der Zeitenwende: Burckhardt, Nietzsche, Kafka. Berlin 1936. S. 54–76.
– Theologische Motive in der Dichtung Franz Kafkas. In: Die Neue Rundschau 62 (1951) H. 1. S. 21–37.
Sochaczewer, Hans: Franz Kafka, »Der Prozeß«. In: Vossische Zeitung. (Berlin.) Nr. 3. 3. Januar 1926. Literarische Umschau Nr. 1. 5. Beilage.
Sokel, Walter H.: Franz Kafka – Tragik und Ironie. Zur Struktur seiner Kunst. München/Wien 1964.
Staroste, Wolfgang: Der Raum des Menschen in Kafkas »Prozeß«. In: W. S.: Raum und Realität in dichterischer Gestaltung: Studien zu Goethe und Kafka. Heidelberg 1971. S. 123–155.
Stoessl, Otto: Erzählende Literatur. In: Zeitwende. (München.) Jg. 2. 2. Hälfte. Nr. 2. Juli 1926. S. 94–100.
Susman, Margarete: Das Hiob-Problem bei Franz Kafka. In: Der Morgen 5 (1929) H. 1. S. 31–49.
Tucholsky, Kurt [hier Pseud.: Peter Panter]: Der Prozeß. In: Die Weltbühne. (Berlin.) Jg. 22. Nr. 10. 9. März 1926. S. 383–386.
Volkmann-Schluck, Karl Heinz: Bewußtsein und Dasein in Kafkas »Prozeß«. In: Die Neue Rundschau 62 (1951) S. 38–48.
Walser, Martin: Beschreibung einer Form. Versuch über Franz Kafka. München 1961.
Weiß, Ernst: Franz Kafka, »Der Prozeß«. In: Berliner Börsen-Courier. Jg. 58. Nr. 193. 26. April 1925. S. 5 f.
Weltsch, Felix: Freiheit und Schuld in Franz Kafkas Roman »Der Prozeß«. In: Jüdischer Almanach auf das Jahr 5687. Prag 1926/27. (August 1926.) S. 115–121.
Zimmermann, Hans Dieter: Der babylonische Dolmetscher. Zu Franz Kafka und Robert Walser. Frankfurt a. M. 1985. [Insbes. S. 79–136.]

5. Zu den Dramatisierungen, Verfilmungen und Illustrationen

Bilder und Graphik zu Werken von Kafka. Text von Richard Hiepe. Neue Münchener Galerie. München 1966.

Fingerhut, Karl Heinz: Produktive Rezeption – Peter Weiss' Versuche, Kafka zu verstehen. In: Diskussion Deutsch 9 (1978) S. 249 bis 262.

Kunst zu Kafka. Ausstellung zum 50. Todestag. Bücherstube am Theater. Text von Günther Nicolin. Bonn 1974.

Rothe, Wolfgang: Kafka in der Kunst. Stuttgart, Zürich 1979.

– Illustrationen und Porträts. In: Hartmut Binder (Hrsg., unter Mitarb. zahlreicher Fachwissenschaftler): Kafka-Handbuch in zwei Bänden. Bd. 2: Das Werk und seine Wirkung. Stuttgart 1979. S. 841–851.

The Trial. A film by Orson Welles. English translation and description by N. Fry. London 1970. (Modern Film Scripts.)

Wunderlich, Heinke: Kafka-Texte als Ausgangspunkt für andere Kunstschöpfungen. In: Hartmut Binder (Hrsg., unter Mitarb. zahlreicher Fachwissenschaftler): Kafka-Handbuch in zwei Bänden. Bd. 2: Das Werk und seine Wirkung. Stuttgart 1979. S. 825 bis 841.

VII. Abbildungsnachweis